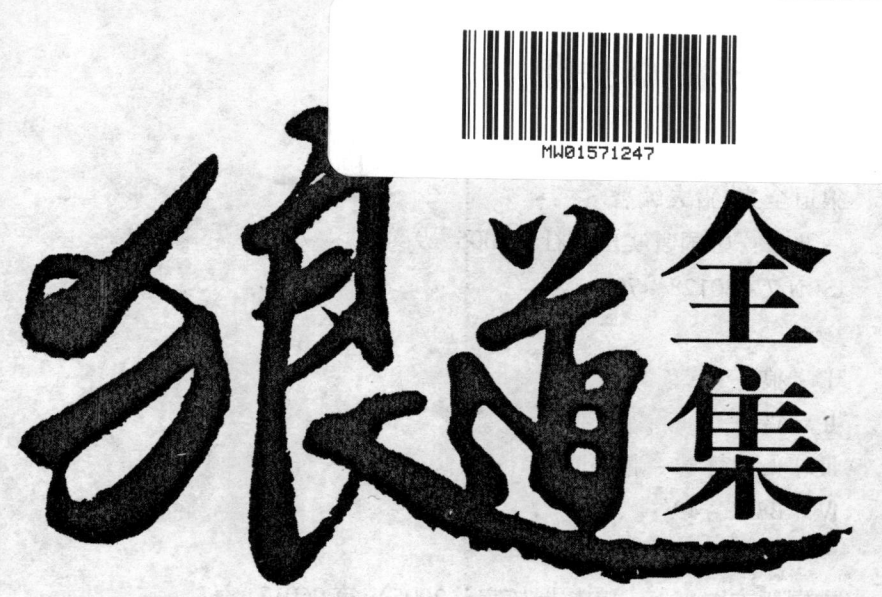

狼道全集

成就个人、团队、企业的铁血定律

中国言实出版社

图书在版编目（CIP）数据

狼道全集/猎夫编著.
-北京：中国言实出版社，2005.9
ISBN 7-80128-707-X

Ⅰ. 狼…
Ⅱ. 猎…
Ⅲ. 人生哲学-通俗读物
Ⅳ. B821-49

中国版本图书馆 CIP 数据核字（2005）第 069131 号

出版发行	中国言实出版社
地　址：	北京市朝阳区北苑路 180 号加利大厦 5 号楼 105 室
邮　编：	100101
电　话：	64924716（发行部）　64924865（编辑部）
网　址：	www.zgyscbs.cn
E-mail：	zgyscbs@263.net
经　销：	新华书店
印　刷：	北京市京宇印刷厂
版　次：	2005 年 11 月第 1 版　2005 年 11 月第 1 次印刷
规　格：	880×1230 毫米　1/32　12 印张
字　数：	330 千字
定　价：	23.80

狼道全集 序言

狼道——个人、团队、企业的成功之道

狼的生存，就是在恶劣的环境中坚强地创造生存空间；狼的团体，就是在充满争斗的对手中组织强大的团队力量；狼的智慧，就是在强者之列不断竞争、超越。

狼以顽强的生命力，与天斗、与地斗、与人斗，在生存环境越来越恶劣的情况下，仍然傲立于世。它们以永不服输的心态，用战斗的精神，用团队合作的力量以及家族责任感……演绎了一幕幕生存剧，令人深思，使人感慨。正是这种优良的品质，使狼成为了人类的兽祖、宗师、战神与楷模。

在100多万年自然变迁中，狼之所以能够生存并成为兽族中最优秀的种族，就是奉行狼的至高生存法则。从狼的生存法则中，我们不得不联想到人类自己。如今我们人类同样面临着狼族曾经面临的恶劣生存环境，在竞争愈演愈烈的今天，如何生存，如何胜出并发展壮大，是我们每一个人都必须直面和深思的问题。狼的生存发展之道，对人类具有非常深远的启发意义。

狼道，实际上就是今天的优秀者、成功者可贵的人道，是那

些敢于向命运挑战、永不服输，安身立命者不可或缺的人道，也是我们在竞争中立于不败的人道！没有其他动物能像狼一样让人敬佩，值得学习。

个人要有狼道，同样道理，一个组织、一个企业也应该奉行狼道准则。狼群最值得称道的就是它们的团队精神，协同作战，统一策略，甚至为了胜利不惜牺牲自己。狼的忠诚、交流、合作、坚韧是一个团队成员必须学习的精神，狼是教导团队成员们默契合作的无价之宝。在竞争中，狼的这种精神是绝对让对手佩服的，其力量也是最强大的。如果一个团队具有这种精神，那它将无往而不胜，它一定能开创属于自己的辉煌事业！

经济全球化进程把整个地球带入了一个绝对竞争的时代。

狼来了！我们曾经把发达国家跨国企业进军中国市场形象地称作"狼来了"。特别是加入WTO之后，我们主动"引狼入室"，在与狼的较量中，我们要奉行自己的狼道准则，自强不息，奋斗不止，与狼共舞。

在国内企业中，华为曾经将"狼性"作为企业文化的组成部分。从华为的狼性，到海尔集团董事局主席张瑞敏对狼的推崇，以及联想总裁杨元庆强调的"如狼似虎"，类似的故事不断演绎，发展为一整套的狼道竞争策略，成为了许多企业的制胜法宝。在我国企业管理水平和人的职业化素养都需要快速提高的今天，依靠狼性准则，有利于与国外领先企业竞争。由此，狼性、狼道、狼性准则，形成狼道文化。这不能不说是一种时代的选择。

狼道文化适合现今以"竞争"、"双赢"或"共赢"为特征的商业时代。它的主旨好像是"狼"，好像意含着"你死我活的竞争抢夺"。这种竞争的前提假设资源是稀缺的，蛋糕是固定的。我多拿一块你就少拿一块；我全部得到，你就没有生存空间。其实,狼道文化对当代商业讲究均衡、共赢、协调、可持续发展具有重要的借鉴意义。现在是竞争的时代,理想的商业模式是大家既竞争又合作,进行"合作性创造",共同把蛋糕做大、做强,最终实现双赢或共赢、多赢。

狼性文化,顾名思义,是一种带有野性的拼搏和竞争精神。

本书从多方面对狼道、人道进行了诠释,既是一本个人生存的智慧之书,又是一本关于团队管理之书,更是一本企业发展应奉行的准则之书,你可以从其中找到你最需要的精神力量。

引 子 狼的智慧

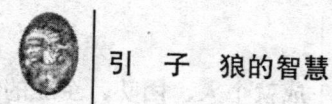

狼的智慧

团队精神

狼在自然界的舞台上大放异彩,这为人类升起了另一束智慧的曙光。广阔无垠的旷野上,狼群踏着积雪在寻找猎物。它们并非齐头并进而是单列行进,一只接一只。这是狼族最常用的行进方式。

领头狼的体力消耗最大,作为开路先锋,它在松软的雪地上率先冲开一条小路,以便让后边的狼保存体力。领头狼累了时,便会让到一边,紧跟在它身后的那只狼便接替它的位置。它跟在队尾,养精蓄锐,迎接新的挑战。

在一对头狼夫妇的带领下,狼群中每一只狼都在为了群体的幸福承担一份责任。狼群中每个成员都不希望成为光说不干的"老板"——有的狼喜欢做固定的猎手、保姆或哨兵——不过,每一只狼都在扮演着至关重要的角色。

成功的团体和幸福的家庭也是如此。每位成员不仅要承担自己的义务,还要准备随时承担起更大的领导责任。一个团队的生命力就维系于此。

合作共赢

狼不仅与同类密切合作,还可以与其他种类的生物和睦相处。这样做的目的有时是为了达到双方合意的目标,有时就单是为了好玩儿。

乌鸦与狼常常亲密合作。乌鸦富有空中观察的经验,但没有锋利的牙齿撕开猎物的尸体。于是,当它发现一个受伤或死掉的猎物时,通常会像报信者一样,把狼和其他乌鸦叫到现场。狼撕开猎物的尸体,与乌鸦共同分享美食。

狼有时会闹着玩地扑向狡猾的乌鸦,乌鸦则会在狼进食的时候啄它的屁股。很显然,这两种动物不仅能和平相处,而且它们之间存在着依据大自然的效率法则和数千年的经验逐渐形成的错综复杂的合作关系。

还有一种更为错综复杂又难以言明的默契配合,狼也是其中的关键角色。数以千计的社会各界人士在多年的研究、策划、坚持不懈的努力和巧妙的实施之后,成功地将狼引进黄石国家公园。放养到公园里之后,狼群的状况令人大喜过望:它们不但生存了下来,而且茁壮成长,生儿育女,超过了最乐观的估计。

诚然,在如此周密的行动过程中的确也出现了一些麻烦和问题,但远没有人们想象得那么严重。得知这种食肉动物再次漫游在黄石公园广阔的大地上,成千上万的人欣喜若狂。许多当初持怀疑态度的大农牧场主变成这项行动的坚定支持者。

狼与狼之间默契配合成为狼成功的决定性因素,同样,它们

引 子 狼的智慧

与人类之间的默契配合也有助于改善两者的生活环境。

这一行动的巨大成功至少发出这样一种积极的信号：和平共存，合作双赢。实际上，狼与人之间的这种默契配合正是你和你的同事、你的供应商、批发商、零售商，甚至竞争对手之间合作关系最形象的比喻。

难以置信的技能

除了人自身以外，狼可能算得上是被人研究得最深最广的动物之一。曾有人借电子仪器跟踪观察狼群长达几天的捕猎行动。令人们惊奇的是，任何一个成员丝毫不对自己的任务感到厌倦心烦，它们也从不毫无目的地追逐或骚扰猎物。看上去它们似乎只满足于做观察者，实际上却在对被追捕的兽群中每个成员的身体状况和精神状态加以综合分析。

当然，兽群中的老、幼、病、残是狼群的首先目标。但是狼的高明之处远不在于能辨认出这些显而易见的牺牲品，它能观察到并记住猎物许多细微的个性特征和习惯。我们人类根本做不到这一点。

有时也许只是一个细微的、紧张的行为或癖性，就会让一个动物受到攻击。某些独特的个性特征会促使一只动物离开群体的庇护，成为一个靶子，所有的行为都被细心、耐心的狼记在心里。

狼与北美驯鹿之间存在着一种独特的关系。它们常常是出生在同一个地方，随后又一起奔跑在地球上自然环境最恶劣的旷野上。它们总是混在一起，几乎看不出什么紧张气氛来。

但是，总有一天，危机出现了，二者处于敌对状态：群狼

（追赶者）突然向驯鹿群冲去，使驯鹿聚成一群，奔跑以确保安全。这时，狼群中的一只狼（剑手）斜刺里冲到鹿群中，抓破一头"指定"的驯鹿的前腿。狼群之所以选中这头驯鹿，也许就是因为它们发现它的某些特点易于攻击。随后，群狼不在骚扰驯鹿群。

这一幕，一遍一遍、一天一天地重演着，狼群定期更换角色，由不同的狼来扮演"剑手"，使这头可怜的驯鹿旧伤未愈又添新创。狼群最终胜利的形势越来越明显了。最后，当这头驯鹿已极为虚弱，对狼群再也构不成严重威胁时，群狼同击。

耐心，保证了胜利必将属于狼群。实际上，此时的狼也已经饥肠辘辘，在这种数天之后才能见分晓的煎熬中几乎饿死。为什么它们不干脆直接进攻结果那头驯鹿呢？因为像驯鹿这样体型较大的动物，如果踢得准，一蹄子就能把比它小得多的狼踢翻在地，非死即伤。

狼群谋求的不是眼前小利，而是长远的胜利。我们人类正与日俱增地像在赌场里和摸奖券一样盼着"撞大运"，而不再尊重深谋远虑的重要性。

古代的歌谣和传说常常赞美狼那令人难以置信的技能。敏锐的观察力、专一的目标、密切的配合、好奇心、注意细节以及锲而不舍的耐心共同使其获得成功。

这些特点也都是昔日的人所具备的。我们是不是正在丧失掉这些能力？如果是，我们还能不能把它们找回来？

不惧失败

狼群也许算得上自然界中效率最高的狩猎机器，然而，据统

引 子 狼的智慧

计,它们却有约90%的失败率。换句话说,狼群10次狩猎中只有一次是成功的。为此,狼经常忍饥挨饿,所以,每一次狩猎对狼群的生存都极为重要。

群狼对狩猎失败的反应不是无精打采、放弃努力或者自认败北。它们可不像人类那样,垂头丧气或变成消沉的懦夫。狼群所做的就是再次投身于眼前的工作,它们继续运用经历了时间考验的技能,再加上它们新近从暂时的挫折中学到的知识,深信成功一定会到来。它们从不停止做那些微不足道的小事,每年奔波千万里寻找猎物,留神所有的蛛丝马迹。

人类的失败概念却与狼没什么关系。一次未果的狩猎只能磨炼狼群的技艺,并使它们再次充满希望。犯下的错误并不被视为失败,而是成为狼族的集体知识基础的一部分。这就像往计算机的芯片中输入数据一样,这些知识将一直储存以备将来之用。人类情愿当成失败的东西,狼却将其转化为智慧。

狼群总是优先考虑生命中未获成功的事情。9次未果的狩猎不会让它们气馁,因为它们知道,还有第10次,或者第11次,甚至第12次,胜利总会属于它们。这些没能成功的狩猎不是失败,但是如果哪只狼粗心大意被一只麋鹿用角顶中脑袋而上了打猎欢宴天堂(印第安人认为武士或猎人死后灵魂升入打猎欢宴天堂),这才是真正的失败。

许多人将一次"不成功的狩猎"视为他们整个人生失败的象征。狼族却凸显不同的智慧哲学:此时的失败正是再次狩猎的开始。失败是一种心态,而不是现实。失败是一种感觉,成功则是一种理想。

特怀迈·L·托耳利

目 录

序　言　狼道——个人、团队、企业的成功之道 ……… (1)
引　子　狼的智慧 ……………………………………… (1)

第一编　从狼性到赤裸的狼道
　　　　狼族生存的血酬定律

狼在地球上生存已经超过了 100 多万年的历史。经历了人类的猎捕、毒杀和陷阱，狼被赶到了荒漠、草原和森林。但是狼以顽强的生命，仍傲立于世。

狼的至高生存法则是集战斗和智慧于一体。深知物竞天择、适者生存的精神与力量，狼群为彼此的存在而存在，组成强大的生命团体和力量核心，形成了个体与团队坚不可摧的生存力、竞争力和战斗力！

第一章　狼之生命感悟 ……………………………… (3)
　　1. 从狼到人的思考 ……………………………… (3)
　　2. 人类不可或缺的狼 …………………………… (6)

3. 自尊自爱的狼 …………………………………… (9)
4. 意志顽强的狼 …………………………………… (12)
5. 以强者自居的狼 ………………………………… (13)
6. 不受嗟来之食的狼 ……………………………… (16)

第二章 物竞天择，适者生存 …………………………… (20)
1. 作主宰环境的强者 ……………………………… (20)
2. 绝境中求生存 …………………………………… (25)
3. 善于从失败崛起 ………………………………… (29)
4. 学习更多的生存技巧 …………………………… (31)
5. 精力集中于捕猎目标 …………………………… (34)

第三章 优胜劣汰，能者为王 …………………………… (36)
1. 树立绝对的竞争意识 …………………………… (36)
2. 敢于战斗的生命哲学 …………………………… (38)
3. "狼子野心"的坚定信念 ………………………… (40)
4. 靠忍耐随时等待机会 …………………………… (42)
5. 为实现目标不断变化策略 ……………………… (43)
6. 授狼以渔的王者风范 …………………………… (48)
7. 集团作战，以弱胜强 …………………………… (49)
8. 随时策划下一步，为成功做准备 ……………… (52)
9. 注重细节，找准切入，善于隐蔽 ……………… (54)
10. 把个体劣势转为群体优势 ……………………… (56)

第四章 强者精神，主宰自己 …………………………… (58)
1. 对集体讲究忠诚与奉献 ………………………… (58)

2. 对领导与分派绝对服从 …………………………… (64)
3. 自觉维护组织严密的团队 ………………………… (65)
4. 满足自身角色，完善团队合作 …………………… (67)
5. 懂得对意外帮助感恩图报 ………………………… (71)
6. 决不"窝里斗"，具有自律精神 …………………… (75)
7. 善于交流沟通，达到协同作战 …………………… (77)
8. 为了团队的利益勇于自我牺牲 …………………… (79)

第二编　个人平凡到卓越的狼道
　　　　脱颖而出的竞争法则

在竞争日益激烈的今天，要想立于不败之地，要想做一个成功者，没有狼的精神是不行的。

我们要向狼学习。学习狼的坚韧刚毅，学习狼的智慧，学习狼的生命不止、战斗不已的战斗精神。如果你具备了狼的这些品质，你就能游刃于职场、商海，你成功的几率就是100%！

第一章　拥有狼一样的强者心态 ……………………… (85)
1. 实现"野心"的坚定力量 ………………………… (85)
2. 向比自己强大的对手挑战 ………………………… (88)
3. 强者般勇敢地面对现实 …………………………… (91)
4. 培养头狼般的领导才能 …………………………… (96)

5. 该冒险时决不胆怯 …………………………………（100）
6. 对环境的敏锐洞察力 …………………………………（104）
7. 养成积极心态，不断激励自己 ………………………（108）
8. 靠热忱产生强大能量 …………………………………（111）
9. 以游戏的心态让自己快乐起来 ………………………（114）
10. 笑对困难和挫折 ………………………………………（117）
11. 有效地管理并束缚梦想 ………………………………（122）
12. 从细处认真做好每一件事 ……………………………（126）

第二章　拥有狼一样的坚强个性 …………………………（129）

1. 钢铁般的意志与毅力 …………………………………（129）
2. 永不服输地发起挑战 …………………………………（132）
3. 锁定目标永不放弃 ……………………………………（135）
4. 坚韧斗争决不输给自己 ………………………………（137）
5. 用生命维护和捍卫尊严 ………………………………（141）
6. 懂得"神圣"的组织法则 ………………………………（144）
7. 具有破釜沉舟的精神 …………………………………（147）
8. 用极强的判断力抓住机遇 ……………………………（151）
9. 心无旁骛专注成功 ……………………………………（155）

第三章　像狼一样积极思考 ………………………………（161）

1. 积极思考后才付诸行动 ………………………………（161）
2. 具备问题意识的思考力量 ……………………………（165）
3. 增强判断、识别和决断能力 …………………………（171）
4. 发掘与借鉴群体的智慧 ………………………………（173）
5. 侧向思维，克己之短，取人之长 ……………………（177）

6. 欲擒故纵，多次行动 …………………………… (179)
  7. 避其锋芒绕道而行 …………………………… (182)
  8. 静观其变抓其痛处 …………………………… (185)
  9. 该出手时才出手 ……………………………… (189)
  10. 明指东来暗打西 ……………………………… (192)
  11. 画个大饼钓胃口 ……………………………… (195)

第四章 像狼一样主动行动 …………………………… (200)
  1. 既重心动，更重行为 …………………………… (200)
  2. 自动自发地行动 ……………………………… (204)
  3. 积极主动地出击 ……………………………… (206)
  4. 无惧无畏地冲锋 ……………………………… (211)
  5. 靠打拼，靠争夺 ……………………………… (213)
  6. 具有冲击力的必胜信念 ………………………… (215)
  7. 具备永争第一的心态 …………………………… (218)
  8. 不为失败寻找任何借口 ………………………… (221)
  9. 总结经验，投入下次行动 ……………………… (224)
  10. 用一个个胜利刺激神经 ………………………… (228)

第三编　组织分工与协作的狼道
　　　　团队精神的终极哲学

　　狼是最具有团队精神的兽群。他们分工协作，团结一致，在协作中遵循自己的游戏规则，好像有铁一般的纪律约束着。他们善于沟通，彼此忠诚。狼族的这种品质是一个组织成败的关键。

我们通过对狼族的了解，能学到团队竞争中所需要的全部智慧，比如合作、分工、策略、沟通、危机意识、消化能力，等等。狼的力量来自于团队，团队的力量可以战胜一切。

第一章　狼性团结 ·· （235）
 1. 团结的效应无坚不摧 ·· （235）
 2. 建立"成功团队"的高度期望值 ························ （240）
 3. 同心同力打造自己的团队 ·································· （242）
 4. 打造一支顽强的团队 ·· （243）
 5. 打造一支高绩效的团队 ····································· （245）
 6. 培养团结互助的协作精神 ·································· （250）
 7. 强化成绩与成功的荣誉感 ·································· （254）
 8. 团队的顾全大局与自我牺牲精神 ······················· （255）
 9. 培养合作能力与创造性发挥 ······························ （259）

第二章　狼性纪律 ·· （262）
 1. 绝对的组织结构制度 ·· （262）
 2. 组织纪律的有效执行 ·· （265）
 3. 从自觉纪律到自觉行动 ····································· （267）
 4. 服从是行动的第一步 ·· （268）
 5. 主动执行，没有任何借口 ································· （270）

第三章　狼性沟通 ……………………………………（274）
1. 缺乏沟通是团队成功的障碍 …………………（274）
2. 团队的润滑剂是有效沟通 ……………………（276）
3. 善于沟通才能合作双赢 ………………………（278）
4. 沟通是驾驭团队的可靠保证 …………………（280）
5. 遵循有效沟通的简单法则 ……………………（282）
6. 有效沟通能减少团队内部冲突 ………………（285）
7. 用沟通达成共识，统一行动 …………………（286）
8. 借助沟通技巧建立共识 ………………………（288）
9. 沟通陌生者，寻找意外收获 …………………（290）

第四章　狼性忠诚 ……………………………………（293）
1. 忠诚能形成巨大的凝聚力 ……………………（293）
2. 忠诚能成就卓越的团队 ………………………（296）
3. 诚实守信是处世的金法则 ……………………（297）
4. "忠诚"投入，回报无价 ……………………（302）
5. 诚实本身就是一场搏斗 ………………………（304）
6. 知恩图报是成功的助推剂 ……………………（307）
7. 欺骗别人等于欺骗自己 ………………………（310）
8. 宁愿失败，不愿失信 …………………………（312）

第四编　企业生存与竞争的狼道
发展壮大的至高战略

市场竞争法则是优胜劣汰。竞争激烈的

现代企业需要的就是狼的精神。孤胆英雄拯救企业命运的时代已经彻底结束。企业需要的不是一个英雄，而是一群英雄。

现代企业不仅要具有狼的团结精神，也不仅是个人要像一只狼一样的顽强，而是企业的每一个员工都能够像一只狼一样有强烈的生存意识，懂得在竞争中取胜。这种狼的精神应贯穿在整个企业的文化中，并且让每一个员工都领悟。

第一章　打造狼性企业 ························(319)
1. 野性拼搏精神的狼性企业文化 ················(319)
2. "狼群杀阵"般整体配合与分工协作 ···········(323)
3. 用聚集效应和协同优势让羊群变狼阵 ··········(326)
4. 靠集体智慧和力量打造超级团队 ···············(328)

第二章　当好领头狼 ····························(332)
1. 人培养良好特质，树立成功形象 ···············(332)
2. 有效执行企业的战略意图 ····················(334)
3. 以行动而非语言进行领导 ····················(336)
4. 把精力放在关键问题上 ······················(339)
5. 发现关键点的人力资本 ······················(342)

第三章　企业狼阵策略 ··························(344)
1. 通过竞争主动发展的进攻型战略 ···············(344)
2. 采取"简单至上"，让企业持续成长 ············(345)

3. "与狼共舞必先为狼" ………………………………（348）
4. 以变制变，连续出招 ………………………………（350）
5. 速度致胜，一跃争先 ………………………………（353）

第一编

从狼性到赤裸的狼道
狼族生存的血酬定律

狼地地球上生存已经超过了100我万年的历史。经历了人类的猎捕、毒杀和陷阱,狼被赶到了荒漠、草原和森林。但是狼以顽强的生命,仍傲立于世。

狼的至高生存法则是集战斗和智慧于一体,深知物竞天择、适者生存的精神与力量,狼群为彼此的存在而存在,组成强大的生命团体和力量核心,形成了个体与团队坚不可摧的生存力、竞争力和战斗力!

第一编

从本本主义到系统 历史主义的理论演变

第一编 从狼性到赤裸的狼道
狼族生存的血酬定律

第一章 狼之生命感悟

狼不论是在严酷、恶劣的气候环境里，还是在动物界残酷的竞争环境中，都能够不断地去适应环境，以自己的智慧、顽强的奋斗精神不断地去改变自己的命运。与天斗、与人斗、与猛兽斗，它以顽强的生命，傲立于世。

在人类繁荣昌盛以前，狼曾是世界上分布最为广泛的野生动物。它们不需要人类的施舍，只希望能不被打扰，按自己的社会秩序和生活方式生存。正是它们的这种坚持，这种锲而不舍的精神，练就了自己顽强的生命力，使它们能够自由地游荡于遥远偏僻的地方。

1. 从狼到人的思考

人类与狼族，从远古时代一直到现在，经过无数的风霜雪雨、残酷的竞争环境，并存于世。人类与狼族，是自然界"物竞天择，适者生存，劣者淘汰"的自然铁律保留下来的两类不同的

成就个人、团队、企业的铁血定律

动物。本应相依相存，互为关怀，但人类与狼族，由于其在进化的过程中，都变得很聪明，都有其他动物望尘莫及的智慧，"一山容不了两虎"，于是人类与狼族磨擦不断，战争纷起。人类视狼为贪婪、残暴、冷酷的动物，而狼族视人类为其最大且最可怕的敌人。

今天，我们抛开人类与狼族的种种成见，重新审视狼族，我们发现人类对狼族的误解太深了。狼的某些特性，某些生存技能，是聪明的人类还不具备的，或者是人类应该向狼族学习的。

下面我们来看一位到明尼苏达洲艾利市的国际野狼中心参观的人所得到的感慨吧！

我在参观位于明尼苏达州艾利市的国际野狼中心时，看到一个展览馆以透明的玻璃墙作为间隔，以便让参观者能看到居住在玻璃屋里头的狼群的生活。当时，大概有15个人在那个展览馆里，有男有女，还有小孩。就在我进门的一刹那，我的目光立即就被一对美丽而深邃的眼睛吸引住，再也无法移动视线。我试图看清这道注视着我，又深深吸引住我的眼光，但却徒劳无功。于是，只好先移开自己的双眼。

当我再次试着迎向这迷人的目光时，我第一次真正经历到属于"自己"的狼族体验，而非属于时代记忆的狼族体验。那威武的阿尔法公狼的眼睛似乎只对我感兴趣。它的凝视，让我从心底升起了一丝胆怯和恐惧。我相信这只狼绝对可以看透我的灵魂，辨析我的气息。在那个时候，彼此之间有没有玻璃墙的间隔，已不再重要。

 第一编 从狼性到赤裸的狼道
狼族生存的血酬定律

从那时起,我愈加了解狼族,也就愈加惊讶于人们对狼群的误解还如此之深,很多地方的人们都认为狼是凶恶的,这种观点存在于众多的文明中。

究竟是什么原因使人们对狼如此畏惧?一种解释是:在基督教教义中,羔羊代表着基督,狼以羔羊为猎食对象,自然而然地人们就将狼当成邪恶、恐怖的象征。

当我们认为一种东西是善的,必然将其对立面看成恶。于是,狼因为是羔羊的敌人,所以被认为是邪恶的。

除了信仰和文化的心理因素外,对狼的畏惧还源于一种现实原因:狼与人类需求如此高度相似,彼此在食物和生存空间上存在着持续性冲突。狼也许是与人发生正面冲突最多的动物之一。这种争斗如此频繁,其纠葛如此错综复杂,以至于某种恐惧感始终弥漫于人类整个历史进程中,人们创造出许多关于狼的传说。

"狼人"就是人类从对狼的幻想中衍生出来的一种怪物。在早期欧洲人的眼里,"狼人"是一个具有魔鬼撒旦般特质的冷血杀手,不论男女老幼都是其捕杀对象。如果有人被视为"狼人",他将会遭到最无情、最残酷的折磨,直到咽下最后一口气为止。即使只是被人视为具有狼的某些特质的人,也会被众人认为是魔鬼附身。

这种对狼的恐惧,以神话的、童话的形式不断流传。在格林童话里的"小红帽",常常被用以警告初尝禁果的少女。故事中小女孩与野狼交谈的过程,代表了"小红帽"一步步走向堕落和生命终途——狼始终是一种邪恶的化身,代表着引诱人类堕落的恶魔。

出现狼的踪影,如同出现恶魔一般可怕。由对狼的恐惧,引

出应对的办法是复仇——对狼的围捕和屠杀。早期欧洲人捕杀到狼时，往往将其吊在木桩上，浇上油，点上火，活活烧死；或者用铁丝将狼口紧紧捆住后再将其释放，任其饿死荒野……

爱恨交织，一方面是恐惧和仇恨，另一方面却是爱和敬仰。狼的傲人特质——猎者般的狡黠、战士般的勇猛，为欧洲的贵族所尊崇。于是，饲养野狼风行于中世纪，许多王公贵族将在宫廷内饲养狼视为统治者显现权势和威严的象征。

在美洲，印第安人对狼的勇气、智慧和不可思议的狩猎技巧充满了敬畏，他们以身披狼皮的方式，祈祷狼灵附身，以期继承狼族伟大的技巧与能力。

对于狼，人们陷入深深的迷思中……

人类说服自己去相信这些从远古繁衍至今的狼群与人类的生活仍保持着以往的平衡关系。但是，人类对狼族的迷思与现实情形相距太远了。人们仍然固守着他们对狼族既有的想像，并未与现况相连结。

2. 人类不可或缺的狼

千百年来，人类的"屠狼运动"始终未曾停止过。无论作为"羊羔"对狼的恐惧，还是彼此之间生存空间的竞争，人总是以"万物之灵"、"自然主宰"的姿态对待狼，人和狼的战争一直持续着。直到有一天，我们突然发现，在寂寞的宇宙中，人类需要狼。

在草原上，鹿吃草，狼吃鹿，猎人捕杀狼，似乎已经成为一种自然规则。有一天，猎人变成了牧人，于是就想方设法将狼彻底除去，让鹿能更安全地生活。时间不长，在漫漫原野里，鹿影

 第一编 从狼性到赤裸的狼道
狼族生存的血酬定律

随处可见,而狼迹罕见。

然而,危机很快出现了,没有生命威胁的鹿大量繁殖,很快就吃光了草原的草,没有了食物,鹿也难逃厄运。

20世纪80年代中期,位于瑞典和挪威边界之间的芬兰森林,发生了一件特别的事情。

两只孤单的狼远离它们的传统领地,在陌生的地方重建了一个新的狼群。有人说这些狼一直生活在这里,而另一些人则认为狼是从俄罗斯流浪过来的。但人们认为这似乎不大可能:它们怎么会旅行几千公里却没被发现呢?征途中,它们必须穿过几百座城镇和上百条高速公路以及无数条河流,才能抵达这里。但事实是,两只孤单的狼在寻找伙伴时彼此发现了对方。

不久,在芬兰的这片森林中就再次回响起狼崽的嗥叫声。狼能够回到它们久别的家园,其实是依靠了另一种动物——驼鹿。

驼鹿是欧洲最大的鹿,有两米多高。它们依赖啃食积雪下薄薄的草皮生存,同时也吃松枝或有营养的树芽。生存在这种深深的积雪中,使它们奔跑起来十分艰难。在一段时间里,人们大量地捕杀驼鹿,使驼鹿几乎处于濒临灭绝的边缘。后来,人们从捕猎驼鹿的杀手,变成了驼鹿的救星。

几十年中,保护森林的主要变化不仅仅是出现了很多新的森林,而且为驼鹿提供了更多的食物。然而,像过去的很多事情一样,人类控制环境的同时又产生了很多新问题。

不久,驼鹿的数量急剧增长。它们过度地啃食树木,生态的平衡被打破,食物变得短缺,森林惨遭破坏。这时,人们在森林中发现了狼,这是一件值得庆幸的事情,因为它们可以解决这里生态平衡的问题。

聪明的人类从中得到了智慧的启迪,开始了一次大胆的尝

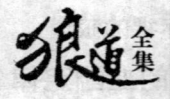成就个人、团队、企业的铁血定律

试。

在一个寒冷的冬夜，美国苏必利尔湖早已结了厚厚的一层冰。生物学家彼得逊教授带着一只装着4只幼狼的铁笼，驾着雪橇通过冰封的湖面，向洛耶耳岛驶去。他此行的目的是为了进行一次生物史上从未有过的试验——把4只幼狼带到洛耶耳岛上。不料几年后，这里会展开一场狼与鹿的大战。

苏必利尔湖中的洛耶耳岛以驼鹿众多而闻名，但是驼鹿大量繁殖使岛上的花草灌木遭到毁灭性的破坏。仅仅10年工夫，洛耶耳岛便灌木稀疏，一片荒凉了。

于是，生物学家们决定进行一次大胆的实验——依靠4只幼狼来拯救洛耶耳岛上的植被。因为狼为了繁衍后代，会吃掉大量的驼鹿，而驼鹿减少了，洛耶耳岛就会再现葱茏。

经过几天的艰苦跋涉，彼得逊教授终于到达了目的地。他把雪橇平稳地停靠在小山脚下，然后把铁笼的门打开，获得自由的4只幼狼箭一般冲出，朝岛上跑去……几年过后，岛上因为有了狼，又重现一片葱郁。

在澳大利亚，有很大的草原，那儿原来没有狼，也没有兔子。有人把兔子带到了这个国家，这些兔子到了草原，因为没有草原狼，兔子越来越多，把草原挖得坑坑洼洼，到处都是洞，还把牧草吃掉了一大半，给澳大利亚的牧业造成了极大的损失。澳大利亚政府急得什么法子都用上了，还是不管用。后来又做了大批铁丝格子网，铺在草原上，草能长出来，可兔子就钻不出来了。他们想把兔子全饿死在地底下。但是这个法子还是失败了，草原太大，政府拿不出来那么多的铁丝来。后来一位生物学者想起了狼，于是引进了几只小狼。几年过后，兔子渐渐地少了，草原得到了有效的保护。

 第一编 从狼性到赤裸的狼道
狼族生存的血酬定律

我们需要狼,因为它与人类一样是大自然的一部分。自然界需要一种平衡。作为猎食者,狼将那些虚弱、生病、年老和幼小的动物吞噬,对于个体来说是残酷的,但对整体而言却是一种福音——控制了整个族群的数量。

我们需要狼,因为它是人类最直接的竞争者。自然界需要竞争,竞争和捕猎让动物更加健康。如果狼群从自然界中彻底消除,恐怖的饥荒与肆虐的疾病将随之而来。爱斯基摩人和印第安人深谙其中的道理——没有野狼,他们赖以为生的动物将变得越来越虚弱,越来越不健康。

我们需要野狼,还有一个更重要的原因——拯救我们的心灵。狼是集美丽、高贵与智慧于一身的楷模。它们坚忍而强壮,足以应付地球上的所有挑战,除了枪炮、毒药,以及陷阱之外(简言之,除了人类)。另外,它们的家庭规范也是无人能及的伟大典范。狼可以说是全心全意地献身于家庭的。它们有灵敏纤细的感受,能够察觉家庭中其他成员的需要。狼对族群极度地忠诚,对于伙伴充满热情,它们绝对不会吝于付出情感。

我们需要狼,因为狼是自然界中最复杂的生命之一,属于它们的神秘绝非人类世界所能简单解释与体会的。探求这种秘密,是我们需要狼的另外一个原因。

3. 自尊自爱的狼

在所有关于狼的描述中,顽强不屈的性格、不可侵犯的自由、独立是最不容置疑的,也是狼身上最显著的特点。

到目前为止,人类驯服了所有的动物,但只有狼还没有被人类驯服。

想想看，我们在马戏团看到了老虎、狮子、猎豹等等在驯兽员的指挥下做着各种动作，它们在人的眼里都算得上兽中之王。但没有任何一个人在马戏团中看见过狼的身影。不要以为是因为狼与这些动物相比显得弱小、没有吸引力。

其实，很多驯兽员都做过努力，希望狼能登台表演，但都没能成功。即使是从狼出生的那一刻起，就用饲养家畜的方式去喂养，也同样不能使狼的野性消失。相反，这种野性会因为失去自由而变得更加强烈。

虽然在南美草原上流传着许多人与狼和平共处的传说，但狼决不会屈服于人，决不会时时刻刻听人的指挥。

为了使我对狼的论述更加真实生动，我在阿根廷的潘帕斯草原和巴西的稀树草原上对当地的牧民们进行了深入的采访，在与他们的交谈中，我听到了许多关于狼的传说和故事以及牧民的真实经历。这些关于狼的感性知识在我的头脑中与我所了解的科学知识综合在一起，形成了我对狼更全面的认识。

在阿根廷的潘帕斯大草原上，人们曾经梦想能够驯服草原野狼。狗是牧羊人必不可少的动物，牧羊狗可以帮牧羊人管理羊群，驱赶一些企图侵袭羊群的野兽。狼和狗在很多方面都很相近，但狗的嗅觉、视觉、听觉等都不如狼发达，狗的奔跑速度也没有狼快，因此牧民们渴望能够驯服野狼，以帮助自己管理羊群。但所有牧民的努力都没有成功，有的牧民还因为饲养狼而受伤甚至丢掉生命。

老牧民克雷姆斯在痛苦地给我说了他的经历：

> 在我11岁的时候，我父亲在一次打猎时找到了一个狼窝，得到了3只还没有睁开眼睛的小狼。当时，我高

第一编 从狼性到赤裸的狼道
狼族生存的血酬定律

兴极了。饲养一条小狼一直都是我的梦想。等小狼长到两个月的时候,父亲给它们加上了锁链,以前可以自由活动的小狼失去了自由。

每天傍晚,父亲都会牵着它们到离家不远的地方散步。突然有一天,直到晚上8点多,父亲还是没有回来,我和母亲都很焦急。于是,请邻居和我们一起出去寻找。后来,终于发现受伤的父亲,父亲的右腿上都是鲜血,正在朝家的方向艰难地爬行。

3条小狼咬伤了父亲之后逃回了荒野。父亲幸亏被及时送到医院,才保住了性命,但父亲的右腿却不能再走路了,拐杖陪他度过了一生。

在那之后,我就不再对驯养野狼抱有任何幻想。狼,的确是不能被驯服的动物。

与另一位牧民罗杰斯相比,克雷姆斯的父亲还算幸运,罗杰斯因为饲养狼而丢掉了性命。

不要由此以为,狼是一种十恶不赦的动物,以为我们应该杀死所有的狼。在我的眼里,狼是一种伟大的动物,我们应该抛弃千百年来形成的对狼的误解。

在这个世界上,没有任何动物,包括人,能够像狼那样不屈不挠地按照自己的意志生活,甚至不惜以生命为代价,来抗击几乎不可抵抗的敌对力量。这是一种多么可怕而巨大的力量!

在自然界,动物的所有行为都是为了生存,动物之间的所有斗争都是为了生存。生物学家达尔文在几百年前就发现了自然界的最大秘密。狼在与其他动物进行的搏斗中,充分表现了誓死战斗、决不屈服的精神。

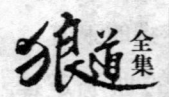
成就个人、团队、企业的铁血定律

当狼遇到比自己强大的动物,一般都采取群攻战略。狼的自身条件并不突出,与老虎、狮子、犀牛等动物相比,它们显得非常弱小,即使是群攻,也会造成狼群很大损失。但狼绝对不会退缩,不管牺牲多少,它们都不会退缩,直到将强大的对手杀死或者赶跑。

看,这就是桀骜不驯、决不屈服的狼,狼的身上有着那种让我们的心灵为之震颤的力量!那就是狼的尊严,正是这种尊严,形成了桀骜不驯的狼性,这是生物界强者生存的法则。狼就是这种强者!

4. 意志顽强的狼

狼之所以在地球上生存了几百万年,就是依靠顽强与坚韧。由于人类对狼的偏见和憎恨,人类曾经对狼进行过大规模的屠杀,但狼仍然顽强地生存至今。

现在,越来越多的物种从这个星球上消失了,越来越多的物种被人类列入被保护的行列,狼却一直没有被人类驯服,也没有弱小到需要靠人类的保护才能继续在地球上生存下去。

虽然我们不能否认狼群的数量一直在减少(难道这不是野生动物们共同的命运吗),但在辽阔的草原,在潮湿的热带雨林,在干燥的沙漠,在寒冷的北极,在世界上的每一个地方都有狼群。这是何等顽强的生命,多么令人感慨的物种!

在动物界,狼并不是上帝的宠儿,尤其是在食肉动物中,狼没有丝毫优于其他动物的身体条件。它们没有绝对的速度,也没有庞大的身躯,即使是它惟一的锋利武器——牙齿,也是绝大部分食肉动物都具有的。

 **第一编 从狼性到赤裸的狼道**
狼族生存的血酬定律

狼是不冬眠的动物,它们也很少像其他动物那样贮藏食物。因此,在漫长而寒冷的冬季,它们就必须四处寻找食物。这对狼群来说,是最大的考验。它们的捕食对象,有很多都躲在温暖的洞穴中沉睡,即使是不冬眠的动物,也在洞穴里储存了足够的食物,因此也很少到野外寻找食物。草原上的狼群,一到冬季,就会由于恶劣的自然条件而被淘汰一部分,但这种淘汰在无形中优化了狼群。经过冬季的考验,生存下来的狼群有着比原来更顽强和坚韧的生命力。

我不明白狼为什么而活着,这对世界上最聪明的人类来说,也是深奥无解的问题。也许仅仅是为了生存,为了狼群的存在。这并不应该是我们关注的所在,至少在这里是如此。我们应该关注的是:并不被上帝所宠爱的狼,在残酷的自然环境下、在与各种动物你死我活的争斗中、在最可怕的敌人——人类的屠杀后依然顽强地在这个地球上生存。

狼,的确是地球上生命力最为顽强的动物之一。这正是我们现代人应该关注并认真去思考的。

5. 以强者自居的狼

狼的一生是充满艰辛的,但无论在任何险恶的环境下,狼都是自然界的强者。

在狼族中,我又一次发现了我们人类需要学习的精神——强者心态。狼并不是上帝所宠爱的动物,与自然界的各种生命相比,狼的确不是强者,上帝没有赋予它猎豹的速度、狮子的雄悍、犀牛的体魄。

虽然从各种条件来说,狼都算不上强者,甚至与某些动物相比，狼还处于弱者的位置，但狼却从来不以弱者自居，相反，狼以强者自居。也许是这种心态决定了它们的行动，也许是它们的性格决定了它们要具有这样的心态。不管怎样，它们都是以强者自居，无论面对什么样的敌人，这种强者心态都不会改变。面对弱小的羊群，自不待言，即使是面对比自己强大的动物甚至人类，它们也丝毫不会示弱。它们决不会不战而退，不战自败。

在世界各地，都有关于"狼孩"的传说，狼用自己的奶水养育了被人遗弃的婴儿。同样，在狼群出没的地方，人们也饲养一些失去了母亲的幼狼。威尔金斯教授在他对草原狼进行观察和研究的过程中，他也饲养了一只幼狼。他回忆了那段难忘的经历。

有一次，我跟随几个牧民放牧羊群，以便听他们讲述关于狼的生动的故事。那天我们真是太幸运了，他们用我带来的望远镜找到了一只母狼。镜头一直在追踪，最后找到了狼穴。他们在狼穴中抓到并打死了母狼，并且得到了6只刚出生大约十几天的幼狼。

可以想像得到，等待这6只幼狼的将是什么。死亡，这对它们来说太不公平了。虽然在感情上，我不能接受，但靠我一个人的力量改变不了什么。牧民们有相当大部分的损失是由狼造成的，虽然狼的存在使草原的生态得以平衡。但牧民们往往看不到更深的层次，它们只看到是狼吃掉了畜群。当然，如果牧民不对狼进行捕杀的话，狼群同样可能泛滥成灾，这样的情况同样令人害怕。

在我的强烈要求下，我得到了两只幼狼。我把这两只幼狼和狗养在一起。正好这时我的一只母狗莎莎也生

 第一编 从狼性到赤裸的狼道
狼族生存的血酬定律

了两只小宝贝。开始它们还能和平相处,但过了几天,两只小狼就霸占了莎莎的所有奶头,两只小狗只有可怜的份了。

我想,在这个时候狼还不能分辨出自己与狗的区别,它们一定以为那两只小狗是自己的兄弟姐妹呢,它们并不清楚自己是狼。但它们身上那种以强者自居的本能却表现了出来。即使是在兄弟姐妹中,它们也遵循能者为王的原则,以强者自居,并且这种心态的确从它们出生的那一天起就表现了出来。

"强者消灭弱者"、"强者剥削弱者"是生物界的铁律。

在狼的世界里,适者生存的大自然法则依然持续运行着。狼的生存主要依托是在战胜对手、吃掉对手的方式上,否则它会被饿死。而捕猎是最危险的,狼在捕获猎物的时候,常常会遇到猎物的拼死抵抗,大型猎物有时还会伤及狼的生命。正是在这种险恶的环境中,狼才得以战胜对手,成为处于陆地上食物链的最高地位之一。狼拥有了这种冷峻达观的强者心态,创造了动物界的一个生存奇迹。

狼,是陆地生物最高食物链终结者之一。由于有了狼的存在,其他的动物才得以淘汰老、弱、病、残的不良族群;也因为了有了狼的威胁存在,其他动物才被迫进化得更优秀,以免被狼淘汰,这就使得生态处于一种平衡状态。没有狼的存在,生态点将出现良莠不齐的局面,不利于生命的稳定、健康平衡发展。

所谓强者心态,并不是说以强者自居,对对手或朋友居高临下,甚至持才傲物。强者心态,是一种面对困难时的坚强,是一种面对困境时的临危不乱,更是一种不达目的、誓不罢休的坚

韧。

6. 不受嗟来之食的狼

狼不会为厂嗟米之食而不顾尊严地向人摇头晃尾。因为狼知道,虽不能有傲气,但决不可无骨气,所以,狼有时也会独自高唱自由之歌。

下面就让我们再一次去观察狼,观察狼群,看看自由是如何生动真实地体现在狼的身上的。在威尔金斯教授的著作《狼族》中,我看到了一个故事,也正是这个故事让我看到了狼对自由的追求。

在阿根廷的潘帕斯草原上,牧民舒梅克尔抓到了一只母狼,但没有把它打死,而是想尽各种办法给这只狼套上了铁锁链。狼失去了最为宝贵的自由。一般来说,在被人抓到以后,狼会为了生存,为了有机会逃跑而接受人们给它的食物。但是,它们在接受这些食物时,没有任何感恩的表示,相反,它们在吃食物时,谁都不能靠近,否则狼会近乎疯狂地冲上来撕咬。

牧民舒梅克尔抓到的这条狼向人们展示了狼的另一方面的特性,为了自由它可以抛弃一切,包括自己的生命。这条母狼拒绝人们抛给它的任何食物。每到晚上,它就会对着天空嚎叫,声音是那么凄凉、悲壮,周围的老牧民们听到这样的狼嚎,都忍不住流下了热泪。这条狼连续几天拒绝进食,连续几天在夜里长嚎。每当有人走近它的时候,它的眼里就冒出仇恨的目光。即使再可怜,牧民们也不会放了它,终于牧民们杀掉了这只七天没有吃食物的狼。在即将死亡的那一刻,牧民们惊奇地发现,狼眼里那仇恨的目光不见了,取而代之的是善良,是感谢,也许是在感谢牧

第一编 从狼性到赤裸的狼道
狼族生存的血酬定律

民们让它的灵魂重获自由吧!

有这样一个故事:

一只狼饿得只剩皮包骨头了,因为有那么多的狗对它进行严密的监视。偶然中,它碰到了一只很强壮、很体面的大狗,胖胖的,毛色光亮,由于不小心,这只狗迷了路。

饿狼想上去袭击它,去把它撕得粉碎。但那只牧狗是那样的强壮有力,它的抵抗一定会猛烈无比。于是这只狼低声下气地去接近它,在交谈的过程中称赞它长得很丰满,并且说自己很羡慕它。

牧狗回答说:"狼先生,要想和我一样胖,这完全在你自己,离开森林吧!你会过得很好的。在这里你们的日子过得是多么凄惨,你们像乞丐流氓一样,穷极寒酸,你们的命运就是活活饿死,因为你们毫无保证,没有免费的菜饭,一切全靠武力去争夺。跟我去吧,你就会大大地改善你的命运。"

狼回答说:"那我应该干些什么?"狗说:"几乎什么都不用干,你只要赶走拿棍子的人和乞丐,去吹拍家里的人的马屁,讨主人的喜欢,这样你所得到的报酬,就是各式各样的残羹剩饭,鸽子骨头鸡骨头,还有那个百次的爱抚。"狼听完狗的述说后,想像那种快乐,心里有了几分向往。

在回家的路上,狼见到狗脖子上的毛已全部脱光,便不解地问:"这是什么?""没什么。"

"怎么?没什么?""这不值得一说。"

成就个人、团队、企业的铁血定律

"究竟是什么呢？你看到的也许是我那带过颈圈的地方。""带颈圈？"狼说，"那你就不能自由自在地跑来跑去？""是这样。但这又有什么关系？"

"这大有关系。你那各式各样的饭菜我一概不稀罕，即使是珍宝，但花那样的代价我也宁可不要。"

说着，狼先生拔腿就逃，转眼间便不见了踪影。

在远古时代，人类就驯服了狗，给狗食物和居住的地方，让狗为人类服务。直到现在，狗伴随人类走过了漫长而坎坷的道路。如果没有人类的保护与饲养，恐怕狗早已从地球上消失了。

在情感上，人们已经离不开狗，狗是人类最忠诚的伙伴。如今，人与人之间的隔膜越来越大，又是狗让众多孤独的心灵得到了慰藉。所以，我们自私地用许多美好的词汇来赞美狗。

但从客观上来说，狗却是很可怜的动物。它早已经丧失了生存的能力，离开人类，它们不可能在地球上生存下去。为了生存，狗不得不依靠人类，它们摇头晃尾地讨好主人，仅仅是为了获得一点食物，它们失去了最为宝贵的自由。

狼与狗是近亲，它们之间有很多相似之处。可狼却将狗弃之不顾的自由，当作最为宝贵的东西看待，它的重要性甚至超过了自己的生命。

如果狼不慎被人捕捉，被关在笼子里，它决不像那些徒有华丽的皮毛和高大身躯的狮、虎、豹之类，只会蜷在铁笼一隅，昏然若睡，无精打采，丝毫不见往昔称霸林莽的威仪；更不像素有"大力士"之称的熊，熊只能将其无穷的力气用来向游人打拱作揖和转圈，为了乞讨那可怜巴巴的一点零食。

狼双目低垂，视游人而不见，神情坦然，对铁栅仿佛毫不在

第一编 从狼性到赤裸的狼道
狼族生存的血酬定律

乎。它不发威,不倦怠,不虚张声势地吼叫,不肯安于现状地昏睡,更不屑低三下四地向人们乞讨食物。它那富有弹性的脚步和表面松弛实则充满活力的肌肉总是有一种向前的节奏感;它在笼子里迅速走动,撞到铁栅扭头便走,不卑不亢,无休无止;它使人感到,它时刻准备着破笼而出,有一种不返山林誓不罢休的精神和决心。

从悲观的角度来看,狼族维护它们的生活秩序及生活的方式,到最后可能会使它们面临被大自然所淘汰的命运;但是,当它们必须适应各种严酷的气候条件的时候,它们仍然会坚持着自己原有的生活方式。它们不需要人类施舍,更不要人类教导它们如何生存。它们只是渴望自由地生活,并且在造物者赋予它们的生存意义下生活。

即使是人类的自由之歌,也没有狼嚎的那种悲壮、激昂。

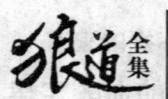

第二章 物竞天择，适者生存

狼改变不了环境，就想尽一切办法改变自己。在狼族中，往往有一只地位最低的狼，它是狼群中最为弱小的一个，在家族中的各个方面，它总是被置于最后的位置，但如果它能够生存下来，往往能成为一只优秀的狼，它最终成为头狼的概率也比较大。

因为这种顽强的生存能力使它经历了更大的磨砺，使它积累了更为完善的生存技能。

1. 作主宰环境的强者

对于严峻的生存环境，狼有着惊人的适应能力。狼驾驭环境变化的能力是世界上各种动物中最出色的，这或许正是它们适应性强的主要原因所在。

在众多的动物中，狼是最能适应外界环境的，由于狼适应了外界环境的能力很强，使其不论在哪种环境中都能找到自己及种群生存方法，所以狼可以生存于地球上的每一个角落，可以说狼是主宰环境的强者。只有主宰了环境，才能不被环境主宰，一旦

第一编 从狼性到赤裸的狼道
狼族生存的血酬定律

被环境主宰，生存就会出现危机。

在北极，在严寒的冬季，在肆虐的暴风雪中，狼都能在露天里蜷缩成一团，用尾巴遮住面部安祥地睡觉。狼的嗅觉功能也着实令人惊叹不已，在几公里之外，它们就能准确地确定猎物的方向和位置。

一次，我们凑巧观察到狼群围捕黄羊的场面。当时，黄羊正悠闲地啃着牧草，慢慢地移动着，吃饱的黄羊有的趴在草地上，有的在附近湖边饮水。这群黄羊还没有察觉到危险的存在，不知不觉地陷入狼的包围圈中。五六只狼形成的半圆形，正一步一步地缩小。突然，一只年长的雄黄羊似乎发现了什么，撒腿就跑，奋力冲出包围圈。

对这一突如其来的情况，狼群好像早有准备，并不追赶，也没有改变队形。它们似乎知道湖边还有更多的黄羊，不能因小失大。果然，当狼群逼近湖边的时候，狼群的每个成员几乎在同一时刻突然朝黄羊群猛扑过去。这就如战争时发起的冲锋一样，井然有序，且行动一致、迅速。

羊儿们这时不知发生了什么，惊得四处逃窜。一部分羊飞奔着向草原深处逃命，一部分则向湖心跑去，它们的命运可想而知，不是沉入湖底，就是落入狼口，非常悲惨。

随着地球的演化，特别是人类对于动植物资源的过度索取和对自然环境的破坏，极大地改变了狼生存环境和猎物对象。但不管是树林中的狍子、草原上的黄羊，还是凶猛的野牛、庞大的驼鹿，狼都能耐心地去寻找它们的弱点，最终捕获到所需的猎物。

在北美辽阔的针叶林里，我们曾动用所有现代工具和监测仪器，跟踪一群狼捕捉驼鹿的经过。一头狼嗅到驼鹿的气味后，很快，其他的狼就聚拢过来，它们自动地形成单列队形，在松软的雪地上追赶驼鹿。

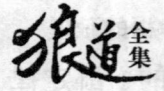

成就个人、团队、企业的铁血定律

领头的狼是开路先锋，带领后面的成员快速前进，累了就由其他成员接替它的位置。就这样，狼群不断地变幻着，快速追赶着猎物，不让猎物有片刻喘息的机会。它们确定了目标后，很耐心，可以几天不吃也不喝，紧紧跟随目标，哪怕它们感到有点疲惫，但它们不会轻意放弃目标。

狼以顽强的精神追赶了几天以后，驼鹿体力不支，终于筋疲力尽。这时狼群开始发起进攻。第一只狼扑过去，咬住喉咙，紧紧不放；第二只窜上去咬住大腿，接着是第三只、第四只……陆地上最大的鹿就这样被比自己个头小的狼结束了生命，成为狼的食物。

在草原卜，狼之所以成为自然界真正的主人，一个重要的原因是，草原狼特别善于长途奔袭。在辽阔的大草原上，无论是猎者，还是被猎者，如果没有超强的奔跑能力，要在草原上生存都是十分困难的事情。草原狼可能就是因为具备了这种能力，才大大提高了自己战斗力，成为草原上最强大的"军事力量"，甚至可以将虎、豹、熊等个体更大的猛兽逐出草原。

动物的生存法则与人类一样，要想生存，就必须首先去顺应生存环境。如果生存环境很恶劣，要想改变它，只有不断地去适应、改变环境，才能在越来越恶劣的生存环境下，得以繁衍。

如今的草原，野生动物已经很少，在寒冷的俄罗斯和蒙古国草原，恶劣的自然环境使得很多动物都难以长久地生存，包括那些看似威猛、顽强的老虎、狮子、猎豹、狗熊。它们都曾经进入过这些草原，并试图在草原上长久地生存，但都没有成功。它们一方面是适应不了严酷的自然环境，另一方面是适应不了更为残酷的生存战争。在食物资源稀少的草原中，它们最终因饥饿而灭绝。

在这样的残酷的环境中，一些大型的食肉动物，因为觅不到

第一编 从狼性到赤裸的狼道
狼族生存的血酬定律

食物,最终被自然界无情的淘汰,剩下的都是生存能力非常顽强的物种,狼就是其中之一。狼之所以能在如此恶劣的环境下生存,这是因为狼本身具有的强大的生存能力,就是这样的环境,同时也造就了狼——促进了狼群的改良,使它们在逆境中,磨炼了自己的智慧、技能,使其具有了更强大的适应能力。这样就形成了一种良性的循环。

据说某国一家森林公园养殖了几百只梅花鹿,尽管环境幽静,水草丰美,又没有天敌,但几年之后,鹿群非但没有发展,反而更加衰弱,数量也大为减少。后来公园的管理者买回几只狼放到了公园里。梅花鹿面临着狼的捕食,只能拼命地逃跑。跑得最慢的鹿就会被狼吃掉。这样一来,经过狼群的淘汰和追逐,鹿的体质大为增强,数量也有一定的增长。

狼在自然界小并没有天敌,即使有一些大型的食肉动物能够捕杀它们,那种情况也会因为狼群的团结而很少发生。如果说狼有天敌,那个天敌就是人类——十分可怕的人类。"智慧"的人类可以想出各种办法来对付在他们看来十分"邪恶"的狼,而不是靠他们的双手,这些手段和办法是狼所不能抵御的,狼惟一的办法就是小心谨慎地躲避。

正是狼不断地与"智慧"的人类作斗争,从中使自己进化更优秀,更能适应环境。所以狼和其他动物相比,也简直是具有"天才一般的智商了"。正是这种"天才一般的智商"保证了狼群的生存,它们把从人类学到的智慧,运用在捕猎活动中去,使其生存危机减少到了最低限度,从而保证了狼群的良性生存环境。

让我们再来看一幅马尔科夫向我们讲述人类与狼的惊心动魄的画面。

在一个寒冷的冬天,马尔科夫在打猎时,遇到了一条狼。这是一条银灰色的狼,两只眼睛炯炯有神,毛色很光滑,体长将近

成就个人、团队、企业的铁血定律

两米,非常健壮。可惜马尔科夫的猎枪没有瞄准,只打到了狼的右后腿,但狼拖着受伤的腿,一瘸一拐地逃跑了,狼血斑斑。于是,马尔科夫骑上马去追赶这只受伤的狼。在追赶的过程中,马尔科夫看见,前面逃跑的狼的速度不是很快,他距离受伤的狼越来越近。

造成这种状况,那是因为狼受伤的腿成了其前进的障碍,狼拼命地向前跃了几下,和马尔科夫的距离稍微拉大了一些。狼利用这个机会,回过头去撕咬自己受伤的右后腿,几下就把那条腿咬断了。马尔科夫看到这一幕,他惊呆了,心里油然而生出一种敬畏。狼的举动缩短了他和狼之间的距离。他的马也一动不动,静静地看着狼,看着这只仅剩下三条腿的狼逃跑。

狼为了生存,表现出这份让人望尘莫及的坚强、舍小求大的精神,着实让人敬畏。

北美水牛群消失了,它们向猎人手里的来福枪屈服了;大群的羚羊也几乎消失殆尽,它们难以承受猎狗和子弹;鲑鱼群数量也在急剧的减少。巴特兰地区古老的居民在新的环境下像雪一样地消失,但生活在这里的狼却仍然没有绝种。在平坦的小丘卜,夜晚仍然能够听到它们的歌声。

我曾经看到过这样一个画面:8只狼在追杀十多匹马的时候,只见它们一路穷追猛打,紧紧咬住马群,根本不给马匹一丝喘息的机会,它们追了10多个小时。在漫长的追逐中,马群中有一匹老马速度开始慢了下来,慢慢地掉队了,只见狼群一拥而上包围了这匹马,并咬死吃掉了它。

狼不仅能够利用环境,顺势而为,它还能以积极的态度应对不利的环境。现在活下来继续奔驰在草原上的狼,都是饿狼的后代。原来那些衣食无忧的"贵族"狼,后来都让逃荒而来的饿狼打得落花流水。

第一编 从狼性到赤裸的狼道
狼族生存的血酬定律

正是这种环境使那些最强壮、最聪明、最能吃能打、吃饱的时候也能记住饥饿时的滋味的狼,活了下来,而那些弱狼,则被无情地淘汰。这是狼生存的辩证法则。

2. 绝境中求生存

在地球上,狼族已经生存了一百多万年的时间,它们历经了人类的猎捕、毒杀、陷阱,人类甚至用威力强大的武器从飞机上射杀它们。人类也毁灭了很多狼族的栖息地,很多狼族赖以维生的生物族群——例如美洲野牛、麋鹿和美洲驯鹿,也都遭受到人类无情的毁灭。狼就是在这种"绝境中求生存"。它们敢与天斗、与人斗,就是它们的这种斗争精神,才使其能在绝境中生存。

狼的一生是充满艰辛的。在野外,一只狼可以存活约 13 年,但大部分狼只有约 9 年左右的寿命。然而,为人类所捕获并饲养的狼,其寿命通常都会超过 15 年。显而易见,狼群在野外的生活万分艰辛,并且处处隐含着凶险。

生活在野外,狼不但要与人类及其他动物进行殊死的搏斗,以求生存。同时,狼还必须经常与自己的同类争夺食物和领地,因为狼群只能在自己的领地进行生活、捕猎,领地的大小根据他们捕食对象的多少而有很大的变化。这种情况取决于这个地区的猎物数量。在猎物分布较密集的地方,狼就不必奔袭很远便可获得美餐。而在较荒凉的、猎物比较少的栖息地,狼有时则需要跑很远,才能猎到食物。

在狼的世界里,"适者生存"就是他们最重要的生存法则,如同最虚弱的美洲驼鹿为狼所捕获一样,最虚弱的狼也会消失。狼的生存主要是依托在战胜对手、吃掉对手的方式上,否则会被饿死。而捕猎是危险的,狼在捕获猎物的时候,常常会遇到猎物的拼死抵抗，一些大型猎物有时还会伤及狼的生命。研究表明，狼捕猎的成功率只有7%~10%。

一旦捕猎成功，狼还必须警惕其他想不劳而获的动物的袭击。这些动物还经常袭击、捕杀狼的幼崽。最后，狼还必须与人类抗争，人类无疑是狼安全生存的最大威胁。

正是在这种险恶环境中，狼才得以战胜对手，成为陆地上食物链的最高单位之一。困境一般是产生强者的土壤，正是这种环境，使狼成了强者。

狼群中还有严格等级制度。有地位较高的头狼，还有在狼群中地位最低的欧米佳狼，它是族群中块头最小的家伙。这个可怜的小不点儿，常常会受到族群中其他成员的虐待与排挤，在所有活动方面，它都被置于最后的位置。特别是在吃东西的时候，它往往是排在最后一个，只有其他狼吃饱了，剩下的食物，才有它的一份，因此它时常挨饿。

但是，这个小不点儿却有扭转乾坤的神奇力量。在这种环境中经过一段时间的艰苦磨砺，当自己有一定的生存能力之后，它就会离开狼群，变成众所周知的"孤独之狼"。

这些"孤独之狼"最后会参与其他族群，或者找到伴侣，开始经营属于它们自己的族群，对生命锲而不舍的精神使它经历了更大的砺炼，积累了更为完善的技能，它们的智慧也是其他狼所无法相提并论的，这使其往往能成为一只非常优秀的头狼。

绝境中生存下来的狼，才是真正勇敢、智慧的狼。它们意志更坚强，经验更丰富，智慧更能发挥出来，技能也更娴熟。它们之所以往往成为头狼，成为一个组织的领导者，就是因为这种"绝境"锻炼了它们。

狼的消化吸收能力相当强大，在对动物界所有动物的研究中，还没有发现有如此强大消化能力的食肉动物。良好而强大的

第一编 从狼性到赤裸的狼道
狼族生存的血酬定律

消化能力,是确保狼生命长存,并健康而长久地存在自然界中的因素之一。

古姆·古德温教授是著名的狼学专家,现任哈佛大学教授,也是《动物世界》杂志的重要撰稿人。他曾经在欧亚大草原上生活了3年,他曾多次近距离地对狼进行观察和研究,在他的著作中既有能为一般读者接受的关于狼的普及性的知识,也有深奥的理论知识,他的很多著作被许多大学作为研究生的教学教材。

在他的著作《狼踪》中,用了很长的篇幅对狼的粪便进行了介绍。从狼粪中,我们可以看出狼的消化吸收能力是多么的大。下面,就让我引用其中最精彩的一段,以便你对狼的消化吸收能力有一个较全面的了解和掌握。

> 要在欧亚大草原上找到狼的粪便并不太容易。由于长久以来,牧民们对狼进行追杀,狼群已经具有高度的警惕性。它们并不随处排泄,只有在它们认为最安全的地方。然而这种地方一定十分隐蔽,很难被人发现。我从开始对狼粪产生兴趣到后来亲自找到新鲜的狼粪,经过了很长一段时间。经过牧民的指点,我独自一人走向草原最深处。
>
> 据说,那里是狼活动最频繁的地方,会经常发现狼粪,当时我什么都没有考虑,也忘记了狼会对我的安全造成危险。我带着浓厚的兴趣出发了。
>
> 顺着狼的足迹,终于,在一个山坡后面,我找到了几个新鲜的和干枯的狼粪。我对此作了仔细的观察和研究。狼粪一般呈灰白色,形状和狗的粪便差不多。
>
> 我曾经许多次观察过狼在吃食物时的情景,至今对那些情景仍记忆犹新。

狼在吃猎物时，充分表现了它们强大的生存本能和对食物的珍惜。它们几乎吃光了动物身体的全部，只有那些咬不动的骨头才被它们抛弃，而那些抛弃的骨头上面没有一点肉，连苍蝇都很少光顾。

我把狼粪用容器装了回去。在实验室里，我惊奇地发现，狼粪里面最主要的成分居然是各种动物的毛纤维和一些牙齿，除此之外就是一些像石灰粉似的动物骨钙。狼几乎把猎物身上所有的东西都消化了，除了一些实在没有营养的物质。据我所知，其他动物都不具有像狼一样强大的消化吸收能力。

这一切都太令人惊奇了！我们人类其实并不了解狼。为什么狼能在各种艰苦的环境中生存？为什么几乎所有的动物都被列入被保护者的行列，而狼却一直顽强地生存在人们的保护之外？

我想《狼踪》中的这段文字应该给了我们一个满意的解释。在艰苦的环境中，尤其是寒冷的冬天，狼可以得到的食物特别稀少，因此食物就显得特别宝贵。如果狼没有强大的消化能力，吃猎物时只吃其中可以消化的部分，这样的话，狼就肯定要忍受饥饿的折磨。

也许，这其中可能还有一个进化的过程。在开始时，狼并不具有如此强的消化能力，但它们能得到的食物少得可怜，那些消化能力弱的狼因此被饿死，而存活下来的饥饿狼，就会尽可能地吃掉那些它们不能消化的东西。

这样，经过长时间的"磨炼"，狼也就具有了一个强大的胃。这是它们生存的保障，也是自然界进化的结果。如果狼的食物很丰富，狼就不会吃掉不会消化的东西；如果狼很容易捕获猎物，狼就不会对食物那么珍惜，"物以稀为贵"。正是这种恶劣的生存

第一编 从狼性到赤裸的狼道
狼族生存的血酬定律

环境把狼进化得如此优秀。

3. 善于从失败崛起

狼是"失败是成功之母"信条最卓越的实践者。失败是一种心态,而不是现实。

失败和挫折其实本来就是人生不可或缺的一部分。失败和痛苦是上帝与每一种生物沟通并指出它们错误时所使用的语言。有些动物甚至人,在听到上帝的这些话时,可能会变得胆怯,致使它们逃避所有可能的威胁。但另外一部分人或动物,在听到上帝这些话时,就会变得更为谦虚,以期学到更多智慧。我们应该了解,我们开始迈向成功的转折点通常是在失败之后出现。

狼就属于刚才我所说的"另外一部分"。狼是"失败是成功之母"的卓越实践者。这些好像看来是智慧的人类说出的话语,但我们人类是否按照这样的真理生活或者工作呢?

面对这样的疑问,我们变得不再理直气壮,因为即使我们说出了真理,我们相信真理,但我们却很少遵循真理。狼,在这里又一次成为我们的老师。

狼也许算得上捕猎效率最高的动物了。但它们捕猎失败的几率仍然很高,大约为90%。这个数据是对许多狼群进行观察后,计算出的平均数据。可以想像得到,那些没有经验的幼狼,那些衰老的狼,失败的概率会更高。

我不知道如果人类的所有行为都是只有10%的成功几率,也就是说十次同样的行动,只有一次成功,那将是一种什么样的情形。

然而,这却是每只狼都必须面对的。它们忍受着饥饿,在草丛中埋伏几天之后,它们却可能连一只羊都抓不到。因此,狼实际上经常处于饥饿状态。

或许，也就是这种饥饿状态，促使它们积极地面对失败，让它们从失败中吸取教训吧。狼群面对失败，从来不会退缩、屈服，它们甚至没有一点沮丧。它们不会像人类一样，在失败之后不停地抱怨，不停地为自己寻找各种各样的借口，它们要做的只是默默地忍受失败，重新整装待发，投入到眼前的任务、它们继续使用经过时间淬炼的狩猎技巧，检讨挫败的原因，并从挫折和失败中总结经验教训，拟定新的计划与蓝图，且深信成功终将会到来。

一条幼狼从跟随母狼捕食弱小的动物开始，到成为狼群伏击牲畜群的主力，要经历无数次的失败。但失败对它没有丝毫负面影响，它只会在饥饿中变得更加机敏、更加仔细。每一次捕猎，都是磨炼狼捕食技巧的机会。

对狼来说，失败就是经验，它们会把每一次失败都牢牢记在心里，以避免再犯同样错误。它们会在失败之后，等待下一次机会。对狼来说，再多失败都没关系，只要它们能捕捉到猎物，只要它们能生存下去，就是最大成功。

面对挫折和失败，或者说面对强敌，狼时时还表现出一种冷峻达观的态度，正是这种态度，使狼产生了无穷勇气，面对险境，镇定自若，无畏无惧。

在原野中，狼并不是独来独往的。当漫长的冬夜来临，狼群在追捕食物的时候每一只狼都争相冲在前头。在清冷的月色中，它们跳跃着巨大的身躯超越在同伴之上，它们的目光盈盈发着蓝光，迸射出野性。

摄影家卡尔．布伦德斯曾经长时间将镜头对准狼，在他看来，狼是一种特别的动物，是野性的象征。他说："狼的眼睛是你所能想像到的最撼人心魄的东西。它们的眸子里包含着北半球所有的野性。"

野性——一种冷峻而达观的态度。这种态度对于狂乱而浮躁的人类来说是否有些启示呢？

有一位老者曾经向人们讲述了自己亲身遭遇狼的故事。

> 我小的时候住在乡下，村庄周围都是草地，更远处则是长满丛林的群山，经常有狼下山来偷袭农民养的羊，其中有1只3条腿的独狼，性情狡诈凶狠，气势逼人。
>
> 有一天，我和父亲走在离家不远的小路上，与这只狼狭路相逢。两人一狼各踞一端，相互对峙着。狼毫无退让之意，也没有扑过来的打算，只是冷冷地凝视着我们。就这样相持了很久，父亲的大声叱喝，才使狼掉头缓缓离去。
>
> 长大后，我离开了村庄，远离了狼生活的环境。
>
> 但是，我时刻忘不了那只独狼的眼神，我被那种镇定自若的神态感染了，甚至忘记了恐惧、每当我遭遇困境，面临挫折时，我就会想到那只狼镇定的神情，它给我的勇气陪伴了我的一生。

狼的这种冷峻与达观，表现了狼无畏无惧的精神，并善于从失败中崛起。

4. 学习更多的生存技巧

狼的生存不是仅靠它生下来就拥有的生存能力而生存的，更多的时候是靠从自然界中的每一种事物及其他动物身上学习更多的捕猎技巧来生存的。

提到"学习",似乎是人类所特有的,这是属于我们人类的词汇。的确,学习需要强烈的主观能动性。许多人都否认动物具有学习的能力,认为动物的一切行为都是出于本能,没有主观能动性。

我们暂且不去讨论这种看法的对与错,是否武断,让我们先来看一看狼的一些行为,也许你就会改变自己的观点。其实,人类有的这种学习能力,狼发挥得更为出色,它们的学习也是一种本能,是环境所迫,是生存的需要。

马克斯韦尔.马尔茨,是野生动物爱好者,他曾经跟随一个考察队去过北极。在那里,他近距离地观察了海豹、北极熊、海象、北极狐等各种其他人很少见到的动物。当然,最令他兴奋的还是北极冰原上的狼群。

狼是北极冰原上第二大肉食动物,仅次于北极熊。但北极熊一般都是单独猎食,与群体行动的狼相比,就差了许多。因此,狼才是北极冰原上的兽中之王。在冰原上,狼是惟一能猎食活驯鹿和活麝牛的动物。

马尔茨谈到那次难忘的经历。

那时候我正在全身心地观察海豹,每天都乘着雪橇去各处观察,也到一些国家的观察站收集一些有趣的资料。有一天,当我从雪橇上下来,正在卸器材时,我看见离我大约三百多米远的地方站着一群全身全黄色的野狼。那群狼大概有二三十只,当时我被吓得冷汗直冒,头脑一片空白,全身僵硬,不能动弹。

当时,我以为狼群会立即向我攻击。以雪橇的速度想要逃过狼的攻击是根本不可能的,而且我的身边也没

第一编 从狼性到赤裸的狼道
狼族生存的血酬定律

有携带可以防身的武器。当时我似乎真的看到了死神的面孔了。可奇怪的是，那群狼远远地昂首站在那里一动不动，我的目光与狼的目光相遇，我不知怎么办才好，傻傻地站在那里，足足有四五分钟，我不敢妄动，而狼也站在那里，一动不动。看着那群可怕的狼，我像做贼一样，避过狼的目光，慢慢地走回雪橇，不敢望着身后的狼，拼命地向远处驶去。驶出几百米之后，我才敢回头张望。

狼群并没有追上来，它们似乎还站在原地，因为我只能看到几个模糊的金色小点。看来它们并没有要吃掉我的意思。"谢天谢地"，当时这大概是我头脑里惟一的想法。

驶出几英里之后，我觉得已经脱离了危险，就在附近找了一个观察点继续我的工作。当时，我在给一本叫做《地球生物》的杂志撰写专栏观察日记，还要配发图片。专栏的主编是个非常有经验的中年女士，因此我来不得半点马虎和弄虚作假。所以，即使存在危险，我也要进行下去。

当我的观察刚开始不久，可怕的事情发生了。哦，我的上帝，我做梦都想不到，那群狼又在离我300多米的地方出现了，和刚才的情景一模一样。它们还是一动不动，远远地望着我，我似乎看到了它们那专注的眼神了，只是不知道那眼神里是否有杀气。我再也不敢大意了，跨上雪橇，回到我所住的观察站。以后再出去观察就不敢单独行动了。

听完马尔茨的讲述，你知道狼群到底想干什么？马尔茨也不明白，就带着这个疑问去请教了狼研究方面的专家威尔金斯教授。教授听完马尔茨的讲述后哈哈大笑。教授说：

"狼在一般情况下是很少袭击人的，除非是在实不得以情况下，因为它们知道人的厉害，人大概是惟一令它们感到有点恐惧的动物。况且那群狼当时肯定是昂着头在观察你的。如果狼昂首站立或行走，你完全不必害怕。即使狼昂首从鹿群中走过，驯鹿还是会继续吃草，毫不惊慌。狼在攻击前，一般都会低下头，眼睛盯着前方，身上的毫毛都会竖起来。"

那群狼不过是一群好奇的孩子！对狼群来说，凡是陌生的事物，它们都会产生强烈的好奇、通过仔细的观察，它们往往能从中学到很多有用的东西。它们还会从其他动物身上学到一些捕猎的技巧。

原来如此。狼就像儿童一样，对周围的一切充满了好奇，而且这种好奇是那么单纯。在仔细的观察中，它们学到了许多知识。儿童只是从人身上学习行动和语言，可狼不仅从其他狼身上学习经验、捕猎技巧、生存智慧，还向自然界中的每一种生物学习。大概也就是这种好奇，这种学习能力，也是让它们在越来越残酷的自然环境得以生存下来的一个重要原因吧！

5．精力集中于捕猎目标

锁定目标，锲而不舍，是狼的另一个可贵品质。正是这种品质，使狼捕获猎物才有成功的可能，也是使其生存下来的原因之一。

狼族生存的最重要技巧，就是能够把所有的精力集中于捕猎的目标上，他们只瞄准猎物，不达目的绝不罢休。对于无法达到的目标，他们绝对不会做出无意义的行为，不管恐吓性的咆哮，

第一编 从狼性到赤裸的狼道
狼族生存的血酬定律

还是无谓的奔跑。

在非洲的马拉河,河谷两岸青草肥嫩,草丛中一群群羚羊在那儿悠闲地觅食。一只狼隐藏在远远的草丛中,竖起耳朵四面旋转,它敏锐地觉察到了羚羊群的存在,然后悄悄地接近羊群。

越来越近,越来越近,羚羊也有所察觉,开始四散逃跑。狼像百米运动员般瞬时爆发,如箭一样冲向羚羊群。它的眼睛紧紧盯住一只未成年的羚羊,径直向它追去。

在追与逃的过程中,狼超过了一头又一头站在旁边观望的羚羊,但它没有掉头改追这些更近的猎物,而是锲而不舍地一直朝着那头未成年的羚羊狂追猛赶。

羚羊累了,狼也累了,在这场较量中最后比的是速度和耐力。终于,狼的前爪搭上了羚羊的后背,羚羊被绊倒了,尖锐的狼牙直朝羚羊的脖颈咬了下去. 羚羊一动也不动了,狼也趴在地上喘着粗气。

所有的肉食动物都知道在出击之前要隐藏自己,在选择追击目标时也总是锁定那些老少病弱以及落单的猎物。但是,人们颇感迷惑,在追击过程中,狼为什么不改追那些离自己最近的羚羊呢?

和驼鹿一样,羚羊也是一种极其温顺的动物,但是上苍也给了它某些特殊的技能,一旦起跑,其百米冲刺般的爆发力能在瞬间将狼甩在脑后。如果丢下那只跑累厂的羊,改追一头站在身边以逸待劳的羚羊,结果是一只也追不到——狼的智慧在这里又得到充分的印证。

狼的这种一日,锁定了目标,锲而不舍的精神,也就成为其捕猎能够成功的关键。这种精神,也是狼最重要的生存法则。

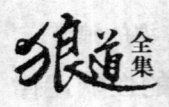

成就个人、团队、企业的铁血定律

第三章 优胜劣汰,能者为王

自然界遵循着优胜劣汰、强者生存的自然法则。这个世界也永远属于强者,弱者能得到的只是一些同情和怜悯。而狼,虽不是兽中之王,但是它懂得怎样做强者,它们有极强的战斗力,甚至,它们的战斗力超过了比自己更为强大的老虎、狮子等。它们也知道怎样来保持整个队伍的精干和整体的素质的提高。

1. 树立绝对的竞争意识

自然界中时刻都存在着竞争。不同物种之间要竞争,同一物种之间也要竞争。狼的兄弟之间,甚至是父子之间也存在着激烈残酷的竞争。

动物之间的竞争,大部分都是由食物引起的。不同物种之间存在着捕食与被捕食的关系,相同物种之间存在着争夺有限食物的竞争。有时候在一个动物家族中,一些弱小的也会因为不能争夺到足够的食物饥饿而死,它们的死亡不会得到同类的同情,因为在自然界中,没有竞争能力就不能生存。

在辽阔的草原上,每天当第一缕阳光出现,狮子和羚羊就开

第一编 从狼性到赤裸的狼道
狼族生存的血酬定律

始进行赛跑,狮子发誓要追上羚羊,因为追上羚羊,它就可以把它们当作自己的食物。羚羊一定要跑得比狮子快,否则它就会成为狮子的美餐。羚羊之间也在进行着残酷的竞争,跑得最慢的羚羊成为了狮子的食物,而其他羚羊就可以暂时幸免于难。这就是动物界之间的残酷竞争。

再回到我们的主角——狼。狼的竞争意识又一次让我感到震惊。狼的竞争意识并不仅仅源于本能,它们可以通过各种途径的学习来强化自己的生存本领,强化自己的竞争意识。

在狼群内部,阿尔法狼(狼族中的头狼)的位置,并不是谁都可以得到的,也不是按照年龄或者辈份去安排的,每个公狼都有竞争这个位置的资格,只有狼群中的最强者才能得到这个位置。

当狼群的后代们逐渐长大,它们就会觊觎首领的位置。虽然狼群的首领是它们的父亲,它们也毫不心虚,因为狼群就是一个能者为王的世界;同时,在狼的兄弟之间也会展开激烈的竞争。

最后,最强大的公狼成为这个狼群的首领,而其他的公狼要么臣服于它,要么带领一部分狼自立门户,要么到处流浪,成为"孤独之狼",或者加入其他狼群。当狼群确立了新的首领之后,所有的狼都要接受它的领导。作为阿尔法狼,它具有绝对的权威。严格的等级秩序确保了狼群在安定的环境下生存。

在狼群与狼群之间也存在着激烈的竞争,一般在同一区域的所有狼群中,会有一个狼王,它具有统领这个区域所有狼的权力。当需要集体围猎时,狼王就会用嚎叫召集所有的狼。所有的狼都要无条件地接受它的统一部署。当然,这个狼王的位置也是各个狼群的首领们经过竞争决定的。

在狼群之间还存在着另外一种可怕的竞争,那就是对领地的争夺。由于自然界食物的有限和人类的杀害,狼群之间经常会为

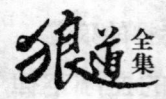成就个人、团队、企业的铁血定律

了争夺领地而大动干戈。每个狼群都有自己的领地,领地在狼心目中占有非常神圣的地位。它们用尿和气味来划分领地,但有的狼群会因为得不到足够的食物而侵犯其他狼群的领地。这种侵犯类似于人类的一个国家入侵另外一个国家。领地被侵犯的狼群当然不能容忍的这种侵犯。

于是,不可避免地要在两个狼群之间展开一场争夺领地的战争。胜利的一方就是这片领地的主人,而失败的狼群则没有在这片领地上捕食的资格。两支狼群绝对不会为了避免牺牲而共享一片领地,战败的一方即使被饿死也不会屈服于其他狼群之下。

狼的竞争意识不仅是它们自身存在的保障,也促进了其他动物的身体机能的进化。同时,这种竞争意识也给了我们人类以鼓舞和信心。

2. 敢于战斗的生命哲学

狼时时刻刻都处在"战争状态"。弱肉强食,如同天空一样古老而真实,信奉这个原理的狼就能生存,违背这个原理就会死亡。

狼天生就具有一种战斗性格,可以说战斗是狼生命的本质。在狼群内部,要通过战斗决定自身在狼群中的地位;在自然界,狼要通过战斗获得保障生命存活的食物;狼还要和给它们带来许多灾难的自然环境抗争;它们还要和最可怕的人类交锋。没有一种战斗的性格,狼族就不能在这个地球上生存。战斗就是它们的生命哲学。

让我们来看看伟大的塞顿在《动物记》中对狼的战斗的描写吧。

第一编 从狼性到赤裸的狼道
狼族生存的血酬定律

拜德蓝德贝利（狼）已经没有可以逃跑的路了，被15只猎狗纠缠着，它们还有人做强大的后盾。它已经不是在走，而是蹒跚着向上爬。猎狗排成一队追在它的后面，现在也比刚才的情形好了些．它们正在逐渐接近它。

在这个最狭窄的地方，一步失误就意味着死亡。那条伟大的狼转了过来，正对着它们。它的前腿奋力支撑了起来，而那闪着寒光的獠牙则完全暴露着。我们没有听到它发出一点儿声音，它勇敢地面对着这群猎狗。它的腿因为辛苦而很虚弱，但是它的脖子，它的嘴巴，以及它的内心都是强壮的，并且——现在，所有的你们这些爱狗的人最好合上这本书——继续战斗——上上下下——15∶1。

它们上来了，第一个是最敏捷的灰猎狗，它是怎么做的呢，它们几乎都没有看见。但是，当一股血流撞向岩石的时候，"那只巨大的狼转过身来面对着它们"，那一串猎狗也涌上了那条路。

在必然的打斗战役中，黑鬃毛在它们来到的时候接待了它们。一个无力的弹跳，一个反向的进攻，一个猛咬，"凡高倒下了"（凡高是一条狗的名字），它的脚没有了。

猎狗丹德和科利又逼近了，试图扭住它。一个闪冲，一个抬臀，它们就跌倒在那条狭窄的小路上了。然后是蓝点猎狗，紧接着是强壮的奥斯卡和英勇的泰戈——但那只狼在岩石的那边，一眨眼的工夫，它们之间的战斗就结束了，只剩下那只狼在那儿，那些大猎狗都不见了。

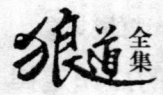

成就个人、团队、企业的铁血定律

剩下的几条狗围了上来，最后面的逼迫着最前面的狗——倒下来——去死。撕、咬、抬臀，从最敏捷的猎狗到个头最大的猎狗，直到最后一条，倒下来——倒下来——它让它们轮流着倒下，从悬在空中的凸出部分到下面的峡谷。那儿的岩石和树干太锋利了，随时都会拿走它们的生命。

短短的50秒钟后，一切都结束了。岩石把这一串猎狗抛向了一边——潘茹富狗群全部被消灭了。拜德蓝德贝利再次独自站在那里，站在它自己的大山上。

它站在那儿等了一会儿，看是不是还有其他的猎狗上来。再也没有了，那群猎狗全部都死掉了。它等了一会儿，平静了自己的呼吸，然后，在这个决定命运的现场，第一次提高了它的声音，虚弱地发出了一声长长的、胜利的大喊，在另外一个较低的岸上渐渐变小，被什么东西挡住了，看不见了。这就是我们在辛梯纳山的一个高坡上看到的一切。

这是一段让人心情激动的文字，我们能从中读到力量，那是战斗的力量。狼的这种战斗精神，是使它们成为兽中强者的一个先决条件。没有了这种不屈不挠，敢于战斗的精神，很难想象，狼能在物竞天择、适者生存、劣者淘汰的自然规律中，能存活到现在。

3. "狼子野心"的坚定信念

尽管狼族的狩猎成功几率不到10%，但是，狼族中的每一个成员都坚信：成功的那天终将会到来。

第一编 从狼性到赤裸的狼道
狼族生存的血酬定律

野心是狼获取食物的强大武器。狼族的野心是一种梦想,是一处憧憬,是为了下一个更大的目标,不知疲倦地奔跑和追求。

狼不断地为成功构思更大的蓝图,只要头狼选定了目标,所有的成员便会义无反顾地投入到实现目标的过程中,坚忍不拔地奋斗。狼族中每个成员都憧憬着捕俘更大、更多猎物的喜悦,这种冲动激励着狼族永远在为胜利做准备。

一年冬天,内蒙古额仑草原西北部一片优良的暖坡草场,这里刚刚集结起一个由数目头优良马组成的马群,这是为某骑兵部队精选的上等马,准备调养好后来年开春交给部队。而为了保护这群马,当地调拨了10个有经验的牧民和十几条猛犬来看管马匹。

不知怎么,这个消息被饿了一冬的狼群知道了.虽然狼知道这是个烫手的热山芋,且不说有人和狗守护,骠肥体壮的马本身就有相当的自卫能力。然而生存的本能与大马群的诱惑,30多头狼还是义无反顾地上路了。

力量的对比何等悬殊,这群狼确实野心太大了。让人不可思议的是,狼群竟然最终凭借野心和智慧,几乎全歼马群。狼群获得了成功,并让所有看见和听见这个事实的人目瞪口呆,惊诧不已。

千百年来,狼就是在被人们怒斥鞭挞的野心激发下,顽强地活着,繁衍至今。

面对生存的选择,狼族从不缺乏野心和胆量。为了活的权利,狼从不畏惧任何猎物,它们永不满足,总是在突破自我中将威力发挥到极致。虽然有时也会惨败,但不冒险就不会有丰厚的收获,这次输了下次必赢,狼族深知这一点。

成就个人、团队、企业的铁血定律

4. 靠忍耐随时等待机会

原野中,狼在奔跑着,狂傲的长啸时时回荡在旷野上,倾泻着它的野性与傲慢。从来没学会细嚼慢咽的这群野狼似乎永远都处于高度的亢奋状态,它们往往一连几个星期追踪一只猎物,搜寻着猎物留下的蛛丝马迹,狼群轮流协作,接力追捕,在运动中寻找每一个战机。

在自然环境最恶劣的生存条件下,野狼和北美驼鹿常常是生活在同一个地方,随后又一起奔跑。在它们的成长中,存在着一种独特的关系,而并非总是处于敌对状态,因为它们总是混在一起,几乎看不出什么紧张气氛,而且还表现出一种和谐的关系。

但是危机总有一天会到来。驼鹿终究是狼群的食物,而狼面对如此众多而强大的敌人,并不贸然出击。

它们的这种表面现象是因为狼群在耐心地等待时机。草原上有数千只驼鹿,而且它们身材高大,站立时肩高通常达到2米,并能以1.2米的跨幅奔跑,它们的实力远远超过数量极少的狼群。

狼并不畏惧,几只狼在鹿群旁迂回窥视,它们想出了一个很好的策略,那就是先攻其一。当发现有因为饥饿或疾病而孱弱的驼鹿出现时,它们便会一拥而上。

在北美的旷野上经常会出现这样的场景,一群分散的狼突然向一群驼鹿冲去,引起驼鹿群的恐慌,导致驼鹿纷纷逃窜。这时,狼群中的一只"剑手"会斜刺里冲到鹿群中,抓破一头驼鹿的腿。

狼群之所以选中这头驼鹿,也许就是因为它们发现它的某些特点易于攻击,随后这头驼鹿又回归队里。奇怪的是,当狼群攻

第一编 从狼性到赤裸的狼道
狼族生存的血酬定律

击鹿群中的一头驼鹿时,周围那些强健的驼鹿并不援救,而是听任狼群攻击它们的同胞。

这样的情况一天天地重演着,受伤的驼鹿渐渐失掉大量的血液、力气和反抗的意志。而狼群在耐心地等待时机,它们定期更换角色,由不同的狼来扮演"剑手",使这头可怜的驼鹿旧伤未愈又添新创。最后,当这头驯鹿已极为虚弱,再也不会对狼构成严重威胁时,狼群开始集体出击并最终捕获受伤的驯鹿。

实际上,此时的狼也已经饥肠辘辘,在这种数天之后才能见分晓的煎熬中几乎饿死。

有人想问,为什么狼群不直接进攻那头驼鹿呢?因为像驼鹿这类体型较大的动物,如果踢得准,一蹄子就能把比它小得多的狼踢翻在地,非死即伤。

耐心保证了胜利必将属于狼,狼谋求的不是眼前小利,而是长远的胜利。

狼族在生存猎食的过程中,表现出来的忍耐令人叹为观止。忍耐,就是坚持一个过程、等待一段时间,并在这段时间、这个过程中默默地奋斗下去,直到成功;忍耐也是把痛苦的感觉或某种情绪抑制住、不使其表现出来的能力,它是意志顽强的一个前提。所以,忍耐是一种心灵的状态,更是一种命运。狼族因为有一种坚韧的、战斗的心态,所以永远保持旺盛的精力。

5. 为实现目标不断变化策略

这是一个真实的故事。

动物园要淘汰一对25岁的狼。25岁的狼是非常年老的狼了。按照动物园的老规矩,淘汰的方法是这样的：把笼子上的吊门打开一半，等狼探出脑袋时，突然放下吊门，夹住狼头，用铁棍狠击几下狼头，狼就会一命呜呼。

电影厂获得这个信息后，马上派人和动物园联系，签订了一项合同。原来这家电影厂正要拍摄一部名叫《狼的故事》的影片，这两条老狼正好派上用场。当然不再用老办法打死狼，一切得按合同办事。这一对老狼被转移到一只可以移动的铁笼子里，这只笼子又被搬运到一块草地的中央。这块草地被一些灌木丛包围着，灌木丛之外还有一道铁丝网。这儿原本是圈养袋鼠的地方。导演要在这儿拍摄那部电影的结尾部分：老狼之死。到开拍的时候，铁笼子会被撤走。

这一对老狼出现在银屏上时，就和在荒野里一样逼真。这么摆布并没有引起两条老狼的反感。这对狼被囚禁了将近20年，对什么事都不大在乎了。不过，这一次它们不能不在乎，因为按照剧本的规定，这对狼必须活活地饿死。

早晨七点光景，老狼看见管理员推着装满食物的小推车在灌木丛那边出现，立刻站了起来。它们灵敏的鼻子已经闻到了生肉的香味。它们每天能从管理员手里得到一小块好吃的生肉和一些不好吃的食物。

这一次，管理员并没有送水和食物来，小推车吱吱嘎嘎远去了，消失了，而且整整一天再也不出现。两条狼在笼子里一声一声地嚎叫。这叫声起先是一种呼号，好像在提醒管理员别把它们忘了。后来的嚎叫是一种怒吼，在向人提出抗议。再后来，这叫声成了一种呻吟，凄厉得要命。它们在笼子里疾走、奔突，最后虚弱地卧

 **第一编 从狼性到赤裸的狼道**
狼族生存的血酬定律

倒了。

傍晚时分，电影厂的导演和动物园的一名专家来到了笼子边。导演请这动物学家估计一下这一对老狼在断食又断水的情况下还能活多久，到什么时候能把铁笼子撤走而狼不再对摄制组人员构成危险。动物学家的结论是3天。即使按常规供食，这对老狼的寿命也只有几十天了。

这一对老狼毕竟和人打过20年的交道，虽然听不懂人的话，但能大致猜出人的意图。它们明白人类要处死它们了。狼就不怕死的动物，同时又是最不肯轻易死去的动物。如果这个笼子没有铁皮制成的笼底的话，它们一定会在一夜之间掘洞而逃。这天夜里，这对又饥又渴的老狼趴伏着，拼命把尖嘴从笼缝里挤出去叼食笼边的青草。吃青草至少可以稍稍减轻一点口渴的痛苦。

第三天傍晚，导演又来了。他打算晚上就弄走铁笼子开拍老狼垂死的镜头。两条老狼已经3天没吃喝了，它们趴伏在笼子里，眼皮耷拉，舌头软软地拖在嘴角，全身肌肉松弛，看上去已经气息奄奄了。导演试着用一根小木棒慢慢去接近公狼的头部。当小木棒靠近时，公狼睁开了一只眼睛。导演就在这只眼睛里看到了狼的仇火、狡诈和残存的生伞力。导演放弃了当晚开拍的念头。

导演走后，从灌木丛里走来了一只大黄猫。这只从小生活在动物园的黄猫很通人性，猜到这里将会发生有趣的事情，是来凑热闹，看稀奇的。黄猫鬼鬼祟祟地绕铁笼子走了一圈，突然冲着狼大声怪叫了一声。两条狼只微微动了一下耳尖，连眼睛也没睁开。黄猫看出狼快死了,很高兴,很想作弄一下垂死的狼。可它一时又想不出花招,转了几圈之后便走了。虽然是垂死的狼,可散发出的气味还是使黄猫觉得心神不定。

第四天,导演又来了。他还是用小木棒去试探老狼。这一次两条狼已变得很麻木了,除了腹部时不时有一点起伏外,在狼身上再难找出一丝活着的迹象来。导演决定当晚就撤笼开拍。如果狼真的死去,拍摄计划就会落空。

导演刚走,那只幸灾乐祸的黄猫又来到了笼子边。这一次它已想好了作弄狼的办法。它要爬到笼子顶上去向老狼拉屎撒尿。它憋着一大泡尿,有心好好戏弄一下老狼。黄猫开始在笼壁上向上攀援。这是猫的拿手好戏。

就在这时,公狼的眼睛突然露出一条缝,猛然抬起头颅,快捷地向黄猫扑去。这是黄猫万万没料到的。公狼本想咬住猫爪,但极度的衰弱使它的动作不再准确,它只咬住了黄猫的尾巴。

黄猫惨叫着,拼命抓住铁栅,不让狼把它扯进笼子去。其实公狼这一扑几乎用光了所有力量,已经没有把猫扯进笼里的力气了。公狼的牙齿在簌簌发抖。

母狼吃力地睁开眼睛。眼前的场面强烈地刺激了它。它拼力抬起头来,挣扎着想去帮助一下公狼。但是它没能做到这一点,它比公狼更虚弱,连爪子也抬不起来了。

惊慌失措的黄猫已到了屁滚尿流的地步,一泡热尿喷在公狼的头上。正是这尿液救了黄猫的命。干渴万分的公狼,急忙放开了咬着的猫尾巴,舔着不知从哪儿来

第一编 从狼性到赤裸的狼道
狼族生存的血酬定律

的水。黄猫狼狈地逃离铁笼子，逃到屋顶上，舔着被狼咬断的尾巴，抖了老半天。从此这只猫见到狼皮也会吓得灵魂出窍的。

这时候，导演带着他的摄制组来到草地上。导演派人撤掉铁笼子，让两条老狼趴伏在草地上，还叫人给两条狼喂了一点点水，好让狼稍微恢复一点活力。

公狼先睁开了眼睛，眼里闪着绿幽幽的光，充满了仇恨和杀气，盯住了对着它的摄影机。母狼也睁开了眼睛，眼光却投向公狼。公狼发现了母狼的举动，低下头去和母狼对视着，喉咙里还艰难地发出了一点儿嘶哑的声音。母狼挪动了一下身体，把自己的头颅枕到公狼的前爪上。公狼呜咽着，用嘴尖触摸着母狼的脸颊……

导演对这一对老狼的表演非常满意。电影剧本就是这么写的：历经磨难的一对老狼相依为命，在荒野中平静地躺着，渐渐失去活力……导演高兴地说："太精彩了！太动人了！"

在水银灯下，两只老狼头枕着头慢慢闭上了眼睛，连一点点动静也没有了。大家都以为它们真的死了。拍摄结束时已是深夜时分，导演带着人走了。动物园的管理人员因为困倦也没有及时处理"死狼"，都回去睡了。

导演回到住地，躺在床上，还在想着那一对活生生饿死的老狼，不知怎么处理这对死去的老狼。导演也真是个感情丰富的人，这样想着就怎么也睡不着。按照合同，摄制组也要负责死狼的处理。

第二天一大早，导演就赶到了动物园。当导演走进铁丝网，穿过灌木丛，把目光投向死狼，头发一下子竖了起来。那只公狼奇迹般地复活了，而且很神气地站立

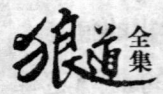
成就个人、团队、企业的铁血定律

着,眼中闪着幽幽的凶光,嘴角沾满了紫色的血块。母狼不见了,只剩下一堆灰白色的毛和啃光了的白骨。随后,公狼奋力一跃,窜出铁丝网,消失在夜幕中。从此,再也没有人见过那只狼。

狼群为实现目标所使用的策略是在不断地变化的。它们有时会使用非常复杂的战术来捕杀猎物。

6. 授狼以渔的王者风范

给一个人一条鱼,你只能喂饱他一天;教会一个人钓鱼,你就能喂饱他一辈子。在狼族社会里,这样的智慧同样存在。狼会在小狼有独立能力的时候坚决离开它,给小狼一个独立锻炼的机会,让它们从小就学习生存技巧,因为狼知道,如果不能成为一只真正的狼,就只能当一只软弱的羊了。如果它们的"后辈"成为了一只软弱的狼,将无法在残酷的竞争环境中生存,会被自然界无情地淘汰。

一般情况下,一只成年狼的死亡不会严重危及整个族群。因为狼族从小就培养小狼如何找寻安全的巢穴,抚育小狼,查寻目标猎物或查找可靠的水源等知识。小狼要不了多久的时间就会把成年狼的一些本领全部学会,并且能够根据不同的环境情况,小狼还会在原有的各种捕获技巧的基础上不断地加以改进。所以,狼的这些生存的基本常识不会随着一只老狼的殒命而消逝。

更幸运的是,狼族中的老者不断地教导与提醒年轻的幼狼,创造机会让幼狼去经历失败,从中学习与成长,直到成为领导者。

年轻的狼尊敬年长的狼,是狼族的一个基本特点。从这一点

第一编 从狼性到赤裸的狼道
狼族生存的血酬定律

也可以看出，年轻的狼善于虚心地向年长的狼学习，年长的狼也毫不保留地把自己所有的知识和经验传授给年轻的狼，并教导他们必须具备的各种精神。这些精神是狼族战胜自然界的有力法宝。

因此，一只有智慧的狼如果死亡，并不会对狼的族群造成长久的致命伤害。因为，老狼所具备的智慧，早已传授给了年轻的狼，年轻的狼不但能够学习致用，还能创造性地发挥自己从老狼那里尝到的知识和技能。

从幼狼与成年狼嬉戏的经验里，幼狼也能学习到它们未来可能必须承担的领导能力，并且了解到整个狼群的未来发展，届时都将是它们生命的重要职责。

狼就是通过这种不同的方式、不同的环境，不断地把狼族的一些智慧、知识、经验传授给小狼，使小狼从小就具有了狼所必须拥有的一些生存能力、生存智慧和狼族的精神。

7. 集团作战，以弱胜强

狼也很想当百兽之王，但它知道自己是狼不是虎，所以很少单独攻击比自己强大的动物，就算不可避免地遭遇这类敌人，狼也不会以个体的力量去硬碰硬，它们总是采取集团作战的方式，以群体的力量来攻击敌人，以增强自己的力量。

狼就像一个智慧的军事家，每一次在攻击对手之前，总是充分准备，它们尊重每个对手，不会掉以轻心，轻举妄动。即使对手是几只瘦弱的羊，狼也会仔细观察，看看有没有其他情况，比如猎狗的保护，人类的守护，总是小心谨慎行事，做到万无一失才下手。

总之，狼在每次攻击之前，都会去仔细地了解猎物，观察并

成就个人、团队、企业的铁血定律

记住猎物许多细微的个性特征和习惯,它们为了保证自身安全和狩猎成功,每次捕食都要经过漫长的等待。在这漫长的等待中,它们要忍受饥饿的折磨。但狼群却从不莽撞出击,它们一定要等到完全掌握了对手的实力,知己知彼后,在对手最意想不到的时刻才开始攻击。

前面已经说过,狼群最害怕的就是人类,它们攻击的目标一旦有了人类的保护,它们一般不会轻意出击。比如在攻击牧民的羊群时,一般都会选在晚上,等牧民熟睡之后,于不察不觉中出奇不意地去捕猎羊。

狼群在袭击羊群时,还要顾忌到牧羊犬的数量。牧羊犬相当凶猛,如果狼与之进行一对一的较量,虽然能够获胜,自己也会受伤,所以它们一般都会避免与牧羊犬进行正面交锋。

在行动之前,狼群一般通过嚎叫来试探牧羊犬的数量,如果回应的狗吠声庞大,就证明了牧羊犬数量众多。这时,狼群一般都会放弃袭击计划或者将牧羊犬引出去,然后才开始攻击羊群.

狼一般很少攻击比自己强壮的动物,因为和这样的对手战斗时,它们即使能够取胜,也会付出一些代价。狼绝对不希望这样的场景出现,它们总是以最小的损失换取最大的利益为行动准则的。但狼群也时常袭击马群,麝牛群等这些在形体上比自己强大的动物。虽然对手比自己强壮,但狼群确很少受伤,这正是源于它们的小心谨慎,知己知彼的作战风格。

在袭击那些比自己强大的动物时,狼群一般都要跟踪观察好几天,等到这些食草动物们吃了足够多的食物时,它们才开始袭击,因为这时候这些动物根本跑不快,抵抗能力也下降了许多。

狼群一般采取驱赶的策略。一旦狼群出现,这些动物立刻四散奔逃,这时狼群就会各自追赶已经盯上的目标,这些目标都是它们在观察时确定的。

第一编 从狼性到赤裸的狼道
狼族生存的血酬定律

目标都是对手当中老、弱、病、残或者有某种比较明显的缺陷的。狼对这类显而易见的攻击目标极其敏感。

这样,狼族就可以避免捕杀那些强大的对手带来的危险,而且一般都采取几只狼围追一个对手的策略。这就更确保了成功和自身的安全。

下面我们来看一看这样一个故事。

一位富翁在非洲狩猎,经过3个昼夜的周旋,一只狼成了他的猎物。在向导准备剥下狼皮时,富翁上前制止了他,并问:"你认为这只狼还能活吗?"

向导听了富翁的话非常惊讶,不过他什么也没说,只是点了点头。

富翁打开随身携带的通讯设备,让停在营地的直升机立即起飞,原来他想救活这只狼。直升机载着受了重伤的狼飞走了,飞向500公里外的一家医院。

富翁坐在草地上陷入了沉思。这已不是他第一次来这里狩猎,可是从来没像这一次给他如此大的触动。过去,他曾捕获过无数的猎物,山羊、小牛、羚羊、鬣狗甚至豺豹,这些猎物在营地大多被当作美餐,当天分而食之,然而这只狼却让他产生了"让它继续活着"的念头。

狩猎时,这只狼被他追到一个近似于"丁"字形的岔道上,正前方是迎面包抄过来的向导,他手端着一把枪,狼夹在中间。在这种情况下,狼本来可以选择从岔道逃掉,可是它为什么没有那么做呢?难道那条岔道比向导的枪口更危险吗?

面对富翁的迷惑,经验丰富的向导道出了事情的原

成就个人、团队、企业的铁血定律

委:"埃托沙的狼是一种很聪明的动物,它们知道只要夺路成功,就有求生的希望;而选择没有猎枪的岔道,必定死路一条。因为那条看似平坦的路上必有陷阱,这是它们在长期与猎人的周旋中悟出来的道理。"

向导的回答使富翁惊呆了,因为除了人,他从不认为有任何一种动物能如此了解对手的情况,而这一切就刚刚发生在自己的面前。

这就是智慧的狼族!

8. 随时策划下一步,为成功做准备

在远古时代,最早的人类发现其他动物都有同伴为伍,惟独自己是孤零零的,于是向造物主问道:"为什么只有我这么孤单呢?"

造物主回答:"因为我只赋予了你们智慧,你们是我所创造的最优秀的动物。"

人类感到疑惑,接着问道:"难道就没有其他优秀的动物像人一样拥有智慧吗?"

想了许久,造物主才说:"我想优秀的狼是惟一能与你一同行走、说话和嬉戏的生物吧!"于是,造物主把狼赐给了人类,并对它们说:"你们彼此成为兄弟,应该相互扶持,前往世界各地。"

由于人类和狼之间的冲突不断,他们彼此都不能接受对方作为自己的朋友,于是他们又回到了造物主跟前。造物迫于无奈,只好宣布:"从今天开始,你们将各走各的路,我将永远不再干涉你们的事情。"

 第一编 从狼性到赤裸的狼道
狼族生存的血酬定律

于是，人类和狼便各自启程。

造物主虽然知道狼是一种很优秀的动物，但连他也没想到：使狼成为世界上与人类并存并成为最成功、最持久的哺乳类动物之一的主要因素，竟然是狼族应付变化的能力。

狼凭借嗅觉和视觉，并依循足迹等线索寻找猎物，然后尽可能悄悄地接近猎物。狼若发觉对方所处的形势较有利，便会立刻放弃跟前的猎物，转而寻找其他目标。一旦被狼相中的猎物逃跑时，狼会随后紧迫，然而若无法立刻追获，便会很快打消念头。当狼很靠近猎物时，会咬住猎物后脚踢不到的部位，像臀部、侧腹、肩部、颈部或耳脸等．在狼群分享猎物之前，狼的首领会先品尝富含养分的心脏、肝脏和肺等部位。

狼时刻都保持着高度的警惕性，非常注意观察自己周围的环境变化，注意任何一个在视线范围内出现的对手和猎物，不放过任何一次可进攻的机会。

狼敏锐的嗅觉，使其更善于捕捉狩猎机会。它从不因富地而留置，因贫地而弃置，在各种恶劣环境和条件下，总是能捕猎到食物，表现出极强的生命力和适应性。

地球上的人口越来越多，而且几乎发展到失去控制的程度。面对这个问题，人类不是没有给予足够的重视，就是找不到很好的解决办法。

反观狼族，它们却会根据族群的繁衍情况，自行作"狼口控制"，在有限的空间下，自行调整族群数目的比例，维持与大自然的平衡关系。比如，当一个狼群因数量减少而需要有新成员加入时，它们将会欢迎"孤独之狼"的加入。

应该说，狼族比我们人类更深切地知道，世界上惟一不变的是"变"的道理。懦弱者为此惶恐，善变者为此欢欣——因为就在这"变"的瞬间，它们掌握了主动权，能够不断地适应变化，

在"变"中求生存，世界上最精彩的东西当然属于它们的了。

由于狼族不停地锻炼它们的各种生存技巧和直觉，使其日臻成熟，在自然界中，它们很少受到其他动物的威胁。它们是天生的谋略家，随时都在策划下一步，为成功做准备，等待机会来临，展现自我。

9. 注重细节，找准切入，善于隐蔽

狼在狩猎时，很谨慎，一般不会暴露自己，让猎物有所觉察。它们善于从细微处入手，注重细节，善于隐蔽。狼能看到一个完全不同的世界，它们看得很远，而且，狼群还能够先行预测其他动物的下一步行动。

我们都知道"披着羊皮的狼"的故事，虽然这个故事表现的是狼的狡猾和贪婪。但如果换个角度来看，我们也能从"披着羊皮"这个行为上看到狼善于观察、善于隐蔽、注重细节等优点。

在自然界中，到处都可能存在着陷阱，随时都可能有生命的危险，一不小心，就有可能落入陷阱，或者成为敌人的食物。所以，狼会注意它所看到的每一个细节，时刻观察身边的环境，任何一点风吹草动都逃不过狼的眼睛。

我们还是来看看塞顿对狼的耐心观察、注意细节的真实而生动的描写吧。

一个猎狼人用烙铁烙死了一头小牛。两个星期后，猎狼人把死牛放在一片空地上。现在，牛肉的味道正处在最佳状态，非常适合于品尝，是最理想的美味——既不是太新鲜，也不过于成熟。当然，这是从狼的食物观点来说的。风把牛肉的美味带到了很远的地方。

第一编 从狼性到赤裸的狼道
狼族生存的血酬定律

那天晚上，黄狼和小黑鬃毛出来吃晚饭。开始的时候，它们还不知道到什么地方去。后来，牛肉的气息像热浪一样涌了过来，它们闻到了，就迎着风跑去，在月光下看见了这堆牛肉。

如果是一条狗的话，它可能会立即向这个小牛的尸体跑过去；如果是一只旧时代的狼的话，可能也会这样做。但是，这只黄狼绝对不会这样做。，持续不断的与人类的战争，使它产生了永久的警惕性，它对什么都不相信，对谁都不信任，除了它自己的鼻子之外。它放慢了速度，走到一个方便的观察点上，停了下来。它使劲地摆动着自己的鼻子，嗅了很长时间。根据吹来的风，它进行最严格的成分分析，判断出附近的和可能的所有因素。它用自己最好的测试方法检验着，再次把所有的鼻膜打扫干净，再次对风进行检查。

这一次检查，是用最可信赖的鼻孔进行的，结果和上次一致。首先是丰盛的保持原味的小牛的味道，占70%。其次是草、臭虫、木头、花、树木、沙土以及其他它不喜欢的东西的气味，占15%；它的孩子和它自己的气味，绝对的但也是被忽略的一项，占10%；人类足迹的气味，占2%；烟的气味，占1%；沾了汗水的皮革的气味，占1%；人类的身体气味（在某些测试样本中不可辨认），占0.5%；铁的气味，有一点痕迹。

虽然，狼不能如作者所说的，清晰地分辨出各种气味所占的具体比例。但无疑，它们对各种气味都有着充分的警惕性。一旦狼在动物尸体或者其他地方闻到了人的气味，它们就不会轻易去接触，而是通过其他一些方法试探。

狼的这种从细微处入手，仔细观察，善于隐蔽的特点，也是其狼性的一种表现，是其能生存的一个理由。

10. 把个体劣势转为群体优势

狼群在围猎动物时非常讲究策略，狼群从来不会漫无目的的围着猎物胡乱奔跑、尖声狂叫。它们总会制定适宜的战略，通过相互间不断地进行沟通，发挥集体的力量，把个人的劣势转化成集体的优势，才将行动计划付诸实施。

关键时刻到来的时候，每只狼都明白自己的作用，并能准确地领会到集体对它的期望，它们看重的是集体的智慧和力量，它们的这种集体优势，也就是群体效应，是其他动物不能与之相提并论的就连最聪明的人类有时都望尘莫及。

狼从来不靠运气行事，它们对即将实施的行动计划总是具有充分的把握后才行动。狼群的凝聚力、团队精神和训练成为决定它们生死存亡的决定性因素。正因为如此，狼群很少真正受到其他动物的威胁。

但是，一个独狼就不一样了，没有了群体，狼的个体力量应该说是微不足道的，这种狼在自然界中也是最危险的。它们往往要不断地去寻找一个集体，或者说新建一个群体，这样它们才能够存活下来。

羚羊是草原上跑得最快的动物之一，即使是猎豹也很少能抓到羚羊，更不用说狮子、老虎等其他动物了，但是狼却做到了。狼总是能依靠各种策略成功地捕食羚羊。比如，它们会耐心地等待时机，等羚羊吃饱了之后再去追杀它们，这时羚羊根本就跑不快。而其他的动物则是只要看到猎物出现，就直愣愣地冲上去，这种动物的成功机率很小。

第一编 从狼性到赤裸的狼道
狼族生存的血酬定律

组织严密的狼群,会采取连环追击的策略。由于狼群没有羚羊的速度快,它们会预先隔一段距离就埋伏一群狼,最开始由一群狼追逐,把羚羊群赶向预定的方向,追逐一段距离之后,就由第二群狼继续追逐羚羊群。就这样一直追下去,直到羚羊筋疲力尽,再也跑不快时,狼才开始咬杀羚羊。当一只狼咬死一只羚羊后,并不是马上开始进食,而是继续去咬杀其他羚羊,因为它们要为后面的狼群留下足够的食物。狼群的这种作战策略是其他动物根本就不可能学会的。

狼为了在夜晚偷袭羊群而不被牧民发现,先是在离羊群相对较远的位置嚎叫,这样那些牧羊犬就会冲向狼嚎叫的方向。狼群依靠数量的优势,在很短的时间内就可以把这些牧羊犬咬杀死。没有了牧羊犬,牧民就不容易发现狼的偷袭行为了。

狼在一般情况下是很少攻击那些比自己强大的动物的。但是一旦这些动物侵犯了它们的利益,它们也会奋起反抗的。有时候,草原上的食物比较稀少,一些抓不到猎物的狮子会从一些小规模的围猎狼群那抢夺食物。

为了自己的生存,狼族也会对狮子进行反击。但即使是一群狼对狮子进行围击,也会给自身带来很大的损失。因为与狮子相比,它们不具有任何优势。狼不会去攻击强壮的雄狮,而是去攻击那些照顾小狮子的母狮和它的孩子以及那些老、弱、病、残者。

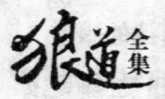

成就个人、团队、企业的铁血定律

第四章 强者精神，主宰自己

狼有很多可贵的精神，这些精神是狼不断适应环境，不断奋争的强大的动力源泉；也是狼能在严寒中生存，更能在险恶环境中立足的原因。在狼的精神世界里，这个世界上没有什么能让其意志消沉，没有什么能让它们退却，能让它们丧失战斗力。狼族明白，最大的敌人就是自己，只有敢于搏杀，才会主宰自己的生命。

1. 对集体讲究忠诚与奉献

狼是对它们的家庭、群体最忠诚的动物，这种忠诚超过了任何一种哺乳动物。在狼群集体捕猎时，如果有同伴牺牲，它们就弃之离去。到了深夜，狼群会围绕在同伴的尸体周围哀嚎。那种狼嚎的声音听起来非常凄凉，我们能从中听出狼群对同伴的思念和爱。

据权威动物学家研究，狼群组织和人类家庭组织很相似，是按一定的法则和血缘关系组成。狼群在一起生活、觅食，互相照顾，它们用许多方式来表达彼此的关心和爱。狼嚎就是狼群互相

第一编 从狼性到赤裸的狼道
狼族生存的血酬定律

交流感情的最生动、最主要的途径。狼群之间的关系,甚至比人类的许多家庭还要亲密。

狼族中有父亲、母亲和阿姨、兄弟、姐妹、同父异母的兄弟姐妹,有些可能还与祖父母生活在一起,当然,一两岁的狼崽也包括在这个群体之内。显然,这和人类家庭的组成极其相似。

狼群中父母的责任和人类社会一样是很明确的,这里暂称为父辈狼,它们是家庭——狼群的主宰和中心,控制和担负一切事务。

通常,幼狼出生在食物比较丰富的春夏交替的季节。狼崽的降生对整个狼群来说就是一个节日。狼崽的爸爸和其他的狼叔叔、狼阿姨在得知消息后都会摆尾示贺;它们也会用兴高采烈充满激情的低声吟颂来庆祝狼崽的降生。

对于家庭,狼比任何哺乳动物都表现出更多的耐心和精力,通常情况下公狼会在母狼怀孕期间和产出小崽后,一直保护母狼以及小狼,直到小狼具备独立生活的能力。

狼对自己的后代表现出无微不至的关怀。当幼狼降生后,在最初的13天,尚未睁开眼睛的小狼便会紧紧地挤在一起(每窝5~7只,个别情况下可达10~13只,刚出生的狼崽只有3000~4000克,长约25~33厘米。它们的毛很短但茸乎乎的,呈深褐色或蓝灰色),刚降生的小狼崽既看不见东西也听不到声音,因为它们的耳朵是叠在前额上的。

母狼在产子以后,要在巢穴内呆上几个星期,因为这段时间的幼狼全靠狼妈妈喂食和取暖。在这个时期,母狼几乎是寸步不离,当然它也会在狼崽熟睡的间隙外出,时间也很短,然后赶紧返回洞穴,悉心照料小狼。

与人类不同的是,在此期间母狼不允许公狼接近狼崽,她要独立哺育幼崽,一旦公狼靠近,即使是送食物,她也会呲牙咧嘴地威胁公狼离开,以表示它对狼崽深沉的母爱。公狼只得将觅得的食物放在洞口,以备母狼食用。

就像母亲经常为婴儿换尿布和洗澡一样,母狼也经常用舌头舔狼崽的全身,为狼崽擦洗身上的脏物。直到狼崽生下来五六周以后,这些狼崽才第一次摇着尾巴从洞穴内走出来,参加到狼群的活动中去。这时,成年狼会对狼崽发出轻微的叫声以表示欢迎。

一个月后,小狼已具有尖锐的牙齿。这时候,母狼便开始训练它的孩子们吃食物以及捕猎的技能,它用预先咀嚼过的食物喂养小狼,让它们习惯以肉为食。

有趣的是,在此期间,狼群中某些成员也参与了喂养小狼的活动。狼群的父辈狼和成年狼都为幼狼觅食,狼崽匆忙从成年狼的嘴中接受食物,这些经过消化的肉糜,对于狼崽的发育是特别有好处的,更容易消化,能帮助狼崽更快地成长。

所有的狼都很喜欢这些小狼,大家轮流喂它们,和它们一起玩耍。看到成年狼捕食回来,小狼崽们便会跑过去舔它们的脸和嘴,意思是要吃的。

半个月后,母狼又会给小狼不同的食物,先是其他动物的尸体,然后是奄奄一息、形体较小的动物,目的是让小狼逐渐学会独立捕食的本领。此后开始带着他们到一定的地方饮水。

在以后的数星期内,在狼群集体的帮助和关怀下,伴随着幼崽的成长,成年狼还会自觉为小狼崽和狼妈妈寻找食物,或在狼妈妈外出捕食时帮助照看小狼崽。总之,养育幼狼是所有成员都要参与的工作。

狼群在一起生活、觅食,互相照顾,用许多方式来表达彼此的关心,和人类一样享受着天伦之乐。当他们吃饱喝足以后,也会聚在一起玩耍、休息。整个狼群成员,在消磨时光时,都会围

 第一编 从狼性到赤裸的狼道
狼族生存的血酬定律

绕狼崽活动。和人类养育幼儿没有什么两样，狼崽也是在顽皮嬉戏中度过无忧无虑的童年的。

当狼长大成熟并配偶后，即建立独立的生活。如果配偶意外死亡，则活着的狼将另觅配偶。狼群总是由双亲和孩子们组成，个别情况下，狼群父辈也可能暂时只有一只公狼，或是一只母狼，这就类似人类社会的单亲家庭。

狼可以说是全心全意地献身于家庭的。它们有灵敏纤细的感受，能够察觉家庭中其他成员的需要。狼对族群极度地忠诚，对于伙伴充满热情，它们绝对不会吝于付出情感。

狼群之间的关系，甚至比许多人的家庭还要亲密，这是不容置疑的。

另外，它们的家庭规范也是无人能及的伟大典范。据说，狼群的社会结构和我们人类非常相似，它们也会彼此求偶以期达到繁衍种群的目的，生生不息，并且互相关爱、尊重。可以想象，看着自己的爱人和伙伴被充满敌意的飞弹射中，那是一种多么可怕的惨祸。每当看到这种场面的时候，它们也会心痛难抑，感到心在淌血。

狼对它们的天敌和弱小的动物是凶残无情的，但在自己的家庭里却不乏温情。尤其是母狼对自己的孩子，那脉脉的温情使成年不久的狼怀念不已。

群狼之间所展现的忠诚是众所皆知的，在很多参考文献中都有记录。但是有一位朋友却告诉我一个关于狼与人之间忠诚的实例，这个实例让我对狼族的忠诚建立了新的观点。

这位朋友长期在阿拉斯加专门研究狼群，他认识一对夫妻及两个小孩，一家人住在一个非常偏僻的地区，并且是住在他们亲手建造的圆木小屋中。这个家庭中还包括两只狼。这两只狼从小就被这对夫妻养大。小狼的妈妈被无辜射杀，而可怜的小狼就被

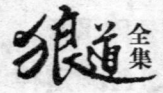成就个人、团队、企业的铁血定律

这对夫妻带回家,抚养至今。两只狼认同的家庭,就是这个四口之家,它们认为人类就是它们的同类。

有一天,这对夫妇到离家约一公里的地方去伐木。留在家里的两个小男孩不小心弄倒了煤油灯(那儿没有电),猛烈的大火开始吞噬木制的建筑。父母距离他们太远了,两个小男孩儿又正身陷火海。这时,两只狼竟然无视烟雾与恐惧,立刻冲入火海般的木屋中,突破阻碍,将两名小男孩儿救到安全的地方。虽然它们被烧得很惨,但是它们的知恩图报和对家庭的忠诚,却让我们不得不想到人类用"狼心狗肺"、"狼子野心"等语句形容狼实在是名不副实!

毫无疑问,狼是一种和人类一样有着深厚情感的动物,甚至有时候狼与狼之间所表现出的情意和忠诚也是人类所不能及的,尤其是在生死攸关的时刻。

在北美的原始森林里生活着一群狼。有一天,有两只狼结伴外出狩猎,大雪过后的森林几乎没有任何动物出来觅食,它们就这样没有目的地四处寻找着。突然,其中一只狼发现前面有一溜兔子留下的脚印,于是它开始顺着这些痕迹追踪至一棵大树下。就在它仔细分辨脚印的去向时,一不小心触到了猎人专门为捕捉野兽而设下的捕兽钢夹中。这只狼的前腿被牢牢地夹住,夹子上面粗大的钢针一下子刺穿了它的肌肉。

随着一声凄厉的嚎叫,在附近狩猎的另一只狼迅速跑了过来,见此情景,它围着受伤的狼焦躁地转了一圈又一圈,不停地用前爪试探着钢夹,试图打开它救出同伴。

在这个过程中,施救的狼不断地警惕着四周,以防

第一编 从狼性到赤裸的狼道
狼族生存的血酬定律

猎人在此刻巡查。施救的狼在经过一次次努力都宣告失败后，痛苦地望着同伴。受伤的狼似乎感到了铺天盖地的绝望。随着时间的流逝，危险也在步步逼近。当施救的狼再次试图营救时，受伤的同伴向它发出了愤怒的吼叫。施救的狼明白，这是同伴让它远离危险的信号。

此时，它们都很清楚，在这里多呆一分钟，都是很危险的。因为猎人随时有可能发现它们。就这样，它们彼此默默守望着对方，受伤的狼越发不安起来，它的眼睛充满了忧伤和愤怒，喉咙不时地发出沉闷的低啸，督促着同伴赶快离开，但施救的狼却始终不肯离去。

这时，令人震撼的一幕发生了。只见受伤的狼张开大口，用自己锋利的牙齿狠狠地咬向被钢夹夹住的前腿，希望舍弃自己的一条腿来换取自己和同伴的生命。由于失血过多，这一举动显得有些无力，它把目光投向了同伴。

显然，施救的狼被这一幕惊呆了。少顷，它明白了受伤同伴的意思。为了能够活命，它在受伤同伴的鼓励下，一口咬断了同伴被夹住的前腿。随后，毫不犹豫地背起同伴离开了危险的境地。

这就是狼与狼之间，真挚的爱，无限的忠诚。忠诚是一种美德，更是一种风骨。在狼族世界里，它们不可能知道这样的概念，但它们却知道这样去做。同时它们知道，即便是残废了也要好好地活着，不单单是为了自己，更是为了同伴，为了狼族。

2. 对领导与分派绝对服从

狼有自己的家庭、有自己的职责、有所处的社会，似乎一切都是从人类套用过去的。然而，当某些人不遵守人类的生存规则挑起了争斗时，狼却按照它们既定的游戏、生存规则平静地生活，虽然它们要为了生存而猎食其他动物，但那亦是它们的规则的一部分。

狼群一般都是以家庭为单位，虽然也有狼单独捕食，但绝大多数狼都没有这样的"自由愿望"。因为恶劣的自然生存环境决定了它们必须群居生存，一旦它们离开了群体，就可能四面受敌，命在旦夕。狼可不会为了人类所谓的"绝对自由"而置生命安危于不顾。

在狼群中，动物学家一般将狼的首领叫阿尔法狼，阿尔法狼由一头雄壮勇猛的公狼担任，它负责狼群的所有重大事件，拥有至高无上的权利。次一级的狼叫贝塔狼，一般由成年的公狼和母狼组成，它们一般是阿尔法狼的兄弟姐妹和其他近亲，最底层的狼叫欧米佳狼，一般是阿尔法狼的远亲或者被收留的无家之狼。阿尔法狼的配偶处于比较尴尬的位置，严格来说它应该属于其他阶层，但它却拥有许多特权，比如只有它能和阿尔法狼交配并繁衍后代，它阻止其他母狼和阿尔法狼交配，也阻止狼群中所有的公狼和母狼交配。

母狼生产的后代由狼群共同抚养，保护和照顾幼狼是狼群共同的责任。等幼狼成年之后，就会争夺阿尔法狼的位置，最后由最有能力者当首领，其他的狼要么接受它的领导，要么带领一些狼独立成群，要么去加入其他狼群，成为最底层的欧米佳狼。狼就是这么一代一代繁衍下去的，有争斗，有分离，但都是在游戏

第一编 从狼性到赤裸的狼道
狼族生存的血酬定律

规则之内。

如果狼在捕食时遇到一大群猎物的目标，而自己所在的狼群的力量又不足以对目标造成伤害时，它们就会通知其他狼群，让其他狼群与它们组合到一起，有时候这种狼群组合的规模相当大，最多时可以达到几千头。这些狼群一般会有一个总的首领——狼王。狼王是狼群在平时交流的过程中推举出的公认的实力最强大的阿尔法狼。

在共同捕猎时，狼王就是最高首领，狼群的一切行动都要听从它的指挥。一般情况下，狼王有着丰富的实战经验。在狼王的指挥下，每条狼都有自己的任务。对于自己的任务，每条狼都会义无反顾，尽心尽责；它们会无条件地服从狼王的指挥，即使是为了试探对手的实力而佯攻的狼也毫无怨言，但它们却很有可能因为狼群的整体利益而受伤甚至牺牲。

我们暂且不去评论狼群之间的恩恩怨怨。我们看重的是狼群之内、狼群社会的组织、等级、秩序，这些都是我们人类社会发展至今的保障。但现在，对于这些词汇的作用，我们越来越模糊。

3. 自觉维护组织严密的团队

你知道狼群是怎样形成的吗？你知道狼群内部是怎样一种组织结构吗？

这是令所有人都产生好奇与兴趣的话题。事实上，狼群就是一个狼的家庭，通常包括一对成年狼和它们的后代。有时它们的亲族也会加入进来。狼群随着一窝小狼崽的出生而逐年扩大，狼崽在家里一直呆到长大成为成年狼时，有的便离开家族去寻找自己的伴侣，然后开始组成另一个家族。

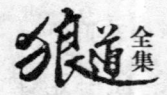

成就个人、团队、企业的铁血定律

这样，狼群就不会变得过于庞大。有时候，尤其是食物较充足的时候，有些较大的狼崽也会和其父母一直生活下去。一旦猎物变少，大狼崽就会自行离开家庭。

然而沦为独狼是十分可怕的事。成群的狼可以能让狮虎退避，而独狼的性命却如风中枯叶。每一狼群都有自己的领地，它们凭借嗥叫声和气味来划定疆界。几乎所有可以活动的地域都被狼群分踞了。独狼是决不敢贸然闯入这些领地的。独狼所能活动的地方大多处于狼和人的交界处，在这个夹缝里求生，需要时刻提防同类的仇杀和人类凶险莫测的袭击。

一只孤独的公狼和一只孤独的母狼在寻找自己的伴侣时相遇，一个"新家庭"便很可能形成。如果它们都很喜欢对方，便会以摇尾巴、撞鼻子的方式向对方发出求爱信号，然后依偎在一起！这种行为方式称为定亲。定亲活动可发生在一年当中的任何时候。

狼群的数量差异很大，其成员的多寡视其势力范围内猎物的多少而定。小型狼群少的只由两只狼组成，大型狼群多则可达30只左右。平均来说，每个狼群大致上是由5~8只左右的狼所组成，并有首领负责带队。在同一个狼群里，野狼们的体态大小以及毛色肤质有很多的不同之处。事实上，人们故事中所说的"大灰狼"是由许多不同毛色的成员所组成的，它们的毛色差异很大，可以是暗灰色、咖啡色、褐色、银色，甚至是绚丽的黄色与红色。

由于孕育后代的通常是狼首领，所以狼群的成员也大多是狼首领的子孙。此外，狼群中还包括已经长大却尚未离群的年轻成狼，以及虽非幼狼却还在成长的少年狼。对于一个这么多子孙的大家庭，狼首领是如何对他们进行管理，如何体现自己的权威呢？

 第一编 从狼性到赤裸的狼道
狼族生存的血酬定律

狼族是群居动物中最有秩序、最有纪律的族群，它们的社会组织遵循着一定的社会阶级模式，其最重要的特征就是等级制度非常明确。

与企业组织结构的相似之处是狼群的组织结构也由领导者、管理中层和基层员工构成。狼族的领导者主要是由一对属于最高阶层的阿尔法公狼和母狼担任，并由一对次高级的贝塔公狼和母狼担任组织的管理中其余基层组织的狼群，社会组织最低阶层的属于欧米佳狼。

狼群组织内的等级高下，通常可以从尾巴翘起的程度来分辨。阿尔法狼的尾巴总是高高地翘起，贝塔狼则会将尾巴放至较低的位置，欧米佳狼的尾巴则总是垂至两腿之间。此外，狼也会通过自己的动作来体现组织中的尊卑等级。例如，屈从的一方耳朵会垂下，眼睛也避免直视对方，并露出身体没有防备的部位仰身翻滚，就像狗在主人面前所做的举动一样。

在狼群中，较高阶层的狼决不会通过尾巴翘起的程度来满足自己虚幻的权威，他们需要更为直接的利益分配。而狼群的分食制度正好可以满足这一点：当狼群捕获食物后，头狼先食，其次是身强力壮者，最后是弱小者，一次分食不够，便组织再次进攻，只有这样，那些没吃饱的饿狼才会拼命向前。狼群的生存机会就这样最大限度地留给了强者。

阿尔法公狼具有强壮的体格、强势的性格以及撼人的勇气，它在群体中的狩猎能力、决策能力都是一流的，是整个狼群的绝对领导者，是该族群的中心及守备生活领域的主要力量。

4. 满足自身角色，完善团队合作

狼群最伟大的品质就是他们的合作精神，我们几乎可以将狼

群的行动看成是"合作"的隐喻。狼之所以伟大就是因为它们的合作精神。

当一群狼为追捕猎物而穿越广阔无垠的雪地，一只狼紧接着另一只狼在雪地中慢慢行进。这时只有广阔的大地、如银的白雪与坚韧的狼群交映生辉，这是一幅多么壮丽的场面啊！

当狼群穿越雪地时，最常使用的队形是"单一纵队"，狼群里领头狼往往扮演着开路先锋的角色。由于需要在雪地中寻找猎物，又要警惕其他天敌的攻击，领头狼还要不断推开眼前柔软无边的雪堆，这样会消耗极大的体能。

当纵队的领头狼疲累之后，它会移往队伍旁边，并让下一只狼担任开路先锋的任务，它就可以跟在队尾，轻松一下，养精蓄锐，迎接新的挑战。如此，不断替换的开路先锋，让参加捕猎的队伍成员能够在耗费最少体能的状况下，保留体力以应付即将面对的狩猎挑战。

狼从来不靠运气行事，它们对即将实施的行动总是具有充分的把握。当狼群在雪地中不得不面对比自己强大的猎物时，单列行进的狼会改变阵势，对敌人群而攻之，直到把猎物变为食物为止。在攻击时，每一只狼都会尽心尽力，而不管自己是否会受到伤害。

狼群从来不会漫无目的地围着猎物胡乱奔跑、尖声狂吠。它们总会制定适宜的战略，通过相互间不断地进行沟通将其付诸实施。关键时刻到来的时候，每只狼都明白自己的作用并准确地领会到集体对它的期望。

阿尔法公狼在担当组织和指挥捕猎时，总是选择一头弱小或年老的驼鹿或麝牛作为猎取的目标。开始时它们会从不同方向包抄，然后慢慢接近，一旦时机成熟，便突然发起进攻；若猎物企图逃跑，它们便会穷追不舍，而且为了保存体力，往往分成几个

 第一编 从狼性到赤裸的狼道
狼族生存的血酬定律

梯队，轮流作战，直到捕获成功。

猎人、摄影者、研究人员以及其他有幸目击狼群猎捕实况的人，都会被狼群的捕猎场景吓得目瞪口呆，那种震撼只有"大自然的力量"能与之比拟！下面就是狼群捕猎中最常见的一幕。

一个由6只狼临时组成的团队，它们的目标是麝香牛群。狼群驱赶着牛群往高地平台上奔逃，当这群麝香牛到达高地顶端时，突然，狼群开始总攻。

最西边的两条大狼在一条白脖白胸狼王的率领下，闪电般地冲向靠近麝香牛群的一个突出山包。在高原中嗖嗖飞奔的狼群，像破浪高速潜行的鱼雷，运载着最锋利、最刺心刺胆的狼牙和狼的目光，向麝香牛群冲去。显然，这是三面包围线的最后一个缺口，抢占了这个山包，包围圈就成形了。这一组狼的突然行动，就像发出三枚全线出击的信号弹。憋足劲的群狼从草丛中一跃而起，从东、西、北三面向麝香牛群猛冲。

狼群的冲锋悄然无声，没有一声呐喊，没有一声狼嗥。可是在天地之间，在人与动物眼里、心里和胆里却都充满了世上最原始、最残忍、最负盛名的恐怖！

正当这群麝香牛四处惊慌奔逃之际，6只狼在一刹那间，每一只狼都变得非常有冲劲，疯狂地扑向那些虚弱且无法受保护的麝香牛，一只狼紧跟在后面，另一只狼在前头，其他的狼来到空地，此时，麝香牛见到大批的狼群，有的麝香十早已灵魂出窍了。许多麝香牛竟然站在原地发抖，有的居然双膝一跪栽倒在地上。搏斗迅速地结束。

麝香牛一向过于依赖群体的保护，而且没有充满技术性的应对攻击竞争的计划。狼群非常轻而易举地解除了麝香牛的武装；和麝香牛群比起来，狼群小得多了，但是狼群有策略，以其坚韧的精神，克制住暂时的饥饿和贪欲，耐心地等到了最佳战机。

狼与狼之间的默契配合成为狼成功的决定性因素。几只分散的狼在捕猎中变成一个合作、有力量、团结的团队，他们都知道自己必须执行的任务，不管做任何事情，它们总能依靠团体的力量去完成。

为了集体目标的实现，它们也完全可以牺牲自己。

狼族不仅懂得彼此合作，也会与其他动物和谐地共同相处。与其他动物的合作，通常是为了达到彼此的各自需要，但有些时候，也许只是因为好玩罢了。狼族与大乌鸦之间的合作，就是其中最为典型的例子。

在狼族的合作体系里，还包含着与人类的合作关系。

在黄石公园，人们通过多年来的研究、规划、政策的坚持、严格的执行等，对狼的哺育结果远远超出原先的预期，野狼不仅存活下来，而且更加兴盛。黄石公园的哺育计划也成为人类哺育狼群成功的里程碑。

成千上万的人们在得知狼这种伟大的掠食者，重新漫步于辽阔无际的黄石公园时，心中的兴奋是无可比拟的。这传达给他们这样一个信息：人类与野狼是可以和平共处的。

整个狼族的猎捕、游戏和互助行为，都促使狼团结在一起，使每一只狼从小就知道团结协作的力量，这样就培养了狼族的团结精神。

狼群的凝聚力、团队精神和训练成为决定它们生死存亡的决定性因素。每位成员都应通过发挥特有的才智和力量来肩负起对团体应尽的义务，每一只狼都要为群体的繁荣与发展承担一份责

第一编 从狼性到赤裸的狼道
狼族生存的血酬定律

任。因此，一只智慧的狼如果死亡，并不会对狼的族群造成长久的致命伤害，因为，对于这些伤害，年轻的狼早已有充分的准备了。

狼群中每个成员都不希望成为光说不干的"老板"，它们中有些乐于成为技艺精湛的狩猎者，也有些擅长于作为族群看护者，还有一些喜欢充当群体的开心果，等等。比如，领导狼群的责任由阿尔法狼担负，其余的狼则共同承担整个狼群的其他事务。在母头狼产下一窝幼狼崽后，通常有一只成年的雄狼担当起"保姆"的作用。

事实上，狼群在哺育期时，它们的"集体主义意识"和"协作精神"远远胜过人类。每一只成年狼都各司其职，担负着抚育后代的重任，在它们捕猎时总是通力合作，彼此照应。更令人感动的是，遇到危急时，狼群总是用自己尾巴的摆动、鼻子的相触来相互鼓劲。

在狼族中，并非每一只狼都积极争取领导者的"职位"。但是，所有的狼都满足于自身所扮演的至关重要的角色，并不断地努力，以达到最完善的团队合作。

5. 懂得对意外帮助感恩图报

从历史资料来看，虽然在欧洲有大量的有关狼侵害牲畜、攻击人类的记录，但在狼群汇集的北美大陆，却几乎没有狼攻击人的记录。目前权威的动物学家普遍认为，狼与人是可以和谐共生的。

事实上，在人类原始社会的漫长岁月里，人与狼曾和平共处，彼此以敬畏而不是恐惧的目光看待对方，双方都尊重对方的社会秩序和猎食习惯。

远古的人们把狼的形象画在石壁上时，心中充溢着惊奇；爱斯基摩人和印第安人很早就认识到狼的优秀特质，许多印第安部落把狼选作他们的图腾。他们尊重狼的勇气、智慧和惊人的技能，他们珍视狼的存在，甚至认为在地球上，除了猎枪、毒药和陷阱，狼几乎可以和一切抗衡。

我们对狼的所有误解，都是源于我们的自以为是。古老的中国有句成语叫做"狼心狗肺"，一般用来形容接受了别人的恩惠、帮助，却不知道感谢、回报对方，反而要给对方造成伤害的人。我不知道中国人为什么拿狼和狗这两种动物当例子。且不说人们把狗当成"最忠实的伙伴"，对狼也是非常不公平的。其实，狼也是懂得感恩的动物。

在动物界中，狼和秃鹫就是一对很好的搭档。它们之间和平相处，都对对方满怀感激。狼和秃鹫都很喜欢吃动物的腐肉，但狼在陆地上活动，用眼睛所能看到的范围毕竟有限。秃鹫可以在高空飞翔，所以它们观察的范围就比较大，这样就能容易发现动物的尸体，但是它们却不能撕开动物厚重的皮毛。所以，秃鹫就会找狼来帮忙，秃鹫把狼引领到动物尸体前，狼撕开动物的皮毛，而秃鹫和狼就可以共同享用可口的食物了。

虽然狼对食物很珍惜，总希望独享食物，但它知道如果没有秃鹫的引领，自己是绝对不会轻松地找到食物的，因此对秃鹫满怀感激。

下面我们来看一看托马斯·沃森所经历的一件事，也许能改变你对狼"凶恶"本性的看法。

那是1964年12月，沃森所在的一支汽车测量小分队，在加州西北地区进行矿藏调查。他们小分队一共8个人：1名司机，3名技术人员，4名武装士兵，每人配

 第一编 从狼性到赤裸的狼道
狼族生存的血酬定律

备1支冲锋枪，1支手枪。

在最后一个站点的勘察途中，路上积雪越来越厚，尽管他们工作车的车轮较宽、花纹很大，但仍然不时打滑。下午两点多钟，面对路面上半尺厚的积雪，汽车终于无能为力，喘着粗气，车轮飞转，就是不能前进。但也绝不能后退，因为一旦控制不住就有滑下山崖的危险。

这时所有的人，包括土著向导，一齐下来推车，并找些干树枝铺路，汽车艰难地一步一步前进。正在这时，他们几乎同时发现，在车后200米的路上，一群褐色的东西在慢慢向他们靠近。是牛群？不像；是狼？颜色不对。北方的狼大多是灰褐色的，怎么发黄呢？

正当大家惊疑不定、纷纷猜测时，土著向导急喊：上去，上去，赶紧上车，这是一群饿狼。我们不禁大惊失色，慌忙爬上车，司机赶紧发动汽车，加大油门，前后加力，但车还是在原地空转。

这时，狼群已靠近汽车，一共8只，个个都像小黄牛犊似的，肚子吊得老高，后腿显得更细。大雪封山，狼想找吃的东西很难，一个个都饿疯了。极度恐慌的人们举起了手中的枪，就要射击。

一位有经验的土著向导及时制止说，大家把车上的食物丢给狼群，待它们吃饱了，自然会散去。不然，即使用枪，也无法阻挡饿疯了的狼群的攻击！

于是，所有人七手八脚把携带来的腊肉、火腿，还有十分珍贵的鹿子干巴。一块块、一串串往下丢。狼见了食物，眼睛都红了，大吼着扑向这些食物。第一批丢下去的东西，一眨眼就吃光了。但它们不走，8只狼排

成一排坐下盯着后车门。

　　向导继续下达命令——再丢下一些食物！车上放的肉品足有一百多斤，豁出去了，保命要紧，扔！第二批大约50多斤肉品飞出了后车门。8只狼又吼着扑向食物，但吃的速度明显慢了，眼见每只狼肚子渐渐大了起来，吊得不那么高了。也就一袋烟工夫，8只狼还像刚才一样，整齐地坐着，盯着后车门。

　　向导看着所有的人，异常坚定地又发了话：还有吗？一点不留地丢下去，千万别心疼。按着向导的要求，车上所有的肉品，包括特别舍不得的一点鹿子干巴，还有十几包饼干全都甩下车去，8只狼又是一阵大嚼，吃完了肉又试探性地嗅了嗅那十几包饼干，没动它。

　　这时，沃森清楚地看到8只大狼的肚子已滚圆滚圆，目光开始变得温顺，不再横排坐着，其中一只狼围着汽车转了两圈，又朝车前方跑去，其余7只狼没动。

　　不一会儿，那只狼跑回来，带着那7只狼朝松林钻去。大家悬着的心终于放了下来，司机也从驾驶室下来，朝大家深深呼了口气，意思是说："好险哪！"

　　他们又开始推车，但仍然无济于事。

　　正在这时，他们看见那8只大狼钻出松林，跳到公路上。奇怪的是，每只狼的嘴里叼着一根大树枝，不知它们又想干什么？他们只得又爬上车，警惕地观察着。司机干脆把头从驾驶室里探出来，沃森也打开一扇车窗看着群狼到底要干什么？

　　只见8只大狼把口里叼着的树枝分别放到汽车两个后轮下面。原来！狼在给汽车打眼。沃森高兴得大叫起

第一编 从狼性到赤裸的狼道
狼族生存的血酬定律

来。接着8只狼一齐钻到车底,却见汽车两侧积雪飞扬,一部分雪飘到山下,一部分雪堆向路边。

不大一会儿工夫,8只狼又从车底下钻出来,跑向车的前方,头朝前、尾朝车头一字排开,嘴一齐拱到雪里,朝前拱去。然后又头对头一边四只,一齐用强有力的后腿向后扒雪,路面渐渐露出来。

车子可以向前开动了,狼向两侧闪开,又一齐朝后跑去把树枝衔回来.车子行到积雪厚的地方,又空转打滑了。8只狼又重复着刚才的动作:先打眼,后扒雪,就这样每重复一次,汽车就前进一段。大约重复了十几次,车向前行进了一里多地,逐渐到了山顶,

再向前就是下坡路了。

汽车到达山顶后,狼不再叼树枝了,在车后仍然是一字排开坐

着,不同的是,有一只狼稍稍向前。

狼的这种感恩举动深深打动了在场的每一个人。虽然狼能适应复杂艰苦的环境,善于长途奔袭,南征北战,但也有食不果腹的时候,对于困境中的意外帮助,狼族并不像人类所说的那样——冷血无情、狼心狗肺,它也懂得感恩。

6. 决不"窝里斗",具有自律精神

战斗力极强的狼绝不在它们的同类面前争强斗气,一只狼在争斗中失败,就会立即主动投降,占上风的一方便会见好就收,狼族因此而不会出现过大的宿怨。看看它们的尾巴吧!从不像猴子一样地卷起,总是谦虚地垂于后腿之间。

狼道全集
成就个人、团队、企业的铁血定律

诺贝尔生物学奖获得者劳伦兹曾详细地记录了两只美洲林狼的一场"结结实实"的战斗。

对打的两只野狼，一只体格特别巨大而且上了年纪，另一只比较小也比较年轻，它们对挤着兜圈子，比赛惊人的"较劲"。同时，它们露出的牙齿已经急如闪电地互相撕咬了，只是没有造成什么了不起的伤害，小狼的嘴刚刚凑近对方的牙齿，一转眼就已经躲开了，只在它们的嘴唇皮上有一两处轻伤。

年纪较轻的小狼渐渐被逼得向后倒退，这时我们才想到那只老狼是有意将它赶到栏杆边上。我们屏气凝神地等待最后一刻的来临：现在，小狼已经碰到铁丝了，只见它脚步大乱，那只大老狼已经骑到它身上。

就在这时，一件使人难以置信的事情发生了。刚好跟你想像的相反，这一圈转得使人眼花缭乱的灰色身体忽然间静止下来，它们肩并着肩，头冲着同一个方向，带着生硬而紧张的神情站在一起

请注意两个对手的位置：那只老狼的嘴离年轻小狼的颈是那么的近。而后者的头是撇开的，它的颈弯（整个身体里最容易受到伤害的部分）几乎就在敌手的口边！离它紧张的颈肌还不到一英寸的地方，就是它的敌手白亮亮的牙齿……此时的情景看起来好像打败的一方故意让对方一口将它咬死！

时间一秒一秒地过去，你在焦急等待暴行发生。以为小狼颈部的静脉管立时就会被胜利者的利齿咬断，但是你的恐惧最后被证明是完全没有根据的，因为这种情形绝对不会发生。

第一编 从狼性到赤裸的狼道
狼族生存的血酬定律

胜利者并没有将它不幸的对手置于死地,你看得出来它很想这么做,却下不了口。无论是狗还是狼,只要它把颈子送到对方跟前,一定不会被咬,得胜的那一方虽然又吼又叫,对着空中乱咬,甚至做出把对方置之死地的假动作,它却没法真的下口。

这是狼族与生俱来的一种奇怪的自束行为,只有打败的那只狼放弃了卑屈态度的时候,它们才能摆脱这种本能的约束而真正行凶。

劳伦兹一反学者的冷静,颇动感情地说:"我觉得一只狼能够不咬送到面前的颈子,实在是太难得了。更难得的是另一只狼竟敢以自己的生命为赌注,相信它不会不遵守约束而任意逞凶。"

这就是大多数社会性动物(特别是猛兽)为保存种族而发自本能共同遵守的"社会禁条"——"乌鸦不啄乌鸦的眼睛"!

可耻而又可悲的是,自高自大的人类,却并没有这种本能、这种禁忌!对于狼,对于动物界的这些行为,今日的人类是不是应该做一番自省呢?

7. 善于交流沟通,达到协同作战

狼是自然界最善于交流的动物之一。对狼来说,交流的艺术在于密切注视各种各样的交流方式,狼与狼之间复杂精细的交流系统是使它们得以不断地调整战略战术以获得成功最重要的一环。

狼群交流沟通的方式十分多元化,它们使用各种能够运用的方式进行交流。它们的表情非常多样,甚至嘴唇、眼睛以及尾巴都能表达它们的情感。在狼群的行动中,不同的动作也表明了它们的喜怒哀乐。让我们来看看塞顿的描写吧，从中我们可以看出狼的交流沟通艺术。

从某种意义上说，狼没有语言。它们的沟通方式可能很有限，是几种吼叫、咆哮和咕哝，这只能表达最简单的情绪。但是，它们有好几种其他方式可以表达思想，还有一种非常特别的信息传递方式——狼电话。在它们的活动范围内，分散着许许多多公认的"中心"。

这些"中心"可以是石头，是交叉小路的一角，或是一个水牛头骨——实际上，任何一条主路上的一个比较显眼的物体，都可以被当作"中心"使用。

一只狼在那里呼叫的时候，就像一条狗在一个电报点那样，或者是像麝鼠在某一小块泥浆处那样，把它身上的气味留下来，并且根据这个地方的情况，了解其他有什么样的动物最近来过这里，做过什么事情等等。

它可以知道它们是什么时候来的，去什么地方了，还能判断出它们当时的情况：是否被追捕，是否饥饿，是否已经吃饱了，或者是不是病了。通过这个登记系统，一只狼就可以知道它的朋友在什么地方，也知道它的敌人在什么地方。

许多人都在动物园看见过狼，甚至有的人还在草原上或者森林中见过狼——这种机会已经非常难得了。所有见过狼的人都知道，狼最吸引人的地方就是它的那双眼睛。当我们以游客的身份去观看老虎、狮子或者猎豹时，它们即使是在铁笼中，已成为囚徒，但它们的气质还是那么高傲，对观看者不屑一顾。但当游客观看狼的时候，狼一般都会静静地与游客对视，直到游客不敢再

 第一编 从狼性到赤裸的狼道
狼族生存的血酬定律

盯着它的眼睛而走开为止。

每个人都能从狼的眼睛里读出不同的东西,孤独、寂寞、渴望或者其他的情绪。其实,眼睛是狼群最有效的沟通工具。狼可以通过改变瞳子」的大小来表达愉快、同情、恐惧、惊奇以及其他一些情绪。

直接的眼睛接触可以区分"直视"或"瞪"的形式,狼利用这种方式,传达威迫或威胁的信息。当狼群发出友善、开放的信号时,它会凝视下方或是移开视线;当它们在轻松和愉快的状态下或想玩耍时,你会看到它们表现得开放、轻松。

当狼群与自己的孩子交流时,它们表现了自己慈祥的一面,根本不去计较什么辈分,它们要让幼狼感觉到平等。这时,幼狼会爬到它们身上,甚至与它们厮打,无论幼狼做什么过分的举动,它们也不会生气。

对于狼群来说,交流沟通就是它们生存的保障。狼群有着严格的社会组织和等级制度,它们是世界上最团结的动物,所有这些特性,都要求狼与狼之间必须有完善的沟通系统。没有了沟通系统,狼也就无法达到团结、协同作战的目的,也不能够保持家庭的和谐共处等等。完善沟通系统是狼群能够生存的优势之所在,也是最重要的一个生存法则。

8. 为了团队的利益勇于自我牺牲

狼是世界上最具有团队精神的动物,关于这一点,前面已经进行了充分的论述和描写。自我牺牲精神就是狼群团队精神的一种充分表现,狼为了团队的利益,为了大多数狼的利益,会毫不犹豫地牺牲自己的利益,即使是献出生命也在所不惜。

在人类还没有来到班纳斯草原居住的时候,狼群追逐着草原

上成群的麝牛，它们捕食那些弱小的、衰老的或者生病的麝牛。后来麝牛被人全部消灭了，狼群没有了食物，很难生存下去，但是导致了麝牛消失的人类却带来了大量的羊群。因此，羊群成了狼捕食的对象。当然，这导致了当地牧民对狼的大量捕杀。

杀死一头狼，不仅可以得到奖励，还可以把狼皮卖给皮货商人。因此每个牧民都有捕狼的热情，那些精于此道的人甚至把杀狼当做自己的职业，他们因此被当地牧民称作猎狼人。关于狼的自我牺牲精神，我是从与猎狼人卢嘉·布尔迪索的交谈中体会到的。

让我们来听听他的讲述吧。

有一次，我和艾迪（我的好朋友）发现一群狼，大约有二三十只。当时，我们带了足够的弹药，这些弹药足够能杀掉十只狼。艾迪先开枪杀掉了一只，狼群发现我们之后并没有乱，而是有序地向山谷的方向撤退。我们骑上马带着猎狗开始追击。跑了很长路程后，我们渐渐缩短了与狼群之间的距离。

正当我们再次举枪准备射击时，有3只狼突然停下了，转回头来面对着我们。当时，我们一下子愣在了那里，不明白狼究竟想干什么，面对枪口，还有几只猎狗，它们不害怕吗？我们被狼这种突如其来的行为所困惑，不知道该怎么办。

那3只狼停下的地方正是一个山脊，其他的狼翻过了山脊就不见了。过了几秒钟，当我们反应过来的时候，向狼连续开了几枪，打死了那3只狼。后来我们发现这3只狼都是非常强壮的狼，大概是狼群中的首领。

捕杀了3只狼，而其他的狼全跑了。这时，我们才

 第一编 从狼性到赤裸的狼道
狼族生存的血酬定律

明白它们选择了一个很好的地形,留下来是为了掩护其他狼能够逃脱,而牺牲了自己。它们为了大多数的狼的利益,为了狼群能够生存,它们不惜牺牲自己的生命。

前面我们也说过,狼群捕获猎物时,最常用的队形是"单一队形"。狼群里单一纵队的第一只狼,往往扮演着开路先锋的角色,它会消耗极大的体能,它在松软的雪地上率先冲开一条小路,以方便后面通过的狼节省体力。当纵队的第一只狼疲累之后,它会移往队伍后面,并让下一只狼担任开路先锋的任务。如此不断地替换开路先锋,让狼群队伍中的成员,能够在消耗最少的体能的状况下,保留体力以应对即将面临的狩猎挑战。

充当开路先锋的狼,何尝不是一种牺牲精神的体现呢?为了保证团队的狩猎的成功,它们宁可牺牲自身的体力,把自己放在危险的地方,而让其他狼群保持体力,以应对狩猎的挑战。这种当集体利益需要的时候,义无反顾的牺牲个人利益,把集体利益放在首位,既是狼在残酷的生存环境中培养的一种精神,是一种生存的需要,同时也是为了狼群的生存。它们置个人安危不顾,这可能是动物界其他动物所没有的精神。

第二编

个人平凡到卓越的狼道
脱颖而出的竞争法则

在竞争日益激烈的今天，要想立于不败之地，要想做一个成功者，没有狼的精神是不行的。

我们要向狼学习，学习狼的强者心态，学习狼的坚韧刚毅，学习狼的智慧，学习狼的生命不止、战斗不已的战斗精神。如果你具备了狼的这些品质，你就能游刃于职场、商海，你成功的几率就是100%。

 第二编 个人平凡到卓越的狼道
脱颖而出的竞争法则

第一章　拥有狼一样的强者心态

强者心态，是一种面对困难时的坚强，是永不服输的心态，是一种面对困难时的临危不乱，更是一种不达目的誓不罢休的坚韧。一个人只要有了这种强者心态，敢于直面困难和挫折，敢于挑战，成功即可指日而待。

1. 实现"野心"的坚定力量

一个人走在通向成功的途中，他可以一无所有，但不能没有梦想。一个人若想成功，首先要明确自己最渴望的是什么。当我们确立了人生的目标以后，为了实现这个梦想可能花上些时日，甚至用毕生的精力去追求。这恰是人生的乐趣所在。

"野心勃勃"的人会强烈地期盼着成功。而成功的人一定要有梦想、有远见、有热情、执着。有梦想的人必定要对每个目标朝思暮想。对于一个渴望成功、并一直为之努力的人来说，最迫切、最渴望的事莫过于确立人生的目标。

对于我们人类而言，一个期待、一个野心、一个企盼、一个悬在眼前的目标，对于未来的人生有着重要意义。热忱和人类的

关系，就好像是蒸汽机和火车头的关系，梦想是行动的主要推动力。人类最伟大的领袖就是那些用梦想鼓舞他的追随者发挥最大热忱的人。梦想也是诸多才能中最重要的因素。

  多年来，拿破仑·希尔的写作大都在晚上进行。有一天晚上，当拿破仑·希尔正专注地敲打打字机时，偶尔从书房窗户望出去——他的住处正好在纽约市大都会高塔广场的对面——他看到了似乎是最怪异的月亮倒影反射在大都会高塔上。那是一种银灰色的影子，是他从来没见过的。再仔细观察一遍，拿破仑·希尔发现，那是清晨太阳的倒影，而不是月亮的影子。

  原来已经天亮了。他工作了一整夜，但太专心于自己的工作，使得一夜仿佛只是一个小时，一眨眼就过去了。他又继续工作了一天一夜，除了其间停下来吃点清淡食物以外，未曾停下来休息。

  如果不是对手中工作充满了梦想和热忱，而使身体获得了充分的精力，拿破仑·希尔不可能连续工作一天两夜，而丝毫不觉得疲倦。

对于梦想的追求，并不是一个空洞的名词，它是一种重要的力量，你可以予以利用，使自己获得好处。没有这种梦想的支撑，你就像一个已经没有电的电池。

梦想可以产生一股伟大的力量，你可以利用它来补充你身体的精力，并发展成一种坚强的个性。为自己塑造梦想的过程十分简单，首先，从事自己最喜欢的工作，或提供自己最喜欢的服务。

20多年前，一个一无所有的青年踏上了深圳这块热土。他最

第二编 个人平凡到卓越的狼道
脱颖而出的竞争法则

初在一个建筑工地上当小工,每天带着一身的泥水回到住地,别的工友晚上喜欢凑在一起打扑克、下棋,而他一有时间就读世界富豪的传记,并作了大量的摘录,他给自己制定了一个在当时看起来非常可笑的梦想:我要成为大富翁!

每天早晨和晚上,他向自己说着同一句话:"我要成为大富翁,无论我现在正在从事什么职业。"若干年后,这位当时默默无闻的青年,跻身于成功人士之列,他真的成为一名资产千万的富翁。

不实现目标誓不罢休,目标是人生中最主要的动力,这种动力必须由"梦想、目标、执着"三者结合而来。若想达到这个目标,一定要有热忱,有决心,有骨气,肯苦干,肯付出,肯拼命。有了既定的目标,我们就会朝着这个既定的目标前进。在前进的过程中,我们就会发现,动力和成功其实是两个很相似的概念,如果你有动力,你就会成功。当我们了解自己是一个什么样的人,明确自己要走哪条路,确定自己要走的路,并切实采取行动,你的路一定会越走越宽。

那些可以明确说出他们梦想的人,比那些对自己要什么都只有一个模糊概念的人,会有更多的机会去实现他们的梦想。

所以,如果你想赚更多的钱,你该精确地说出你想赚多少钱,预定什么时候达到这个目标。如果你的目标是找一份好工作,就把你想要干的工作详细写下来。如果你的梦想是做生意的话,描述一下你要做哪种生意以及你什么时候开始进行。大多数人都只是希望者。做个实现梦想的人吧!做个很清楚自己想要什么的人是很重要的!

成就个人、团队、企业的铁血定律

2. 向比自己强大的对手挑战

我们要向狼一样，敢于向比自己强大的对手挑战。只要你有了敢于向强者挑战的心态，那些原本看来"不可能"的事情，就有可能成为你的"阶下囚"。敢于挑战，实际上就是给自己压力，自己给自己加压。

"没有压力就没有动力"，这是一句至理名言。试想，如果一个人生活感到很轻松，或者说是做一些简单的事情，这样周而复始，年复一年，他能够从中得到什么呢？他的勇气、意志又如何能培养出来呢？在这种舒适的环境中，只能消蚀一个人的意志，腐蚀一个人的斗志。如果我们把自己的人生过程看作是一种比赛，作为一个优秀的运动员，在训练中只有不断地给自己加码，最终我们才会赢得胜利。

汤姆·邓普西就是一个很好的例子。

邓普西生下来的时候，就只有半只左脚和一只畸形的右手。父母从来不让他因为自己残疾，而让他少做事。结果是任何男孩能做到的，他也能做到。

有一次在学校军训中，要求童子军们行军10公里，教练看了看汤姆.邓普西，说："你行军5里就行了。"然而邓普西则说："不，我也要行军10公里，我能够做到。"果然邓普西以自己非凡的毅力走了10公里。

后来他想踢橄榄球，他坚信自己能够把球踢得比任何一个在一起玩的男孩子们都要远。他请人为他专门设计了一双鞋子，参加了踢球测验，并且得到了一份合约。

第二编 个人平凡到卓越的狼道
脱颖而出的竞争法则

但是教练却尽量婉转告诉他,说他不具备做职业橄榄球员的条件,促使他去试试其他事业。最后他申请加入新奥尔良圣徒球队,并请教练给他一次机会,教练虽然心存怀疑,但是看到这个男孩这么自信,对他有了好感,因此就收下他。

在接下来的训练中,他除了接受与正常人一样的训练外,他还不断地给自己加码,增加训练难度和项目。两年之后,他成了这个球队最优秀的运动员。在一次全国的锦标赛中,一举夺冠,他也因此成了大家十分关注的明星。

大家不能理解,一个残疾人为什么会发挥得这么出色?

其实没有别的原因,就是他敢于挑战,不断给自己加码、加压的结果。

自己给自己加码,还可以养成良好的习惯,避免办事拖拉的习惯滋生。一个能给自己不断加码的人,一定会懂得珍惜时间,做事雷厉风行,做事效率也会随之得到提高。

我们现在处于一个竞争十分激烈的社会,压力无处不在。观念改变了,我们要战胜旧的自我;环境变了,我们必须有一个新的姿态;社会进步了,我们面临新的任务和目标;竞争激烈,我们必须全力以赴;人际关系发生冲突或者破裂,我们要收拾残局,重新开始。所有的一切都是压力无处不在的具体体现。

正是这种压力的存在,我们才有了无穷的动力。

不断给自己加码,也就是在跟自己竞争。"没有一件事比尽力而为更能满足你,也只有这个时候你才会发挥最好的能力,尽力而为给你带来一种特殊的权利。一种自我超越的胜利。"

那些半死不活的人都需要给自己加点码,即或你认为"不可

能"的事情,也要去尝试,要觉得自己是一个一流人物,要对自己有点自信才好。把"不可能"从你的头脑中去掉。

人的极限是能屈能伸的,你只要有勇气,敢于挑战,就能产生一种超乎常规的力量。

从前一位农夫在谷仓前面注视着一辆轻型卡车快速开过他的土地——他十四岁的儿子在开着这辆车。由于年纪小,他的儿子不够考驾驶执照的资格,于是父亲只准许他在农场里开车。不准上外面的路。

忽然,汽车翻在水沟里去了,他的儿子被压在车子下面,只有头露出水面。农夫毫不犹豫地跳进水沟,把双手伸到车下,把车子抬了起来,另一位跑来援助的工人把那失去知觉的孩子从下面拽了出来。孩子只受了一点皮肉伤,并无大碍。

农夫当时为什么能将汽车抬起来?人在紧急状况时,就产生出额外的能量。由此可见,一个人通常都存有极大的潜在体力。这件事,还告诉我们一个重要的事实,农夫在危急情况下产生一种超常的力量,并不仅是肉体反应,它还涉及到心智的、精神的力量。当他看到自己的儿子可能要淹死的时候,他的心智反应是要去救儿子,一心只要把压着儿子的卡车抬起来,而再也没有其他的想法。可以说是精神上引发出潜在的力量。如果情况需要更大的体力、心智状态,就可以产生出更大的力量即潜能。

潜能是人类最大而又开发得最少的宝藏!无数事实和许多专家的研究告诉我们:每个人身上都有巨大的潜能还没有开发出来。

这种敢于向"不可能完成"的事进行挑战的精神,是获得成功的基础。有很多人却有一个致命的弱点——缺乏挑战的勇气,只愿做谨小慎微的"安全专家",对不出现的那些异常困难的事情,不敢主动发起"进攻",一躲再躲,恨不得能避到天涯海角。

 第二编 个人平凡到卓越的狼道
脱颖而出的竞争法则

不敢向高难度的事情挑战，是为自己的潜能画地为牢，只能使自己无限的潜能化为有限的成就。与此同时，无知的认识，会使我们的天赋减弱，因为我们像懦夫一样无所作为，不配拥有这样的能力。

"勇士"与"懦夫"，根本无法并驾齐驱、相提并论。

我们在向"不可能完成"的事情挑战的时候，假若挑战失败了，千万不要沮丧、失望，我们会得到大家的认可，因为我们有敢于挑战"不可能完成"的工作态度，是"勇士"。我们所经历的、所得到的，都是胆怯观望者们永远没有机会知道的——因为他们根本就不敢尝试。

3. 强者般勇敢地面对现实

狼族是真正的强者。强者的心态便是受挫后不抱怨他人，失败了不找借口。因为强者不找抱怨的理由，强者只勇敢地面对现实。

强者的心态可以造就坚强的狼，更可以锻造成功的人。面对困难，胜利的总是那些拥有积极心态的人。人生起步之时，你的心态就决定了最终结局。

在人的一生中，积极的心态是一种有效的心理工具，是能够把握自己命运的必备素质。如果你认为自己能够发挥潜能，那么积极的心态便会使你产生力量和勇气，从而使你如愿以偿。

一位射箭世界冠军的成功，在很大程度上取决于他的心态。每次射击，他都会举起他的弓，眼睛锁定30码外的靶心。此时此刻，除了红心以外，没有任何事情可以吸引他的注意力。他拉紧了弦，眼睛注视目标，沉静而迅速地审视一遍自己的身心状态，若感觉有一点儿不对，他就放下弓，放松，再重新拉一次。假如

一切都检视无误,他只要瞄准靶心,放心地让箭飞出去,就有信心使飞矢正中红心。

这种冷静的、信心十足的状态,是否仅为体坛的超级巨星所特有?倒也不尽然。只是当体坛明星处于这种最佳竞技心态时,他才可能赢得胜利。而当心态不佳时,他则一扫平日的威风,甚至会输给名不见经传的小字辈。同样,即使一位平时成绩平平的运动员,当他处于最佳心态时,他也可能取得惊人的成绩,打败那些技术水平虽高但状态不佳的明星们。事实上,人人都有这种心态,只不过自己有时意识不到罢了。

从某种角度来说,我们都是射手,都想在生活中对着目标一射而中。假如我们是在锻炼肌肉的神经系统,将箭射向靶心,为什么我们不能每次都如愿呢?

这到底是怎么回事?我们又没改变,应该是一如既往才对,可为什么会前一会儿还眉开眼笑,后一阵子就哭丧着脸?为什么那些一流的NBA运动员也会有得心应手之后,连着多日投不进一球的情形?

事实上,心态在很大程度上决定了我们人生的成败。

我们怎样对待生活,生活就怎样对待我们。

我们怎样对待别人,别人就怎样对待我们。

我们做一项工作时,刚开始时的心态决定了最后有多大的成功,这比任何其他因素都重要。

对生活的态度越积极,对人生的挑战越勇敢,就越能找到最佳的心态。

难怪有人说,我们的环境——心理的、感情的、精神的——完全由我们自己的心态来创造。

心态分两种:积极心态和消极心态。积极心态能发挥潜能,能吸引财富、成功、快乐和健康;消极心态则排斥这些东西,夺

第二编 个人平凡到卓越的狼道
脱颖而出的竞争法则

走生活中的一切，使人终身陷在谷底，即使爬到了峰巅，也会被它拖下来。

积极心态的特点是自信、充满希望、诚实、有爱心和踏实，消极心态的特点是悲观、失望、自卑、虚伪和欺骗。

不少人生得失的经历曾告诫我们，心态是世界上最神奇的力量。带着爱、希望和鼓励的积极心态往往能将一个人提升到更高的境界；反之，带着失望、怨恨和悲观的消极心态则能毁灭一个人。

积极心态可以随时给人带来巨大的财富。那么，你想成为一个拥有积极心态的人吗？这里有一个处方，如果你能够照着做，天长日久，便会成为一个热忱的人。这份处方不但可以使你立即拥有积极的心态，而且随时都会在你感到失望、消沉、疲倦的时候帮助你鼓起勇气，使你振作起来，变得精力充沛、神采奕奕。积极心态会成为你的生活方式，为你的成功做好准备。它还能吸引许多美好的事物，使生活充满乐趣。

这个处方就是麦克阿瑟将军在南太平洋指挥盟军的时候，办公室墙上挂着的一块牌子，上面写着这样的座右铭：

你有信心就年轻，疑惑就年老；你有自信就年轻，畏惧就年老；你有希望就年轻，绝望就年老；岁月使你皮肤起皱，但是失去了积极心态，就损伤了灵魂。

这是对心态最好的赞词。培养并发挥积极心态的特性，就像我们所做的每件事情，都加上了火花和趣味。

一个拥有积极心态的人，无论是个挖土的工人，还是个经营大公司的老板，都会认为自己的工作是一项神圣的天职，并怀着浓厚的兴趣。对自己的工作热爱的人，不论工作有多少困难，或需要多大的代价，他都始终会用不急不躁的态度去进行。只要抱着这种态度，任何人都一定会成功，一定会达到目标。爱默生说过:"有史以来,没有任何一项伟大的事业不是因为积极心态而成功的。"事实上,这不是一段纯而美丽的话语,而是为人生获取成功而指明的航标。

积极心态是一种意识状态,能够鼓舞和激励一个人对手中的工作采取行动。不仅如此,它还具有感染性,不只对其他热心人士产生重大影响,所有和它有过接触的人也将受到影响。

积极心态和人类的关系,就好像是蒸汽机和火车头的关系,它是运动的主要推动力。人类最伟大的成功者们,就是那些知道怎样鼓舞他的追随者发挥积极心态的人。

把积极心态和你的工作结合在一起,那么,你的工作将不会显得辛苦或单调。积极心态会使你的整个身体充满活力,使你只需在平时工作时间一半的情况下,工作量达到平时的两倍或三倍,而且不会疲倦。

积极心态并不是一个空洞的名词,它是一种重要的力量,你可以利用它以克服自己对一些事物毫无兴趣的弱点,使自己获得好处。没有了它,人就像一节没有了电的电池。

积极心态是一股伟大的力量,你可以利用它来补充你身体的精力并发展成一种坚强的个性。有些人很幸运,天生拥有积极心态,其他人却必须努力才能获得。发展的过程十分简单:从事你最喜欢的工作或把将来你最喜欢的工作当作是你的明确目标.

缺乏资金以及其他许多你无法当即予以克服的环境因素,可能迫你从事你所不喜欢的工作,但没有人能够阻止你在自己的脑海中决定一生中明确的目标,也没有任何人能够阻止你将这个目标变成事实,没有任何人能够阻止你把积极心态注入到你的计划之中。

如果你有热情,几乎就所向无敌了。

积极的心态是人生走向成功的重要前提。是你改变世界,还

第二编 个人平凡到卓越的狼道
脱颖而出的竞争法则

是世界改变你？如果你想改变你的世界，就必须扫除心中畏缩自卑的阴影。只有拥有积极的心态，才会使困难与挫折低下头来，使你自身固有的潜能充分调动起来，从而使你心想事成。

积极的心态之所以会使人心想事成，走向成功，是因为每个人都有巨大无比的潜能等待自己去开发；消极的心态之所以会使人怯弱无能，走向失败，是因为放弃了对伟大潜能的开发，让潜能在那里沉睡，白白浪费。

积极的心态可以挖掘和开发人们的巨大潜能，使人们有着无穷的力量，相反，如果你抱着消极心态，那你只会处于对命运的叹息之中，而难以品尝成功的喜悦。

任何成功都不是天上掉下来的，只要你抱着积极心态去开发你的潜能，你就会有用不完的能量，你的能力就会越用越强。相反，如果你抱着消极心态，不去开发自己的潜能，那你只有叹息命运不公，并且越消极越无能！

每个人都存在巨大的潜能，但是一般人只开发了其中微不足道的一小部分。

凭借内在的动力、坚定的信心、顽强的毅力，以及积极心态的推动，人就可以发挥出惊人的创造力，即使是一个普通人也能创造出奇迹。因为人有无限的潜能可以开发。

一个人想着成功，就可能成功；想着失败，就会失败。一个人期望的多，获得的也多；期望的少，获得的也少。成功是产生在那些有了成功意识的人身上的，失败则源于那些不自觉地让自己产生失败意识的人身上的。

消极的心态使人走向失败，积极的心态使人走向成功。自信这种积极的意识是一种巨大的力量，给我们人生的行动以能量。自信也是源于意识和潜意识的。

意识和潜意识是成功的"第一把金钥匙"。人的意识和潜意识具有操纵人类命运的巨大能力。如果意识给潜意识一个目标，潜意识就会为实现这个目标而行动起来；如果意识给潜意识一个指令，潜意识就会认真地去执行这个指令。

有这样一个传说：有一个勤奋好学的木匠，一天去给法庭修理椅子，他不但干得很认真、很仔细，还对法官坐的椅子进行了改装。有人问他其中原因。

他解释说："我要让这把椅子经久耐用，直到我自己作为法官坐上这把椅子。这位木匠后来果真成了一名法官，坐上了这把椅子。

相信自己能够成功，往往自己就能成功，这是人的心态在起作用。换句话说，意识决定了"做什么"，而潜意识便将"如何做"整理出来。

4. 培养头狼般的领导才能

头狼是狼群的领导者，也是狼群中的姣姣者，它拥有强壮的身体、无穷的智慧，它是带领狼群生存的决策者、执行者。

作为我们来说，要想成为一个头狼，首先要相信自己是一只头狼。

一个人要像头狼一样成为强者，必须得到别人的支持和帮助，还需要别人的配合，而要想得到别人的支持、合作，则你必须有相当的管理才能，具有领导的才能。

没有人天生是领袖，没有人天生就具有出色的管理才能。领袖的素质和管理才能是通过后天的努力和学习学来的，它是可以通过培养获得的。就像狼群里，头狼也不是天生的，是通过不断地努力和学习才成为了头狼。头狼不仅仅享有各种特权，同时，它更要承担各种责任。

 第二编 个人平凡到卓越的狼道
脱颖而出的竞争法则

管理才能与你的"领袖气质"与出色的管理能力是不能分开的，它们如影相随。因为这种素质和能力能够使你做出本来你不会做或无法做的事情。

那么，怎样使我们成为一只头狼？怎样培养我们的领导才能和管理才能呢？也就是说，如何使别人乐于和我们合作，支持与帮助我们成功呢？

要做到这一点，你必须成为一个受别人欢迎的人。

要让自己成为一个受欢迎的人，一味地取悦别人并不是最好的方法，关键是要培养你的特质。

如果你只是一味地取悦别人，可能会暂时讨人喜欢，但不可能长久，因为你在讨人喜欢的过程中失去了你自己。因而，过一段时间，你可能会发现，你的交往范围扩大了，而你自己却感到越来越孤独。

所以，以失去自我为代价去取悦别人而让别人喜欢你，并不是最好的方法，你必须真正喜欢你自己真正的样子。这是要使自己成为一个受人欢迎的人的基础。

培养自己喜欢的特质，即那些属于自己的特殊的东西，这些特质对你而言是相当珍贵的。如果你真的希望某个人做你的朋友的话，他就应当喜欢你的这些特质。你只是为了这些特质和为你自己而培养，千万不要为了给别人留下某种印象而去迎合别人。那样的话你不但会失去成功的机会，还会失去你想要的一切。

对我们而言，应该培养哪些特质呢？

学会如何独处。你可能觉得惊讶，但这与如何受别人喜欢并不矛盾。一个人如果不能和自己好好相处的话，还能期望别人什么，又怎么能期望别人好好和你相处呢？何况，所有的头狼其实都是孤独的。

培养一种能将别人视为一个独立个体的能力，并欣赏这种个

别差别。要"讨好"别人，得先学会怎么让别人"讨好"。我们每个人都有不同的特点足以让人尊敬和钦佩，但你只有找出每个人独特的地方，否则你很难欣赏别人的特点。

培养你的享乐能力。你放慢自己的脚步，好好品尝一下自己所做的事情。同时，尽量让自己参与周围发生的事情。因为你如果事事都做旁观者，你就会觉得自己并不重要，周围的事情也不重要。然后，期待一切愉快事情的发生，如果真的发生了就好好庆贺一番，继续强化你愉快的感觉。

不要讥讽任何人。如果一只狼因为自己是头狼，就总是对别的狼恶语相加，估计很快就会受到群狼的攻击。同样的道理，如果你事事讥讽别人，你可能就会觉得世界上的人都是以自我为中心，都只顾自己的利益，而且会认为世界上没有一个人是真诚的、宽容的。每个人都想占别人的便宜，一点也不想付出。比讥讽本身更糟的是，你得继续用讥讽掩盖你的这种违反道德的行为，直到你对整个世界、整个人类都嗤之以鼻。

对你重要的事情，如果你和别人持相反的意见，就准备面对他们。这对你了解自己的目的和别人的认同很有关系，也让别人知道你具有坚强的信念和强烈的感觉。如果你没有珍重特质的话，你很难成为人群中受喜欢的人。

尝试培养感受别人的经验和关怀别人经验的能力。

学会分享朋友的快乐。你是自己创造的，所以你可以把自己塑造成理想的自我。

做到了这几点，你就能成为一个受欢迎的人。尽管这与我们要培养的管理才能与头狼气质仍有一定的距离，但起码为其打好了一个良好的基础。

下面这几方面可以使我们尽快地培养起自己的领导才能：

跟那些你想去影响的人们交换意见。这是使别人比如你的同

第二编 个人平凡到卓越的狼道
脱颖而出的竞争法则

事、朋友、顾客、员工等依照"你所希望的那种方式"去做的秘方。

考虑问题尽可能地周到,处理事情的时候要多思考还有哪些不符合人性的地方。人人都用自己的方法来领导别人,但是总有一种最好的、最理想的符合人性的方法。

尽量追求进步。相信自己和别人还可以进步,更要推动帮助进步的行动。在每一个行业中,只有精益求精的人才能够不断地升迁。领导人,尤其是真正的领导人,非常缺乏。安于现状的人认为每一件事情都很正常才需要再去改进的人比那些激进人士认为有待改善的地方更多,想些办法可以做得更好更多。

腾出一点时间和自己交谈、商量或从事有益的思考。领导人都特别地忙碌。事实上也是如此,他们真的很忙。但是我们常人常常忽略的一点是,领导人每天都要花许多时间来单独思考。无法忍受孤独的人,竭力使自己的大脑中一片空白,他们尽量避免动脑筋,在心理上自己已经被自己的思想吓坏了。这些人会随着岁月的流逝而变得心胸狭窄,目光日益短浅,行为也会变得幼稚可笑,当然不会有坚忍不拔、沉着稳健的作风。忽略了自己大脑的思考能力的人不可能成为一个出色的管理者和领导者。

领导阶层和管理阶层最主要的工作就是思考,迈向领导之路事的最佳准备也是思考。因此,希望你每天都能抽出一定的时间练习合理的单独思考,并且努力朝着成功的方向去思考。久而久之,你就会发现,你自己已经培养起了你的领导气质,你的管理者的才能。

这时候,你距离成为头狼就越来越近了!

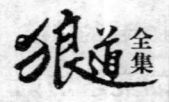
成就个人、团队、企业的铁血定律

5. 该冒险时决不胆怯

狼族能实现野心最重要的就是敢于冒险，但狼族的冒险行动是建立在理智基础上的冒险行为。狼如果没有冒险精神，它就不会去挑战比自己强大的动物，在食物奇缺的情况下，有时狼是没有选择的余地，必须用它们的冒险去挑战那些看似不可能的事情。

作为我们个人，要实现野心、成就梦想，同样要具有狼的这种冒险精神。野心、梦想从来都不会轻而易举地信手拈来，有时会伴随着巨大的风险。所以，一个缺乏冒险精神的人，即使想了，做了，也未必会有所成就、梦想成真。对人生成功冒险的要求首先是要有勇敢精神，但不是盲目冒险。成功者首要的是目标明确，在目标的召唤下勇敢地去做，冒险地去做。

当你准备去进行一次不寻常的行动时，一定要有冒险精神。世界上有许多人缺乏胆量，不敢冒险，只求稳妥，所以一事无成。

当然冒险不等于粗枝大叶、闭眼蛮干，也不是只谈论只求前进而不管实际。我们要分清楚哪些是敢做敢为，哪些是莽撞蛮干。

在某些时候，我们必须采取重大而勇敢的行动。在生活、工作中涉及到冒险时，许多人常常犹豫不决，使他们的信心得不到升华。也许这种人就是对一切了解得太多，所以他们生性谨慎，总是推迟重大决定，有时甚至无动于衷。

一个有志成功的人必须要有冒险精神，如果惧怕失败，不冒风险，求稳怕乱，平平稳稳地过一辈子，虽然可靠，虽然平静，但那只是一个悲哀而无聊的人，一个懦夫。最为痛惜之处在于，

第二编 个人平凡到卓越的狼道
脱颖而出的竞争法则

这个人自己葬送了自己的潜能。他本可以摘取成功之果，分享成功的最大喜悦，可是他却甘愿把它放弃了。与其造成这样的悔恨和遗憾，不如去勇敢地闯荡和探索。与其平庸地过一生，不如做一个敢于冒险的英雄。

有一年，美国但维尔地方经济萧条，不少工厂和商店纷纷倒闭，即使一时未倒闭的也被迫减价抛售自己堆积如山的存货，价钱低到1美元可以买到100双袜子。

那时，约翰．甘布士还是一家织制厂的小技师。他马上把自己积蓄的钱用来收购低价货物。人们见到他这股傻劲，都公然嘲笑他是个蠢才！

约翰．甘布士对别人的嘲笑漠然置之，依旧收购各工厂和商店抛售的货物，并租了很大的货仓来储货。

他妻子劝他不要把这些别人廉价抛售的东西购入，因为他们历年积蓄下来的钱数量有限，而且是准备用于子女教养费的。如果此举血本无归，那么后果便不堪设想。

对于妻子忧心忡忡的劝告，甘布士笑过后又安慰她道："3个月以后，我们就可以靠这些廉价货物发大财了。"

甘布士的话似乎兑现不了。

过了10多天后，那些工厂贱价抛售也找不到买主了，便把所有存货用车运走烧掉，以此稳定市场上的物价。

甘布士的太太看到别人已经在焚烧货物，不由得焦急万分，抱怨起甘布士。对于妻子的抱怨，甘布士一言不发。

终于，美国政府采取了紧急行动，稳定了但维尔地方的物价，并且大力支持那里的厂商复业。

与此同时，但维尔地区因焚烧的货物过多，存货奇缺，物价一天天飞涨。约翰.甘布士马上把自己库存的大量货物抛售出去，一来可以赚一大笔钱，二来使市场物价得以稳定，不致暴涨不断。

在他决定抛售货物时，他妻子又劝告他暂时不忙着把货物出售，因为物价还在一天天飞涨。

他平静地说："是抛售的时候了，再拖延一段时间，就会后悔莫及。"

果然，甘布士的存货刚刚售完，物价便跌了下来。他的妻子对他的远见钦佩不已。

后来，甘布士用这笔赚来的钱，开设了5家百货商店，业务也十分繁忙。

甘布士终于成为全美举足轻重的商业巨子了。

在这里应当说，冒险精神不是探险行动，但探险家的行动必须拥有足够的冒险精神。所以，郑和下西洋，张骞出使西域，哥伦布发现新大陆，麦哲伦环球航行，都具备人类最伟大的冒险精神。没有这一点，成功就与他们无缘。

有的人总担心失败，他们总会找出各种各样的理由，来使自己不去冒险。最后，他们一事无成，只能羡慕地望着别人。有的人总害怕困难，将一些很有意义的事，推给了别人，但当别人历尽千险得到掌声和鲜花后，他们又后悔当初不该将机会拱手相让。有的人害怕去冒风险，因为他们总想躺在幸福的港湾里——风平浪静，无比留恋安逸和舒适。毕竟，风险常常会是失败的导火索，常常意味着放弃到手的一切，意味着要承担许许多多困难

第二编 个人平凡到卓越的狼道
脱颖而出的竞争法则

和压力。也许做人用不着挑战，四平八稳是最好的。那么我们的世界会不会进步？人类的文明和繁荣是不是一纸空文？

我们应该知道，做任何一件事，完成任何一种工作，都不可能有百分之百的把握。即使在我们的日常生活中，也常常有风险，只是风险率低些罢了。风险可能会导致你失败，但如果你能化险为夷，那么你获得的回报将远远比不冒风险做事所取得的回报要高得多。

鲁迅先生说过：世上本没有路，走的人多了，也就成了路。敢于第一个吃螃蟹的人是多么难能可贵。要不然，世界上就不会有那么多伟人、著名科学家、企业家和诺贝尔奖获得者。例如，永不安分的大发明家爱迪生，为了发明电灯，研制经济适用的灯丝，承受了数百次失败的风险，最终获得了成功。又如，发明蒸汽船的富兰克林，一开始，人们讥笑他的船是富兰克林的怪物，抱着看热闹的心态来欣赏他出丑。但是他没有退缩，屡败屡试，不断改进，最终获得了非凡的成功。还有发明飞机的莱特兄弟，敢于想像不可思议的事情，甚至付出了生命的代价，为后人开辟了一条飞天的道路。今天的人们终于实现了在天空自由翱翔的美梦。

我们说一件事情有风险，往往就意味着完成这件事困难比较大，不确定因素比较多，而保险系数比较小。因此，人们一般不愿冒险。可是成功的人往往喜欢冒险，因为他们知道：风险就如一座险滩，渡过了这座险滩，就会风平浪静，就是胜利的喜悦。第一个敢吃螃蟹的人，往往能成为一个成功者。

人类如果失去了冒险，还有火箭升空、嫦娥奔月的壮举吗？人类如果失去了冒险，还有收看电视、驾车出游的喜悦吗？想成功，就得有冒险精神！想成功，就得有异想天开！因为谁也不愿永远停留在原始的洪荒年代！

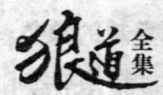
成就个人、团队、企业的铁血定律

然而,划时代的探险行为不是时时发生,也不是每一个冒险家都会碰到的。正因为这样,日常生活中、科学实验、军事行动及工商活动等所体现的冒险精神更有普遍意义,更值得人们思考、体验。

所以,野心加上冒险才能步入人生的巅峰。

6. 对环境的敏锐洞察力

狼非常善于观察。狼的优秀的洞察力不仅体现在从猎物群中判别出易于捕获的对象,它还能够观察并记忆许许多多细微得连人类都无法观察的性格特征与习性。

生活中的强者,就应该像狼一样,对环境有着敏锐的洞察力,能从平凡的大自然中看到神奇的东西,能觉察到别人未曾做到的情况和细节,能不断地发现工作、生活中的问题,并从中不断地学习,不断地总结,巧妙地利用这些人生经验来推动个人的发展。

乔治·坎贝尔出生时双目失明,医生诊断是先天性白内障。

乔治的父亲望着医生,不相信他的话。"能不能想想办法?手术有用吗?"

医生摇摇头:"直到现在,我们还没有听说过治疗这种病的方法。"

乔治看不见东西,但是,父母的爱和信心,使他的童年生活丰富多彩,他完全不觉得自己的障碍。

在乔治6岁的时候,发生了一件他无法理解的事。一天下午,他正在同另一个孩子玩耍。那个孩子忘了乔

第二编 个人平凡到卓越的狼道
脱颖而出的竞争法则

治是瞎子,抛一个球给他,嘴里还喊着"当心"。

乔治果真被那个球打着了,但并没有受伤。此后他一生中再没有发生过这样的事,但他却觉得极为迷惑不解。后来他问母亲:"比尔怎么会在我之前先知道我将要发生的事?"

他的母亲叹了一口气,因为她所担心的事情终于发生了。她第一次告诉她的儿子:"你是瞎子。"

过了一会儿,她又抓住儿子的一只手温柔地说:"乔治,你坐下,我不可能向你解释得很清楚,你也未必听得十分明白。但是让我尽力用这种方式来解释这件事。"她满怀同情地把他的一只小手握在手中,开始数手指头。

"1,2,3,4,5。这5根手指头就代表着人的5种感觉,听觉、触觉、嗅觉、味觉……"她犹豫了一会儿才说,"还有视觉。这5种感官将信息传达到你的大脑。"

她把那个代表视觉的手指弯起来,按在手心里。

"乔治,你与别的孩子不同,"她说,"你只有4种感觉,听觉、触觉、嗅觉、味觉,但没有视觉:现在我给你一样东西,你站起来。"她温和地说。

乔治站了起来,他的母亲把球递给他说:"准备接球。"

当他一感觉球碰到了手指,便合拢双手,把球接住了。

"好,好。"他母亲说,"我要你决不忘记你刚才所做的事。乔治,你能用4根而不用5根手指抓住球。如果你从那里入门,并不断努力,你也能用4种感觉代替

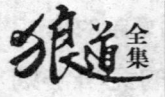

5种感觉,追求并拥有充实而幸福的生活。"乔治的母亲用了一个生动的比喻,使两个人的思想交流得迅速而畅达。

乔治从此总没有忘记"用4根手指代替5根手指"的教诲。这对他来说意味着希望。每当他由于生理障碍而感到沮丧的时候,他就用他母亲的教诲作为自己的座右铭,激励自己。实际上这已成了一种自我暗示,在需要的时候,它会从潜意识进入意识。

乔治从日后的生活中发现,他母亲的话是对的。如果他能应用好他的4种感觉,生活也可以过得完美。

在乔治读高中的时候,他父亲得知了一种新方法,可以治疗先天性的白内障。当然,这种疗法还没有完全成熟,还有失败的可能,但成功的可能性大大超过了失败的可能性。乔治渴望见到光明,他愿为获得视觉而冒失败的危险。在6个月中,医生给乔治作了4次精心的外科手术。每只眼睛各做两次手术。乔治的眼睛蒙着绷带躺在病房的床上。终于等来了揭开绷带的日子。

医生慢慢地、小心翼翼地解开遮盖着眼睛的纱布。乔治只感觉到了一点模糊的光亮,难道这次手术并没有完全成功?他躺在那里心潮澎湃。过了好一会儿,他听见医生在他的床边走动,把什么东西放到了他的眼睛上。

"现在你能看见这是什么了吗?"医生问道。

乔治从枕头上稍稍抬起头,觉得眼前模糊地出现了一个有色彩的形象。

"乔治!"有人喊他的名字,他熟悉这个声音,这是他母亲的声音。

第二编 个人平凡到卓越的狼道
脱颖而出的竞争法则

乔治·坎贝尔在18年的生命历程中第一次看见了母亲。她已经62岁了，满脸皱纹。但在乔治看来，她是最笑丽的。

对乔治来说，母亲就是天使，如果没有她的关爱，他是不可能见到光明的。直到今日，他还珍惜他第一次所见到的景象。他从第一次的视觉经历中就学会了珍惜他的视觉。他说："我们没有一个人能理解到视力的奇迹，如果没有视力我们的生活会多么困难。"

乔治绝不会忘记这一天，他在医院病房里看见母亲站在他面前，而不知道她是什么人，直到听见她说话的声音时才明白。乔治说："我们所看见的东西总是心理的翻译，我们必须训练心理以翻译我们所看到的东西。"

善于观察生活的人并不多，也就是说有许多人并没有把通过眼睛传给大脑的信心加以滤清。结果就不能彻底认识事物，也就不能完全领会它的意义。所以，我们要学会观察。

善于观察就会发现成功的契机。在观察的过程中，你既要看得远，又不要忽视近处。一个人懂得如何直接观察在他面前的东西，是有巨大好处的。例如，在美国西北部蒙大拿州西部边境比特鲁特山区的达比镇，人们多年来都习惯于仰望那座晶山。晶山之所以得到这个名称，是因为它被侵蚀已暴露出一条凸出的狭窄部分，这部分是微微发光的晶体，看上去有点像岩。早在1937年这里就修建了穿越这里的铁道。但是一直到1951年，从来没有一个人捡起一块发亮的矿石仔细观察一下。

1951年，达比镇的两个青年克利和汤普森，在镇上的矿物展上，看到了用于原子能研究的铍矿。两个人立刻来到晶山，采样送到矿物局要求检验分析，在确定了是极有价值的铍矿之后，他

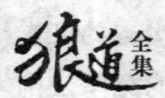
成就个人、团队、企业的铁血定律

们俩买下了矿山的所有权。现在已开始大量开采，山脚下等待着手持支票的美国钢铁公司和美国政府的代表。这里被确认为是世界上最大的铍矿储藏地之一。这一切都仅仅是由于两个青年不仅用他们的生理眼睛去观察，而且不怕麻烦，还用他们的心里眼睛去思考的结果。

"知识就是力量！"有了知识，可以改变你的一生。那么，我们应该怎样去得到知识呢？那就是学习，坚持不断地学习。人的一切知识都是从观察学习中得到的。一个人从出生到这个世界上就开始学习，学习说话，学习走路，学习做事，学习一切。如果不学习，我们就不可能成为一个健全的人。歌德曾经说过："人不是靠他生下来拥有一切的，而是靠他从学习中得到的…切来造就自己。"

在历史上或者我们的身边，有许多人由于各种条件的限制，没有接受过高等教育，有些人甚至连最基本的教育都没有。但他们通过对生活的观察，不断地自觉学习，最终成为某方面的权威或有影响的人物。

其实，人的一生就是一个学习的过程。即使没有意识到，你也是一直在生活中、在工作中学习。但这种被动学习效果肯定不会明显。如果你自己有这方面的意识，激发自己的潜能，不断地像狼一样从各种事物中学习，你就能保持强大的竞争力。

7. 养成积极心态，不断激励自己

激励就是鼓舞人做出抉择并实行之。能够激励你的东西，也同样能够激励别人；能够激励别人的东西，同样也可激励你。为了激励自己，你要努力学习激励别人的原则；为了激励别人，你又要努力了解激励自己的原则。养成了用积极的心态激励自己的

第二编 个人平凡到卓越的狼道
脱颖而出的竞争法则

习惯,你就能把握自己的命运。

有一个成功的化妆品制造商,他在65岁的时候退休了。此后,每年他的朋友们都给他举行生日宴会。每逢此时,他们都请他讲述他的成功秘诀,但他每次都是笑而不答。

直到他75岁生日时,当他的朋友们半开玩笑、半认真地再次提出这个要求时,他才说:"你们这些年真是对我再好不过了。现在我该告诉你们我的成功奥秘。你们知道,除去别的化妆品制造家所用的成分之外,我又加上了一个神妙的成分。"

"这个神秘的成分是什么?"人们热切地问。

"我从来没有对任何女人说过我的化妆品会使她更美丽,但是我总给予她们这种希望。"

他的神妙成分就是希望!

希望就是一个人所怀抱的愿望,盼望得到他所想得到的东西,并且相信自己能够得到。一个人对自己所希望的东西能够有意识地做出反应。

为了实现自己的希望,就得采取相应的行动,每种思想和每个行动的背后都有一定的动机。没有动机的行为是不存在的。人们做事的动机不外是:考虑到自我保护,为了爱,避免恐惧,为了性的要求,谋求身心的自由,获得物质财富等等。

成功的关键是自我激励,灵魂期待什么,即能做成什么。人们心中的希望与理想梦幻相比,常常更具有价值。希望常常是本来事实的预言,更是人们做事的指导。希望能衡量人们目标的高低,效能的多少。

有许多人容许自己的希望慢慢地淡漠下去,这是因为他们不懂得,坚持着自己的希望就能增加自己的力量,就能实现自己的梦想。希望具有鼓舞人心的创造性力量,它鼓励人们去尽力完成自己所要从事的事业。希望能增加人们的才干,使一切梦幻化为

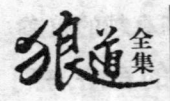
成就个人、团队、企业的铁血定律

现实。

对人来说,最宝贵的希望,就是希望有完善的人格。树立希望之后,人的思想和情感便会变得坚定不移。因此,每个人都应有高尚的目标和积极的思想。积极进取的思想,足以改进人的希望,使人尽量发挥他的才干,达到最高的境界。希望是成功之母,不论是希望有健康的身体、高尚的品格,还是巨大的成功,只要方法得当,尽力去做,便有实现的可能。

一个人有希望,再加上坚忍不拔的决心,就会产生创造的能力。一个人有希望,再加上持之以恒的努力,就会达到希望的目的。有了希望,如果没有决心和努力的配合,对希望漠然视之,那么即使是再宏大美好的希望也会化为泡影。

人的希望对于造就人生的大厦,往往具有惊人的力量。一颗充满希望的心灵,具有极大的创造力,这种创造力会实现人的理想。希望和期待会使人们的潜能充分地发挥出来,希望和期待会唤醒我们隐伏的力量。每个人都应该坚信自己所希望和期待的事情能够实现,千万不可有所怀疑。

有效地激励别人是非常重要的。人在一生中都要起着双重的作用,你激励别人,别人也激励你。父母经常激励孩子,教师经常激励学生。相信一个人,对他有信心,再加以激励,使他发挥出巨大的潜能,他就会成功。

卡尔小的时候,被认为是一个坏孩子,无论出了什么事,大家都会怀疑是他干的,他的父兄也是这么看待的。卡尔母亲死后。他父亲又娶了后妻,卡尔认为她是不可能对自己好的。当她来到卡尔家时,卡尔父亲向她介绍说卡尔是兄弟中最坏的一个孩子。

卡尔绝不会忘记他的继母是怎样对待他这句话的.

第二编 个人平凡到卓越的狼道
脱颖而出的竞争法则

她把她的双手放到卡尔的两肩上，两眼炯炯有光地盯着卡尔的眼睛，这使卡尔意识到她是一个可亲的人。她说："这是最坏的孩子？不可能，他恰恰是这些孩子中最伶俐的一个，而我们所要做的一切，无非是把他所具有的伶俐品质发挥出来。"

卡尔的继母总是鼓励卡尔依靠自身的力量，制订大胆的计划，坚毅地前进。后来证明这一切就是卡尔的事业的支柱。卡尔永远不会忘记她的教诲："当你去激励别人的时候，你要使他们有自信心。"

卡尔的继母造就了卡尔。她的深沉的爱和不可动摇的信心，激励着卡尔努力成为一个有用的人。

这就是说，当你对别人抱有信心时，再用积极的方法激励他，他就会成功。

8. 靠热忱产生强大能量

拥有狼一样的不懈的追求、热忱是非常重要的。

热忱是什么？热忱就是将内心的感觉表现出来，挖掘人们对讨论自己感兴趣的问题的兴趣，并打动人们的内心世界。

"热忱可以融化一切。热忱源自于内心，它不是虚伪的表象。热忱使人充满着魅力和感染力。在一个积极有力的人面前，纵然是坚冰也不再冷漠。"

实际上，热忱与内在精神的涵义基本上是一致的。一个真正对生活热忱的人，他内心的光辉熠熠生辉，一种炙热的精神本质就会深深地根植于人的内在思想中。

无论是谁心中都会有一些热忱，而那些渴望成功的人们的内心世界更像火焰一样熊熊燃烧，这种热忱实际上是一种可贵的能量。用你的火焰去点燃别人内心热忱的火种，那么你又向成功迈进了一大步。

爱默生说："有史以来，没有任何一件伟大的事业不是因为热忱而成功的。"这是迈向成功的路标。培养并发挥热忱的特性，我们就可以对我们所做的每件事情，加上火花和趣味。一个热忱的人，无论是在耕作，或者经营大公司，都会认为自己的工作是一项神圣的天职，并怀着浓厚的兴趣。对自己的工作热忱的人，不论工作有多少困难，或需要多少的努力，始终会用不急不躁的态度去进行。只要抱着这种态度，任何人一定会成功，一定会达到目标。

热忱是行动的主要推动力。我们来看看关于拿破仑的这段文字。

拿破仑离开巴黎就职后，得到的是3.8万名士气沮丧、饥饿、贫困、缺少武器弹药的流浪汉，被人戏称为乞丐部队。其实这根本就是政客们玩的把戏——为了把拿破仑从巴黎调开而安排的职务。

1796年4月10日，真正考验拿破仑的时刻来临了。

拿破仑于展开攻击前，在阿尔兵格对士兵发表演说，鼓动士兵进攻，并许诺攻击成功后任由士兵拿取战利品。所有的金银财宝都是部队的军饷。这振奋了全体士兵的士气。据说，日后晋升为元帅的兰奴等有为青年军官听了这段话后都想除了追随拿破仑外，没有其他途径可以达成梦想的荣耀了。

拿破仑靠许诺允许士兵搜刮占领区物资的办法，把军队缺乏

 第二编 个人平凡到卓越的狼道
脱颖而出的竞争法则

粮饷的问题解决了。派遣军队就地搜集粮草、衣物等物资解决了当时缺少粮食等迫切问题,为军队注入了活力,凭其卓越的领导才能使它变成一支百战百胜的部队。

拿破仑实现了诺言,法军士兵在占领区内可以任意妄为,每一个人都填包了肚子,基本上配齐了火枪。抢掠物资并没有削弱这支部队的战斗力,反而因此为拿破仑在士兵中建立了威信,拿破仑能更好地指挥这只贪婪的部队。

拿破仑的鼓动演说,使他的"乞丐部队"所向披靡。他所倚靠的就是最大限度地发挥他部下的热忱(\ 热忱可以使人释放出巨大的能量。

热忱并不是一个空洞的名词,它是一种重要的力量,你可以予以利用,使自己获得好处。没有了它,你就像一个已经没有电的电池。热忱是股伟大的力量,你可以利用它来补充你身体的精力,并发展成一种坚强的个性。

一个人的成功因素很多,而居于这些首位的就是热忱。没有足够的热忱,不论你有什么样的能力,都是不能充分发挥的。热忱是出自内心的兴奋,然后散布充满到整个人的肌体。热忱就是一种炙热的、精神的特质深存在一个人的内心。

每一个成功的人士,都有一种疯狂工作的热情,这种热情就是他内心热忱的巨大迸发。这种热情也是你成功和成就的源泉。你的意志力、追求成功的热情愈强,成功的几率也就会愈大。热情很多时候也是一种状态,一种潜意识,如果能发挥出你的潜在意识,即使你是一个普通人,你也能创造奇迹。

一个真正充满热忱的人,你就可以从他的眼神里,从他勤快的步伐里看出来,还可以从他全身的活力中看出来。热忱可以改变一个人对他人、对工作的态度。热忱可以使一个人更加喜爱人生。热忱是假装不出来的。两个奋斗的人,最终一个成功,而另

一个失败。最大的原因是一个人具有了真正的热忱，而另外一个人则是假装的。不但如此，热忱还可以使一个人走出浑浑噩噩的消极状态，奋发做事。

热忱是工作的灵魂，甚至就是生活本身。年轻人如果不能从每天的工作中找到乐趣，仅仅是因为要生存才不得不从事工作，仅仅是为了生存才不得不完成职责，这样的人注定是要失败的。

热忱是战胜所有困难的强大力量，它使你保持清醒，使你全身所有的神经都处于兴奋状态，促使你进行你内心渴望的事；它不能容忍任何有碍于实现既定目标的干扰。

热忱，是取得所有伟大成就的过程中最具有活力的因素。它融入了每一项发明、每一幅书画、每一尊雕塑、每一首伟大的诗、每一部让世人惊叹的小说或文章当中。

成功与其说是取决于人的才能，不如说取决于人的热忱。

就像美一样，源源不断的热忱，使你永葆青春，让你的心中永远充满阳光。记得有两位伟人如此警告说："请用你的所有，换取对这个世界的理解。"我要这样说："请用你的所有，换取满腔的热情。"

有热忱，你就会变得很强大。

9. 以游戏的心态让自己快乐起来

狼的身上始终保持着一种旺盛的精力，它们对生活充满着活力。它们每天总会抽出一点时间来做游戏，它们以游戏这种方式，来使自己快乐地生活，同时游戏也能促进它们的沟通、团结合作以及捕猎方面的技能，更能让它们很好地控制自己的情绪，不论处于什么样的环境中，它们都能笑对生活。

狼明白，游戏并非只是生活的副产品，而是生存的理由。不

第二编 个人平凡到卓越的狼道
脱颖而出的竞争法则

论年纪多大,狼对游戏的热爱从未枯竭。

同理,无法控制自己情绪的人是不会有成就的,最终只能被自己的情绪所淹没和吞噬。只有学会控制自己的情绪,每天精神饱满,你才会拥有欢乐、喜悦,才能掌握自己的命运。

现代人的生活节奏越来越快,内容也越来越丰富,人们每天所面对的人和事也越来越多。人和人不一样,事和事也不一样,这决定了人们须以不同的方式和心态来适应。

如何才能做到这一点呢?只有在内心深处保留一块平静而独立的空间,以"不变"应"万变",并进行适当的情绪调控才是最好的策略。

怎样才能有一个好心情,以便使每天的工作和生活卓有成效呢?除非心平气和,否则迎来的又将是失败的一天。花草树木,随着气候的变化而生长,你要为自己创造"气候晴雨表",要学会用自己的心灵弥补气候的不足。如果你为他人带来风雨、忧郁、黑暗和悲观,那么他们也会报以风雨、忧郁、黑暗和悲观。相反的,如果你为他人献上欢乐、喜悦、光明和笑声,他人也会报以欢乐、喜悦、光明和笑声,你就能获得事业上的丰收,赚取成功的财富。

怎样才能让每天都保持情绪饱满?你要掌握这个永远颠扑不破的真理:弱者让情绪控制行为,强者让行为控制情绪。每天醒来当你被悲伤、自怜、失败的情绪包围时,就这样与之对抗:

沮丧时,引吭高歌;悲伤时,开怀大笑;苦闷时,加倍工作;恐惧时,勇往直前;自卑时,换上新装;低沉时,提高噪音;穷困潦倒时,想像未来的富有;力不从心时,回想过去的成功;自轻自贱时,想想自己的目标;自高自大时,追寻失败的记忆;纵情享受时,记得挨饿的日子;洋洋得意时,想想竞争的对手;沾沾自喜时,不忘那忍辱的时刻;自以为是时,看看自己能否让风留步；腰缠万贯时，想想食不果腹的时刻；骄傲自满时，想到自己怯懦的时候；不可一世时，抬头仰望群星。

有了这些，你不仅能控制自己的情绪，而且也更能体察别人的情绪。即使面对怒气冲冲的人，你也能用宽容之心相待，因为他尚未懂得控制自己的情绪，你更相信明天他会改变，重新变得随和。

你从此也会领悟到人类情绪变化的奥秘。对于自己千变万化的个性，你不要听之任之，因为你已经知道，只有积极主动地控制情绪，才能掌握自己的命运。

能够控制自己情绪的人是快乐的。快乐的人知道，快乐是人生最重要的价值，也是一种生活的态度；而那些经常抱怨生活，或者活在痛苦边缘的人，他们羡慕别人的快乐，也希望自己活出快乐，但他们总是跨不进那扇快乐之门。

很多人一生只热衷于追求财富、权势、名誉，而很少听人这样说："我一生都在追求快乐。"因为，一般人总是相信，当他们得到财、权、名、利之后，快乐就随之而来了。不过，等到他们耗费毕生力气追到手之后才恍然大悟，快乐非但没有来，反而换来了痛苦。

要追求快乐的生活，看似容易，却需要相当的智慧。其实，快乐和痛苦，纯粹是由自己造成的。善于发现快乐的人，他们在生活中随时都能找到快乐的种子。而那些整天忧愁的人，他们身边尽管有许多快乐，但却视而不见。如果说，发现快乐需要智慧的话，忧愁者所缺乏的就是这种在平凡生活中发现快乐的智慧。

不快乐的人不仅自己忧愁苦闷，而且常常会带给别人压力，他们经常抱怨这个，抱怨那个。但说来也奇怪，不快乐的人通常不会承认"我不快乐"。

快乐确实需要智慧。快乐的人活得都很有味道，很潇洒，也

第二编 个人平凡到卓越的狼道
脱颖而出的竞争法则

很豁达。他们领悟到生命的无常，不知灾难何时突然降临，惟有保持豁达才能从容应付。

很多不快乐的人，他们痛苦的来源是因为"把自己摆错了位置"快乐的人非常清楚如何安排生活，不快乐的人，每天睁开眼睛总是怀疑地自问："我究竟要干什么？"

我们周围有很多人，当他们下了班之后，就像个泄了气的皮球，整个人瘫坐在电视前面，要不就是酗酒、豪赌，生活得很无奈。这种人一定是摆错了位置，他可能想赚更多的钱，想得到更高的职位，或者有更多的欲望，由于不知道割舍，想要的太多，结果反而掉进痛苦的深渊。

快乐，其实就是一种生活的态度。假使一个人一辈子有钱、有权、有名，却没有快乐，仍旧只能算是虚度此生。

我们常常感叹人生的无奈，总是有牵扯不完的琐事，不是担心这个，就是担心那个。在短暂的生命中，每个人应该让快乐陪自己走过人生，这种快乐就存在于人们为达到目标的奋斗之中。

10. 笑对困难和挫折

前面我们已经讲了狼捕猎的成功率极低，大约10次狩猎，只有一次成功。狼的可贵之处就在于：虽然10次狩猎中9次毫无结果，这并不会让它们沮丧、失去斗志，或者耽误下一次尝试，因为它们知道在第10次、第11次甚至第12次，胜利终将来临。

狼面对挫折决不会倦怠、屈服或沮丧。每一只狼都明白，自己究竟是一个胜利者，还是一个失败者，并不在于它是否一时狩猎取得了成功或遭到了失败。成功者，不管是否成功，都表现出胜利者的姿态。

失败和错误是我们生活中的一个组成部分，是有所进取、求

成就个人、团队、企业的铁血定律

变创新和参与竞争过程中一个正常的组成部分,只要你进取,你必然会有失误;只要你还健康地活着,就绝不是彻底的失败者!失败有什么可怕呢?物竞天择,优胜劣汰,在这个天平上,失败总是倾斜于害怕失败的人。

人生在世,总会有几起几落。在我们前进的道路上,挫折和失败在所难免。

少年朋友学骑车、练游泳,往往摔跤、喝水;青年学生高考落榜,失去上大学的机会;辛勤创业者,盖起房屋却被洪水冲垮;商海弄潮儿,想赚钱反倒蚀了本;爱情出现风波,心上人移情别恋;朋友发生误会,友谊蒙上阴影……凡此种种,都是一种挫折和失败。只要有人类存在,就一定有挫折和失败存在。

挫折和顺利,失败和成功,都是完整人生不可缺少的组成部分。它们之间,相反相成,互相转化。顺利往往伴随挫折而来,成功常常在失败中诞生。无数事实证明,挫折和失败是成功之母。

伟大的科学家爱因斯坦在小学读书时,同学们都骂他是"笨蛋"。有一天上手工课,老师从学生做的一大堆泥子、布娃娃、蜡水果等作品中拿出一只很不像样的小木板凳,气愤地问:"你们谁见过这么糟糕的板凳?我想,世界上不会有比这更坏的凳子了。"

爱因斯坦回答:"有的。"接着他从书桌里拿出两只更不像样的凳子说:"这是我第一次和第二次做的。现在交给老师的是第三次制成的,它并不使人满意,但总比这两只强些吧!"

19世纪法国著名小说家莫泊桑初学写作时,把习作送给当时著名作家福楼拜看,由于质量不高,福楼拜不客气地要他把它烧掉,并劝他踏踏实实地从学习观察社会的基本功做起。莫泊桑经过长期坚持不懈的努力,终于成为短篇小说大师。

第二编 个人平凡到卓越的狼道
脱颖而出的竞争法则

罗曼·罗兰是18世纪著名作家、音乐家、社会活动家。他写完第一篇小说《童年的恋爱》，送给当时一位权威批评家看时，也遭到否定。虽然他一时气得把原稿撕得粉碎，但他并没有灰心，继续坚持写作，终于成为世界闻名的大作家。

挫折和失败，都是成功道路上不可或缺的伴侣。人，不经磨练不成才；事，不历坎坷难成正果。一切挫折和失败，都为崛起提供了不可多得的思考和契机。一位作家说："对苦难的一次承担，就是自我精神的一次壮大。"

每一位有识之士、有志之士，都不应在挫折和失败面前逃遁、沉沦，而应在挫折和失败中崛起、抗争。在挫折和失败中自强不息，这是促使人的精神走向理性、走向成熟的条件之一。

挫折和失败不仅是人的生命中不可回避、必然出现的组成部分，而且，由于它的出现可能使人的生命更加绚丽多姿。人们常说，无限风光在险峰，动人的音乐多为悲凉的韵调。的确，生命似洪水奔流，若一马平川，水势必然平缓，只有遇到岛屿和暗礁，生命之水才能激起美丽的浪花。

应该怎样看待挫折，怎样去面对挫折呢？

"自古英雄多磨难"。历史上许多仁人志士都是在与挫折斗争中做出了不平凡的业绩。司马迁在遭受宫刑之后，发愤著书，写出了被鲁迅誉为"史家之绝唱，无韵之离骚"的名著《史记》。

音乐家贝多芬，一生遭遇的挫折是难以形容的。他17岁失去母亲，32岁耳聋，接着又陷入了失恋的痛苦之中。对一个音乐家来说，这些打击是多么的大啊！可贝多芬不消沉、不气馁。他在一封信中写道："我要扼住命运的咽喉，它妄想使我屈服，这绝对办不到。"他始终顽强地生活，艰难地创作，成为世界上不朽的音乐家。

挫折虽给人带来痛苦，但它往往可以磨炼人的意志，激发人

的斗志；可以使人学会思考，调整行为，以更佳的方式去实现自己的目的，成就辉煌的事业。科学家贝佛里奇说："人们出色的工作往往是在处于逆境的情况下做出的。"因此可以说，挫折是造就人才的一种特殊环境。

当然，挫折并不能自发地造就人才，也不是所有经历挫折的人都能有所作为。法国作家巴尔扎克说："挫折就像一块石头，对于弱者来说是绊脚石，让你怯步不前；而对于强者来说却是垫脚石，使你站得更高。"只有抱着崇高的生活目的，树立崇高人生理想，并自觉地在挫折中磨炼，在挫折中奋起，在挫折中追求的人，才有希望成为生活的强者。

挫折是我们最挑剔的朋友，它时时刻刻都在准备与你翻脸。但是不管怎么说，它最终还是你的朋友，当你真正接纳了它并且决心战胜它的时候，你就会发现原来它也挺忠诚的。

挫折又是一剂良药，它有着"良药苦口利于病"的功效。你也许遇到过什么重大挫折，那时你会很悲伤，但你是否觉得软弱不是办法。这时你就应该抬起头来，向生活挑战，你会惊讶地发现，挫折不过如此。

有的人遇到挫折就害怕了，就灰心了，就被那一张吓人的面孔吓退了；有的人却能不畏失败，知难而进，经过努力而站在成功的终点线上。于是，一种人在消极中堕落，脆弱得经不起考验；另一种人像狼一样在困境中奋进，坚强地面对所有的挫折，最终战胜挫折。

每个人都曾经被挫折吓倒过。也许在生活中的某时，你会被许多小小挫折而搅得惶惶不可终日。或许因为学习中某一道难题而费尽思量，结果就气得丢掉了这令人头疼的难题，回避了一次挫折，但尽管是回避了，你仍然没能把那道难题解出来，仍然背负着一个错误而不曾战胜挫折啊！

第二编 个人平凡到卓越的狼道
脱颖而出的竞争法则

有一位青年,因为工作不顺利,而闷闷不乐,面对挫折而消极处世。不久,他的领导就不再重用他了,时间长了他的领导就想辞退他,然而他却依然不思进取,终于在某一天被一脚踢出了单位,遭到淘汰的厄运,丢了一份还算可以的工作!

如果你是这个青年,你会怎么做呢?成功往往在战胜挫折之后的1/10秒钟内出现。如果你能够像狼一样屡败屡战,你将是一个自己都认为是光荣的人。

有一些人在受挫折时总编造出一点理由,为自己开脱,这就像"技术差的厨师,总说炉火不好使"一样,没有真正认识到自己本身的不足之处,而怪条件不好。

对于挫折只能去面对它,正视它,坚持自己心中必胜的信念,相信这些挫折不算什么,再大的险阻困难也能承受。君不见历史上的名人志士哪一个没有在自己的生命之旅中受过挫折?正所谓:"不经一番寒彻骨,怎得梅花扑鼻香?"只要能坚定信念,勇敢去挑战挫折,就可以拨云见日,踏上成功的大道。

只有那些经不起风浪、不敢接受挑战的人,才会被挫折吓倒。对于真正心中充满了热情、怀有坚定信仰的人,挫折不过是一顿午饭中吃出来的一粒小石子,第一次咬到时也许是碰痛了牙齿,但只要辨清它的方向,确定它的位置,就可以把它从口中的食物里分离出来,并抛弃它。

挫折其实并不是一件坏事。生活中因为有了它,才煅炼了我们的承受能力,因为有了它才能时刻提醒着你在何处跌倒,就从何处爬起来,继续往前走。这个世界上也并不缺乏因为一个大挫折而成就了一个大人物的故事。一个挫折往往可以使人们从中学到许许多多的东西,明白自己的许多不足。如果成功是一门学科,那么挫折就是一位老师,他善于用反面事例和材料教育人们明白成功的必备条件,从而使人们更好的去获得成功。

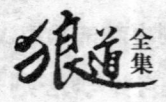

成就个人、团队、企业的铁血定律

通向荣誉的路上,并非铺满鲜花,还潜伏着种种挫折。遇到挫折就勇敢去挑战它吧!记住,挫折并不可怕,可怕的是一个人已经失去了面对挫折的勇气!

11. 有效地管理并束缚梦想

狼族中每一个成员都憧憬着捕俘更大、更多的猎物喜悦,这种冲动激励着狼族永远在为胜利做准备。

狼是富有智慧的,在某些方面甚至比人更强。它们不断地为成功构想更大的蓝图,只要头狼选定了目标,所有的成员便会义无反顾地投入到实现目标的过程中,坚忍不拔地奋斗。

我们要像狼一样,有"狼子野心"。

"狼子野心"是我们行动的动力——为着既定的目标不懈地奋斗。能够当元帅的士兵十分罕见,但拿破仑却有句名言:"不想当元帅的士兵,不是好士兵。"这句话是对士兵的"野心"的最好鼓励和说明。

在世俗观念中,"野心"这个词并不好听,然而许多成功人士都是因为自己有一颗"想当元帅"的"野心"而最后如愿以偿的。如果没有野心,他们照样会流于平庸。其实,野心就是雄心,就是目标,就是方向。

著名黑人领袖马丁·路德金说过:"世界上的每一件事都是人们抱着希望而做成的。"这就是说,人们基于对环境的认识,进而找到自己的目标,为实现目标而导致需要,需要又引起动机。动机也就是野心。人的野心越大,欲望也就愈强烈,目标谋取就愈靠近。正如同弓拉得愈满,箭头就飞得愈远一样。

有了明确的、高远的目标,又有火热的、坚不可摧的实现愿望的力量,必然产生坚决有力的行动。一个人只有不畏困难,不

第二编 个人平凡到卓越的狼道
脱颖而出的竞争法则

轻言失败,信心百倍,朝着既定目标永不回头,才会在有生之年走向成功。实现目标的欲望越强烈,成功的可能性就越大。相反,没有坚不可摧的成功愿望,目标便永远不可能达到。

本侯根是全球最优秀的高尔夫球选手之一。其实,他并没有其他选手那么好的体能,能力上也有一点缺陷,但他在坚毅、决心,特别是追求成功的强烈愿望方面高人一筹。

本侯根有两个职业。他在玩高尔夫球的巅峰时期,不幸遭遇了一场致命的意外。在一个有雾的早晨,他跟太太维拉丽开车在公路上行驶,当他在一个拐弯处调头时,突然看到一辆巴士的车灯。本侯根想这下可惨了,他本能地把身体挡在太太面前来保护她。这个举动反而救了他,因为方向盘深深地嵌入了驾驶座。事后他昏迷不醒,过了好几天才脱离险境。医生们认为他的高尔夫生涯从此结束了,甚至断定他能站起来走路就已经很幸运了。

但是他们并未将本侯根的意志与愿望考虑进去。他刚能站起来走几步,就萌发了重返高尔夫球场的梦想。他不停地练习,以增强臂力,他无论在哪里工作,都保留着高尔夫俱乐部会员的资格。起初他打高尔夫球,还力不从心,总是摇摇摆摆,当他再次回到球场时,也只能在高尔夫球场的轻打区蹒跚而行。后来他稍微能工作、走路,就走到高尔夫球场练习。

最后,当他重新参加比赛时,名次很快地上升。理由很简单,本侯根有必赢的强烈愿意,他知道他又会回到高手竞争之列,他不愿输给他们,他用顽强的意志克服了自己的缺陷。他成功了,而普通人跟成功者的差别也就在于这种野心的大小。

成功与失败之间有时差距很小,一次动摇也许就彻底改变了你的人生,而野心恰恰就是所有成功因素中最重要的一个。

实现"野心",需要我们向前跨出一大步。心里的目标只有大到足以让你的意识与潜意识有反应,并产生足够的力量,才能将心中的想法付诸实践。

你若在心中大大地张开梦想的翅膀的话,你的人生的收获就会更多。也就是说,你只有拥有了很大的目标,才能够得到更大的成功。

三洋电机公司的创始者井植几男,最初就是凭着一种野心来把他的新公司的名字叫做"三洋"的。

起初,这家小作坊式的公司规模小得可怜,主要是制作并销售自行车灯。但井植却说:"我认为名字越大越好,就像能卖到太平洋、大西洋、印度洋各大洋国家一样,所以我才把它命名为'三洋'。"

同时他在创业当时的第一次训话中,也曾经说过:"今天,我们的三洋电机公司就要创业了,我们的总人数虽然只有20人,可是我们的前途却像大洋一般宏大。在这里所制造的脚踏车自动发电灯,不久的将来可以卖出200万个。不!现在世界人口有27亿,其中使用脚踏车的人大约10亿,这10亿人的一半,也就是5亿人,我们来让他们使用本公司出产的灯吧!"

像这个大宣言一样,三洋电机在开始时,资金只有120万日元,总人数只有20名。但不久,三洋电机就茁壮地成长起来了,在激烈的家电业竞争中,开辟出了属于自己的道路。

日本的丰臣秀吉在刚刚走上成功阶梯以前,曾经让人看了自己的手相,那人说:"你的手相不太好,不能成功。"他非常生气,拿出刀来把自己的手掌很快划了几刀,说:"这样如何?"

像这样用刀把自己的"命运线"改掉,充分表现了丰臣秀吉少年时代就抱着很大的野心。

第二编 个人平凡到卓越的狼道
脱颖而出的竞争法则

丰臣秀吉是一个从童仆而成功地得到当时日本天下的男人。

他起先在松下氏那里工作,后来又换到信长那里做事。

他专门替信长提草鞋,身份相当卑微,可是他很想接近将来可能很有希望的信长,因此,不管什么事都能做得很好。

果然不出他所料,后来,丰臣秀吉就断断续续地往成功的阶梯爬上去了。

还在青年时代,金泳三就在屋子里挂着一张醒目的横幅:"金泳三——未来的总统。"

这是金泳三的梦想和野心。

1992年12月18日韩国进行的第14届总统选举,执政的民自党候选人金泳三战胜在野的民主党候选人金大中、统一国民党候选人郑周永,成为韩国历史上首位文人出身的总统。金泳三在2月25日卢泰愚任期届满后,即入主青瓦台履行总统职务。

金泳三1927年12月27日出生于庆尚南道巨济郡,父亲是一家海运和渔业公司的老板。他一生坎坷,但他永不放弃、矢志不渝。

65岁时,金泳三终于实现了自己的夙愿。

金泳三在"野心"的驱动下的人生之路给了我们多少启示呢?也许每个人都会从中引发出不同的感悟和理解。

在竞争激烈的今天,对于我们来说,没有野心,就没有卓越的成就。为了衡量任何一项变革创新的成功几率,我们的野心越大,就越有可能成功。每一个伟大的成功者都起步于一个伟大的梦想。野心勃勃的愿望,不仅仅可以创造出你非凡的能力,同时也提供_『激励他人的能量与灵感。描绘一个梦想,并将他人凝聚于这个梦想周围——正是"野心"的精髓。

成功者还要与一些和野心相伴的冲动——狂妄与贪婪——斗争。例如:很多有名望的百万富翁被互联网创业公司所吸引。他

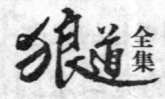

们当中的很多人是真的想改变世界；但是也有一些人，完全以互联网所带来的金钱价值来衡量自己的目标。然而，没有一个成功的人是建立在自大与贪婪之上的。

伟大的成功者能够学会通过自我反思来调整自己的野心。他们保持对价值观的真诚，透彻地了解世界和自身，有效地管理束缚实现梦想的资源——时间、才华和动力。

12. 从细处认真做好每一件事

你或许会认为自己太差劲，能成就一番事业的机会和概率微乎其微。但是，问题的关键并不在于你现在的地位是多么的卑微，或者从事的工作是多么微不足道，只要你能像狼一样具有强大的自驱力，只要你能像狼一样不局限于狭小的圈子，只要你能像狼一样渴望着捕猎成功，只要你能像狼一样顽强，并愿意为此付出艰辛的努力，那么任何障碍都阻挡不了你成功的步伐。

积沙成塔，集腋成裘。生命不是短程赛跑，没有人能一朝一夕就能成功的，就像野地里的百合花不会提前绽放。哪一座金字塔能用一块石头在一朝一夕砌成？哪种伤口不是渐渐复合痊愈呢？如果你能倾注你所有的力量，没有任何一条路会显得太遥远。正如胚芽通过力量的积蓄最终钻出地面一样，竹子需要在地下长四年才长到地面上，然后又通过几年，才能成为有用之竹。你必须通过持之以恒的努力逐渐地远离平庸，才能拥有辉煌而壮丽的人生。

马丁·路德·金说："如果一个人是清洁工，那么他就应该像米开朗基罗绘画、贝多芬谱曲、莎士比亚写诗那样，以同样的心情来打扫街道。他的工作如此出色，以至于天空和大地的居民都会对他注目赞美：瞧，这儿有一位伟大的清洁工，他的活儿干

 第二编 个人平凡到卓越的狼道
脱颖而出的竞争法则

得真是无与伦比!"

桑布恩先生是一位职业演讲家,曾经有一位优秀的邮差(弗雷德)给他提供了最好的服务。在全国各地举行的演讲与座谈会上,他都拿出这位邮差的故事与听众一起分享。

"我的名字是弗雷德,是这里的邮差。我顺道来看看,向你表示欢迎,介绍一下我自己,同时也希望能对你有所了解,比如你所从事的行业。"

弗雷德中等身材,蓄着一撮小胡子,相貌很普通,尽管外貌没有任何出奇之处,他的真诚和热情通过自我介绍溢于言表。

桑布恩收了一辈子邮件,还从来没有见过邮差做这样的自我介绍,这使他心中顿感温暖。

当弗雷德得知桑布恩是个职业演说家的时候,弗雷德希望最好能知道桑布恩先生的日程表,以便桑布恩不在家的时候可以把信件暂时代为保管。

桑布恩先生表示没必要这么麻烦,只要把信放进房前的邮箱里就好。但弗雷德提醒有:"窃贼会经常窥探住户的邮箱,如果他们发现邮箱是满的,就表明主人不在家,他们就可能为所欲为了。"

所以弗雷德建议只要邮箱的盖子还能盖,他就把信放在那里,别人不会看出桑布恩不在家。塞不进邮箱的邮件,他就把信件搁在房门和屏栅门之间,从外面看不见。如果房门和屏栅门之间也放满了,他就把剩下的信留着,等桑布恩回来。

弗雷德的故事,曾经打动了一个灰心丧气、一直得不到老板

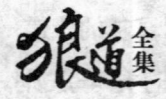

赏识的员工。他在给弗雷德的信中表示，他的榜样鼓励了自己"坚持不懈"，做他心里认为正确的事，而不计较是否能得到承认和回报。

我们相信，在任何一个行业和领域里，每一个人的奋斗目标都应该是杰出和优秀的。

有很多人认为，自己做的是一些琐碎的工作，没有必要那么认真。其实不要小看它们，更不要敷衍了事，因为人们是通过你所做的每一件事来评价你的。如果连小事都做得很潦草，别人还怎么敢把大事交给你呢？

认真去对待生活中的每一件事，是使一个人出类拔萃的关键要素之一。

第二编 个人平凡到卓越的狼道
脱颖而出的竞争法则

第二章 拥有狼一样的坚强个性

世间之人，个性各有不同。有的人活泼，有的人孤僻，有的人高傲，有的人谦卑……但是没有两个人的个性会是完全一样的，一百个人就会有一百种不一样的个性。不同的个性可以决定不同的人生。个性可以决定你命运，你拥有什么样的个性，就会拥有什么样的人生。就如狼一样，因为其个性，才决定了其在自然界中不被淘汰。

1. 钢铁般的意志与毅力

在狼的生命里，它们拥有无可比拟的坚毅的性格，可以让它们在生存时对抗所有的强敌，当我们的社会越来越富有，人们可以更容易地得到想要的东西时，坚毅特质是否受到了应有的重视和评价？坚毅对我们来说是否还重要？

柏拉图曾经说过："成功的惟一秘诀，就是要坚持到最后一分钟。"好比长途赛跑，最费力的并不是开始的第一步，而是迈向终点的最后一步。毅力，就是恒心的体现。一个没有毅力的人，是不能成大器的。

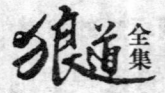

成就个人、团队、企业的铁血定律

一个有成就的人,谁不是具有坚强意志与毅力的人呢?大凡做出贡献的人,都是执着一念的人。开普勒研究苯环的结构形状,久久不能得出结果。后来,他在梦中得到了答案。你看,他的毅力多强,竟能在梦中也念念不忘自己的任务。众所周知的居里夫人,从几百吨的矿石中提炼出几克铀来。没有毅力,怎么能做得到呢?马克思写《资本论》,40年如一日,以至在大英博物馆里,他曾经坐过的座位下,留下两个深深的脚印。如果他没有毅力,怎么能做到这等地步呢?

方向确定了,那么事业的成功,关键在于恒心与毅力的有无了。时时刻刻想到自己的目的,时时刻刻总结自己的行径,久而久之,就可以超越自我了。

世界上最伟大的科学家之一爱因斯坦,在物理学上为人类做出无与伦比的巨大贡献的同时,还为我们人类留下了重要的启迪。

爱因斯坦在成年之前,曾被一串串难听的绰号穷追不舍,人们都认为他愚钝不堪。然而当他长大后发现了相对论,成为世界级伟人时,人们又将他的成功归结于他有一颗绝顶聪明的头脑,以至于在他死后,人们不惜将他身首异处,把他的头脑留在世间保护起来进行各种研究。研究来研究去,也研究不出个结果。倒是爱因斯坦自己早就根据自己的成功经验说出了成功的真谛:"钢铁般的意志比智慧和博学更重要。"爱因斯坦所说的成功真谛不仅是他自身经验的总结,并且已经得到了科学研究的充分证明。

人与人之间、弱者与强者之间、大人物与小人物之间,最大的差异就在于意志的力量,即所向无敌的决心。一个目标一旦确立,那么,不在奋斗中死亡,就在奋斗中成功。具备了这种品质,你就能做成在这个世界上可以做的任何事情。否则,不管你具有

第二编 个人平凡到卓越的狼道
脱颖而出的竞争法则

怎样的才华,不管你身处怎样的环境,不管你拥有怎样的机遇,你都不能成为一个真正成功的人。

有没有毅力是决定人生半途而废或实现理想的分水岭。成功的人都有坚定的毅力,绝小半途而废。当他们设定某个目标时,一定会贯彻始终,不达目的绝不轻言放弃。这种毅力来自于坚强的意志力,他们的人生格言就是:"为了实现理想,决不放弃!"

没错,每一个人在人生旅途上,都有倒霉的时候,都有遇到挫折和打击的时候。这时,似乎诸事不顺,做什么都不对,好像全世界都合起来和你作对……但这也正足你发挥意志力迎接打击,强迫自己往前冲的时候。

很多成功者都有过失去机会、丢掉饭碗,甚至被爱侣抛弃的时候,但正是因为有过这么多波折,他们的毅力与意志才会像钢铁般坚强,他们咬着牙活下来,靠着一种顽强的意志支撑着自己走过人生最难过的关隘,最终攀到了人生的高峰。

杰西卡·萨维奇是美国著名的电视新闻主持人,因表现出色而被誉为"全国广播公司的黄金女郎"。

当年,她在广播公司是从地位很低的杂工做起的。当时,在办公室里,别人想喝咖啡或是需要什么东西,都由她去取。她要走上通向全国知名人士的道路,必须设法渡过许许多多难关。

她在面对新的挑战时是这样想的:"如果必须去干艰难的事,我就冲上前去,因为我不能够后退。我曾经灰心过,但是,每当我感到泄气的时候就想:我别无选择,惟有继续努力,如果我退缩的话.是无路可走的。既然选上这一行,就要干得像个样子,如果我倒下去,没有人会拉我。我不能回到家里对家人说照顾照顾我

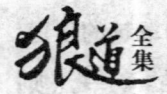成就个人、团队、企业的铁血定律

吧'也不能对丈夫说'帮帮我的忙吧'！所以必须坚持下去。"

杰西卡的经历告诉我们，不要给自己留下一条退路，除了成功之外，别无选择。人生不如意的事常有，谁都难免有跌落谷底的时候，经历一次失败，不代表一个人一生会满盘皆输。自己要是被失败打倒，就会觉得放弃是最简单的做法。但自己如果放弃了，成功就会永远与你失之交臂，没有挑战的人生还有什么乐趣可言？

每当遇到失败的时候，万万不可一蹶不振，而是应该以更坚强的毅力重返战场。放弃只是脱身的方便之道，但它不是成功的路径。有一句名言："如果没有你可以倒下的地方，你就不会摔跟头。"仔细观察你就会发现，绝大多数有成就的人在生活中都是这样的——不肯后退。

人生中，什么都可以失去，但坚强的毅力绝不可以丢弃。一旦失去了毅力，一个人就真的一无所有、一事无成了。

2. 永不服输地发起挑战

狼经历了各种磨难——恶劣的气候，残酷的生存竞争环境，但也恰恰是这种种磨难，狼才有了永不服输的精神，才敢于向强大的敌人挑战。

在人生的道路上，存在着各种风险与挑战，同时又隐藏着各种机遇。我们每个人都不可避免地在人生道路上艰难地跋涉，有失败，也有成功。人生的胜利不在于一时的得失，而在于谁是最后的胜利者。没有走到生命的尽头，我们谁也无法说我们到底是成功了还是失败了。所以，在生命的任何阶段，我们都不能泄

第二编 个人平凡到卓越的狼道
脱颖而出的竞争法则

气,都要充满希望。用美国股票大王贺希哈的话说:"不要问我能赢多少,而是问我能输得起多少。"只有输得起的人,才能赢得最后的胜利。

贺希哈17岁的时候,开始自己开创事业,他第一次赚大钱的时候,也是他第一次得到教训的时候。那时候,他一共只有255美元。在股票的场外市场做一名掮客。不到一年,他就发了财,赚取了16.8万美元。

他为自己买了第一套像样的衣服,在长岛买了一幢房子。但是,第一次世界大战的休战期来到了,贺希哈聪明得过了头,他以随着和平而来的大减价的价格,顽固地买下了隆雷卡瓦那钢铁公司,结果却受到了欺骗,只剩下了4000美元。这一次,他学到了深刻的教训:"除非你了解内情,否则,绝对不要买大减价的东西。"

后来,贺希哈放弃证券的场外交易,去做未列入证券交易所买卖的股票生意。开始,他和别人合资经营,一年以后,他开设了自己的贺希哈证券公司。到后来,贺希哈做了股票掮客的经纪人,每个月可以赚到20万美元的利润。

这位手摸到东西便会变成黄金的人,也有他的麻烦。1945年贺希哈由于疏忽,未经许可而携带1.5万美元出境,被加拿大政府罚了8500美元。同时,他的菲律宾金矿也让他赔了300万美元。这也给了他另一次教训。尽管贺希哈经历了这么多挫折,然而他从未放弃。

要想得到红利,就必须先拿钱投资。同样,想要获得成功,则必须先有所牺牲——牺牲自己的时间、收入、安定的生活、享

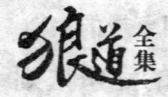
成就个人、团队、企业的铁血定律

受等等，要随时全神贯注地做好准备，一有机会出现，就要牢牢地将它抓住。

机会抓住后，风险是时时存在的，所以我们要时时刻刻谨慎小心，从游到河中央的那一刻开始，随时准备好应付突如其来的状况，并一一加以克服。这时，我们若能从经验中学习控制身体的技巧，就能避开一些障碍。习惯了潮流的冲击之后，慢慢地，我们便能睁开眼睛注意掌握身旁其他有利的机会，正确判断自己行进的方向。害怕失败或仅经历一次失败便畏缩不前的人，是看不到隐于失败背后的光明的。

不敢置身于危险中的人是绝对无法获得成功的。既然成功与失败的几率相同，失败以后又可以卷土重来，那为何不搏一搏？只有输得起的人，才会赢得起。

蝴蝶的成长必须在蛹中经过痛苦的挣扎，直到它的双翅强壮了，才会破蛹而出。人的成长也是如此，不经过挣扎、挫折、磨炼是很难脱颖而出的。

吃苦贵在先，是人生的一种本钱，一份财富。

台湾的电脑专家兼诗人范光陵先生，在美国获得斯顿豪大学的企业管理硕士，获得犹他州州立大学的哲学博士。

后来，范先生又专攻电脑，很早就写出了一本《电脑和你》的通俗读物，畅销于台湾和东南亚。他又在国际上奔走呼号，推动成立了电脑协会，举办电脑讲座，召开电脑国际会议，到处发表关于电脑的演讲。由于他在这方面的贡献，泰国国王亲自向他颁发电脑成就奖，英国皇家学院也授予他国际杰出成就奖。

就是这样一个天才人物，刚毕业到美国时，也是靠打工吃苦才熬出来的。刚开始时，他在一家叫汤姆·陈的餐馆做一份打杂的活儿，倒垃圾、刷厕所、洗盘碗、切洋葱、剥冻鸡皮……每天像个陀螺一样忙得团团转。餐馆里的人大大小小全是他的上司：

第二编 个人平凡到卓越的狼道
脱颖而出的竞争法则

大厨、二厨,甚至资深杂工,谁都可以对他指手画脚,动辄训斥或随意捉弄。他在两年里打过各种各样的工——洗盘碗、收盘碗、做茶房、端茶送水、卖咖啡、做小工、做收银员、售货员……

他曾穷到口袋里没有一分钱,整天只喝清水、咽面包屑,但他仍然不停地思索着,摸索着,想找出一条路来。功夫不负有心人,他挣了钱,上大学,念研究生,终于走出了一条自己的路。

世界上的事,从来就是一分耕耘一分收获。怕吃苦,图安逸,是成不了大事的。试想想,哪位杰出人物不是吃得人间许多苦方才奋斗出来的?

要做出成就,必然要付出比别人多几倍的努力。许多优秀的人才既不缺乏情商又不缺乏智商,然而他们缺少的是吃苦的精神。这不是社会的责任,也不是环境的错,而在于自己的责任。

在老年时遭受艰难困苦是不幸的,这个道理人们都知道。然而,在少年时未经历艰难困苦也是不幸的,这个道理却不是人人都能明白的。享乐在先,或许令人羡慕,但这只是一个过程,不会永远乐下去,走到终点便是苦。而吃苦在先,也同样是一个过程,不会永远苦下去,走到终点便是甜。只有趁青春时期为成功历尽磨难,才能在年老时享受甜美的果实。

3. 锁定目标永不放弃

狼能够轻易地找到猎物聚集地,并且会随着猎物的迁徙而迁徙。即使在食物亟缺的地区,狼也能找到满足自己种族生存需要的猎物。狼一旦选定了捕获目标,便会抱定目标,永不放弃。

对于人类来说,最大的幸运就是能给自己正确地定位,找到自己的目标,并锁定目标,永不放弃。

无论你现在做什么，对于事业刚刚起步或者将要起步的你，寻找自己的奋斗目标，对你的成功来说至关重要。

我们在设定目标时，要依据以下几个准则：

一、目标必须属于你自己。自己的目标一定要由自己来没定。你本身将成为目标的原动力。

二、目标必须切合实际。所谓切合实际，即指具有达成的可能。但是，目标必须切合实际这句话并不意味目标应是低下的或是容易达成的。事实上，不能够轻易达成的目标，对目标追求者才具有真正的挑战性。这即是说，目标本身必须具有相当的难度，以及具有被达成的可能。因此，在你制定目标时，必须令它成为你所愿意追求的对象。

三、目标必须具体而且可以衡量。含糊笼统的目标不能充当行动的指南。

四、目标必须具有时限性。任何一种目标都必须指明达成的期限。原因有二：其一，若不订明目标达成期限，则人们很容易采取拖延的态度，而使目标之实现遥遥无期；其二，订明目标有达成期限，有助于切实的行动纲领之拟定。

五、目标之间必须想到协调。同时追求多种目标时，我们必须事先化解存在于各个目标之间的冲突或矛盾，以免所获得的各种成果相互抵消而徒劳无功。

找到了你的目标后，你就可以在那里最大限度地发挥你自己，你的才能、你的智慧、你的体能、你的潜力才能得到更充分、更有效的发挥。

找到你的目标后，还要有执着追求的精神——抱定目标，永不放弃。人生没有失败，只有放弃，不放弃就不会失败。成功没有其他秘诀，惟一的秘诀就是抱定目标，永不放弃。

牛津大学曾经举办了一个"成功秘诀"讲座，邀请到了英国

第二编 个人平凡到卓越的狼道
脱颖而出的竞争法则

前首相丘吉尔做演讲。演讲开始之前,整个会堂就已挤满了各界人士,人们准备洗耳恭听这位大政治家、外交家、文学家的成功秘诀。终于丘吉尔在随从的陪同下走进了会场,会场上马上掌声雷动。丘吉尔走上讲台,脱下大衣交给随从,然后又摘下了帽子,用手势示意大家安静下来,说:"我的成功秘诀有三个:第一是决不放弃;第二是,决不、决不放弃;第三个是决不、决不、决不能放弃!我的讲演结束了。"

说完后,丘吉尔便穿上大衣,戴上帽子离开了会场。

会场上陷入一片沉寂中。但不一会儿,全场响起了雷鸣般的掌声。

坚守"永不放弃"的两个原则。第一个原则是永不放弃,第二原则是当你想放弃时回头看第一个原则:永不放弃!

成功者与失败者并没有多大的区别,只不过是失败者走了99步,而成功者却多走了最后一步,即第一百步。失败者跌倒的次数比成功者多一次,成功者站起来的次数比失败者多一次。

当你走了1000步时,也有可能遭到失败,但成功却往往躲在拐角的后面,除非你拐了弯,否则你永远不可能成功。

往往有许多人对失败的结论下得太早,当遇到一点点挫折时就对自己的工作产生了怀疑,甚至半途而废,那前面的努力就都白费了。惟有经得起风雨及种种考验的人才是最后的胜利者。因此,如果不到最后关头就决不要放弃,永远相信:成功者不放弃,放弃者不会成功!

4. 坚韧斗争决不输给自己

我们要像狼一样,坚韧地王卜争着。在生活的艰难跋涉中,我们要坚守一个信念:可以输给别人,但不能输给自己。因为不能让自己打败自己。

这世界谁能真正打败你？惟有你自己。下面这则故事就是自己打败自己的绝好例子。

一支小分队在一次行军中，突然遭到敌人的袭击，混战中，有两位战士冲出了敌人的包围圈，结果却发现进入了沙漠中。走至半途，水喝完了，受伤的战士体力不支，需要休息。于是，同伴把枪递给中暑者，再三吩咐："枪里还有五颗子弹，我走后，每隔一小时你就对空中鸣放一枪。枪声会指引我前来与你会合。"说完，同伴满怀信心找水去了。

躺在沙漠中的战士却满腹狐疑：同伴能找到水吗？能听到枪声吗？会不会丢下自己这个"包袱"独自离去？

日暮降临的时候，枪里只剩下最后一颗子弹，而同伴还没有回来。受伤的战士确信同伴早已离去，自己只能等待死亡。想像中，沙漠里秃鹰飞来，狠狠地啄瞎了他的眼睛、啄食他的身体……结果他彻底崩溃了，把最后一颗子弹送进了自己的太阳穴。枪声响过不久，同伴提着满壶清水，领着一队骆驼商旅赶来，找到了一具尚有余温的尸体……

那位战士冲出了敌人的枪林弹雨，却死在了自己的枪口下，让人扼腕叹息之余不免警醒：我们奋斗在人生的旅程中，与天斗、与人斗，我们不应轻易服输，相信只要自己努力就没有什么战胜不了的。然而，在很多时候，面对恶劣的环境，面对天灾人祸，面对尔虞我诈，是我们在心理上先否定了自己，是我们自己选择了放弃，选择了失败。

在成功者的字典里，是绝没有"绝望"一词的，因为他们不会轻易地否定自己，只知道等待自己的终将是希望，即使许多事情似乎已经到了绝望的边缘，他们也会冒险拼搏一下，为自己挖掘生存的希望。

第二编 个人平凡到卓越的狼道
脱颖而出的竞争法则

这里有一个放牛娃绝处逢生的故事，它告诉人们即使在最绝望的时候也要扼守住最后的希望，并去做最后的拼搏和冒险，这样，就会多给自己一次机会。说不定，会因此而获得一个崭新的人生。

一天，放牛娃上山砍柴，突然遇到老虎袭击，放牛娃吓坏了，抓起镰刀就跑。然而，前方已是悬崖！老虎却在向放牛娃逼近。为了生存，放牛娃决定和老虎决一雌雄。就在他转过身面对张开血盆大口的老虎时，不幸一脚踩空，向悬崖下跌去。千钧一发之际，求生的本能使放牛娃抓住了半空中的一棵小树。

这样就能够生存了吗？上面是虎视眈眈、饥肠辘辘的老虎，下面是阴森恐怖的深谷，四周到处是悬崖峭壁，即使来人也无法救助。吊在悬崖中的放牛娃明白了自己的处境后，禁不住绝望地大哭起来。

这时，他一眼瞥见对面山腰上有一个老和尚正经过这里，便高喊"救命"。老和尚看了看四周的环境，叹息了一声，冲他喊道："本人没有办法呀，看来，只有你自己才能救自己啦！"

放牛娃一听这话，哭得更厉害了："我这副样子，怎么能救自己呢？"

老和尚说："与其那么死揪着小树等着饿死、摔死，不如松开你的手，那毕竟还有一线希望呀！"说完，老和尚叹息着走开了。放牛娃又哭了一阵，还骂了一阵老和尚见死不救。天快要黑了。上面的老虎算是盯准了他，死活不肯离开。放牛娃又饿又累，抓小树的手也感到越来越没有力量。怎么办？放牛娃又想起了老和尚的话,仔细想想,觉得他的话也有道理。是啊,这么下去,只能是死路一条,而松开手落下去,也许仍然是死路一条,但也许就会获得生存的可'能。既然怎么都是个死,不如冒险试一试。

于是,放牛娃停止了哭喊,他艰难地扭过头,选择跳跃的方向。他发现万丈深渊下似乎有一小块绿色,会是草地吗?如果是草地就好了,也许跳下去后不会摔死。他告诉自己:"怕是没有用的,只有冒险试一试,才能获得生存的希望。"他咬紧牙关,在双脚用力蹬向绝壁的一刹那松开了紧握小树的手。身体飞快地向下坠落,耳边有风声在呼呼作响,他很害怕,但他又告诉自己绝不能闭上眼睛,必须瞪大眼睛选择落脚的地点。奇迹出现了——他落在了深谷中惟一的一小块绿地上!

后来,放牛娃被乡亲们背回家养伤。两年以后,他又重新站立起来!

放牛娃用自己的经历告诉人们,绝处也能逢生。只要你不放弃希望,不放弃努力,就有可能获得重生的机会。

不要轻易地就对生活绝望,把灾难当作一所学校,把逆境当成营养,敢于为自己冒一个大险,结果可能是你抓住了机遇,营造了生命的春天。

怀有勇敢的拼搏精神,不对命运服输,不承认世界上有绝路之说,始终扼守着最后的希望,于绝望之处挖掘出希望来。这也许就是许多人做事成功的秘诀吧。

5. 用生命维护和捍卫尊严

狼是一种有傲骨的动物，而人更应该有傲骨。

人的傲骨应该表现在以下几个方面。

其一，不要丧失做人的尊严。一个人的尊严，除了需要别人的维护和捍卫外，更需要的是自己以信念以风骨甚至以生命来维护和捍卫。

尊严实实在在地重过了生命！记得一位作家说过：人的尊严是一种高度和一种质量，再不起眼的人有了这种高度、这种质量，就能面对权贵不卑不亢；面对不义之财不馋不贪；面对不公之事不忍不避。一个人如果有了尊严，也就有了支撑生命的灵魂的骨架。换言之，如果一个人丧失了尊严，那么这个人虽空有一副人的躯壳，其实活得与猪狗没有多大的差异。

做人不能没有尊严，犹如太阳不能没有炽热的光芒，江河不能没有豪迈的奔涌。

其二，不要丢失自己的风度和尊严。

一个女孩子莫明其妙地被老板炒了鱿鱼。老板吩咐她下午去财务室结算工资。中午，她坐在公园的长椅上黯然神伤。一个小孩子站在她身边一直不走，她便奇怪地问："你站在这里干什么？"

"这条长椅背刚刚刷过油漆，我想看看你站起来后背是什么样子。"小家伙说。女孩子怔了怔，笑了。她忽然恍悟：如同这双天真烂漫的眼睛想看到她背上的油漆一样，她昔日那些精明世故的同事也正怀着强烈的兴趣想要默默窥探她的落魄和失意。她决不能在丢失了工作的同时，也丢失了自己的笑容、风度和尊严。

于是，那天下午，当昔日的同事纷纷心照不宣地出来和她打招呼的时候，看到的是一张与素日丝毫无异的平静而美丽的面容。

是啊，生活中的失意处处可见，真的就像那些油漆未干的椅背。当然，在坐下之前，最好还是谨慎地找一个干爽的位置，如果实在没办法已经坐上了，那也别沮丧。站起来的时候，别让人看到你背后的油漆。那怎么做呢？很简单，将那件已经沾上油漆的外套脱下来，拿在手上。有时候，面对某些伤害，也许我们就得这么保护自己。

其三，不要生活在庇护之下。一个人如果一味地寻求庇护，那么在真正的风雨面前往往是不堪一击的，还是靠自己踏实地行走为妙。

院子里有两棵树。因为有垛高墙的庇护，一棵树长得高大挺直，从容秀立。而另一棵树就大不一样，因为要自己去承受风雨的袭击，它不得不随风生存，树干也就弯曲斑驳，非常难看。我们这些孩子都不喜欢它。

一晃又是多年，我大学毕业了，因为没有合适的工作，我一直闲在家里，有父母为我操劳，日子倒也过得轻松惬意。

那年夏季，一场罕见的台风袭击了我所在的城市。那天早晨醒来，推开窗，我被眼前的情形震住了：高墙倒了，那棵秀立的大树也被齐腰折断，然而那棵斑驳的老树，虽然又被摧折一些枝干，但依旧傲然挺立。

我还能说什么呢？哪里还敢心安理得地在父母的呵护下过日子？就在那年，我去了深圳。也因此，我选择了自立。

活在强者的庇护下，固然减少了风雨的洗礼，可是这种没有主见、没有自我的人生又有什么意义呢？

其四，恪守自己的原则。一个人的历史永远是用自己行走的

 第二编 个人平凡到卓越的狼道
脱颖而出的竞争法则

脚印写成的,不同的人留下的脚印大不相同,有些人的脚步叫无知,有些人的脚步叫高贵。

三百多年前,建筑设计师克里斯托·莱伊恩受命设计了英国温泽市政府大厅。他运用工程力学的知识,依据自己多年的实践经验,巧妙地设计了只有一根柱子支撑的大厅天花板。一年以后,市政府权威人士进行工程验收时,却说只用一根柱子支撑天花板太危险,要求莱伊恩再多加几根柱子。

莱伊恩自信只要用一根坚固的柱子足以保证大厅安全,并列举了相关的实例,他拒绝接受工程验收者的建议。他的"固执"惹恼了市政官员,险些被送上法庭。莱伊恩非常苦恼,坚持自己原先的主张吧,市政官员肯定会另找人修改设计;不坚持吧,又有悖自己为人的准则。

矛盾了很长一段时间,莱伊恩终于想出了一条妙计,他在大厅里增加了4根柱子,不过这些柱子并未与天花板接触,只不过是装装样子糊弄那些愚昧无知却又刚愎自用的市政官员罢了。

三百多年过去了,市政官员换了一任又一任,但这个秘密始终没有被人发现。直到前两年,市政府准备修缮大厅的天花板,才发现莱伊恩当年的"弄虚作假"。

消息传出后,世界各国的建筑专家和游客云集,他们把这个市政大厅称作是"嘲笑无知的建筑",当地政府对此也不加掩饰,特意将大厅作为一个旅游景点对外开放,旨在引导人们崇尚和相信科学。

坚持自己的主张,写自己的历史。这就是成功者的生命主张。

其五,尊重秩序,获得自由。每个人对自由都有不同的看法,自由在每个人心目中都有不同的位置。许多爱好自由的人,不能忍受任何的约束,他们就像那条绝食的狼一样,为了自由可以放弃一切,包括自己的生命。也许,这些人在我们普通人眼里,会显得另类,让人难以理解。可是,我们普通人,心中都在渴望自由,但普通人不会为了自由而放弃某些东西。还有一些人,他们害怕自由,一旦有了自由,他们反而手足无措。他们希望有严格的纪律、规范来要求他们,他们希望自己的言语和行动,都符合这些纪律、规范。

即使自由可贵,我们绝大多数人都不应该走向这两个极端,尤其是第二种。作为现代社会的人,我们应该有自己的自由,但我们同样要遵守这个社会的规范、法律。只有遵守这些规范和法律,社会才能在和平的环境中发展。

具体到某一个企业、某一个公司、某一个团队,为了更好的发展,为了大家共同的利益不受侵犯,都会制定一些条例、规章,以要求员工的行为。不要以为这是对员工自由的限制和剥夺,只有在这样的秩序之下,每一位员工才能获得自己的自由,才不会受到别人的侵犯。

这种成熟的秩序是文明的表现,是对个人自由的保护。

6. 懂得"神圣"的组织法则

狼的社会是很讲规则的,小到进食撒尿,大到交配繁衍。头狼在排尿时,可以抬起腿,其他狼则不允许。如果别的狼胆敢违抗这一"神圣"法则,头狼会毫不犹豫地冲上去咬死"违抗者"。

第二编 个人平凡到卓越的狼道
脱颖而出的竞争法则

狼之所以要如此,就是要让种群的每一位成员懂得"做"狼的道理。

俗话说,盗亦有道。狼亦有狼道。人更要有人道。这里的人道,就是说我们必须先懂得做人的道理。

自从人类跨人工业时代以来,成为强者的最大要素从美德渐渐移转为个人的本事。要想成为强者,就必须具备魅力、技能、手法,至少在表面上要圆滑通达。有些格言最能阐释这种处世哲学,例如"微笑比皱眉更能赢得朋友"。有些格言显然是教人玩弄手段或骗人,例如:投其所好就可取悦于他人。这种短期获益的方法实在不是人的生存法则。

一个人的成功不在于他获得了多少财富,不在于他做了多大的官,而最主要的是一个人的品德修炼。品德被称为心灵的根本。爱的、公正的、创造性的行为,以及其他一切品德都从根本上表达了我们的精神境界。品德由种种原则和价值观组成,给我们的生命赋予方向、意义、内涵。品德构成你的良知,使我们明白事理,而非只根据法律或行为守则去判断是非。正直、诚实、勇敢、公正、慷慨等品德,在我们面临重要抉择之时便成了我们成功与否的首要因素。

许多人认为,要想成为强者,要靠天资、活力、人缘。历史却教导我们,从长远来看,"真正自我"比"人家眼中的我"来得重要。美国建国的头150年里,几乎所有关于成功和自我奋斗的故事,都着眼于当事人的德行。杰出人物像富兰克林和杰斐逊等都明确强调:人生须以品德为本,才能有真正的成就和满足。

"正人先正己"是很多强者的为人守则,注重自身修养,以身作则,以德服人,也正是很多成功者的处世之道。不管我们是已成为成功之人,或正向成功发展,"正己"应是做人所应遵循的首要原则。

狼道全集 | 成就个人、团队、企业的铁血定律

纵观古今中外的诸多商业巨子，成功的首要因素就是严格要求自己，给下属树立良好的形象、做楷模，使得各级上行下效，形成团队精神，以求进步。领导示范作用的力量是很大的。

在现代的管理学和领导学科中，很多的事例里都提到了表率和领导的成功方略，其中最重要的一个方面就是领导的以身作则和示范作用。员工和被领导者都是有自己的思想的，他们在为事业打拼时，也正在观察着领导者的一举一动，领导的每个举动，都关系着员工的切身利益，谁都不愿将自己的劳动价值去交给那些庸俗无德的人管理和利用。

而那些善于以身作则、严于要求自己的强者，他们周围的人都是上下统一、一呼百应的，所以说成功的道路是自己走出来的。

注重道德，以正其身。在灯红酒绿的现代生活模式里，有很多小富即变的；稍有成就者丧失操守，道德沦丧，纷纷落水者何其之多，这些不得不引起渴望成为强者的人的注意。以身作则还会引导员工整体素质的提高，很多人格高尚的领导的属下往往都效仿领导的行为作风。做事风格统一化的行为往往会产生令人满意的效果。

修身不拘年龄，随时可以开始，要诀是要懂得推己及人。从推己及人的观点而言，须先取得小我的胜利才有大我的胜利。信守对自己和对别人的承诺，即是小我胜利。这一类的承诺看似微不足道，却是我们日常生活时刻要面临的种种抉择。修身的第一步是勇于面对抉择，打定了主意便坚持下去。日复一日，你越来越能信守承诺，你的"品德账户"也就"存款"越来越多。开始时大费气力的事，渐渐就成了习惯。你如果习惯于从生活小事修养自己的品德，将来就更有力量打造应付大事的毅力。

恪守承诺需要学会耐心等待。例如：大多数人因达不到目的

第二编 个人平凡到卓越的狼道
脱颖而出的竞争法则

而苦恼,多是他们求胜心切所至。他们忘记了好东西最终会属于那些有耐心和毅力的人。

一位年轻的客户在拉走货物后,保管清理库单时发现,他多拉走了两件货。经理得知后,并没有在当时派人追寻年轻人,因为他知道,年轻人可能还会来的。果然第二天,年轻人就来到公司:由于搬运工的大意,多装了两件货,将在下次再来提货时捎回来。

货管员问经理:"你如何能知道他会退回这多拉的货呢?""我看到了他诚实的眼光,"经理说,"我到商场这么多年,能读懂他眼里的真诚,而且这个年轻人将来会做一番成功的事业,我虽不知道他任何信息,包括地址、联系方法等,但他那双坦诚而商率的眼睛告诉我,他是个值得信赖的人。"

这位年轻人就是拿破仑·希尔,而那位经理就是希尔的事业导师安德鲁·卡耐基。

由此可见,"诚实"这种人生道德是成功的铺路石,以诚信做基石,人生道路则通畅无阻。以虚伪做基石,人生就会滑坡——直至坍塌。

只要心存诚信,不管千险万难,我们的路上都会充满阳光,我们在成功的旅途上就不会太累。所以,人生成功是以美德为根本的,一时的狡猾得势是不可能取得最重大成功的。

7. 具有破釜沉舟的精神

在草原上,一些胆大妄为的狼颇有破釜沉舟的精神。它们明明看见了猎人与马,但它们并不逃跑,而是非常精确地计算人马的距离,争分夺秒,抢到一口是一口,能吃多少就吃多少。

为了生存,人类也必须有这种破釜沉舟的精神。

勇气是上帝给的，机会却要靠你自己去把握！

我们常说不要将自己置于悬崖边上，给自己留条后路，但有时候，人要有一点破釜沉舟的精神。

在生活中，经常能够听到别人这样告诫自己：不要把话说得太满，要给自己留条后路，等等。这无疑是正确的，因为世界上没有绝对的事物，事物在未有结果以前，所有的可能都是存在的。

比如，我们给别人做某种承诺时，就不能将话说得太满，否则，当不利于你承诺的可能性成为现实时，我们自己便没有了一点回旋的余地，反而会给人一个我们不诚实的不良印象。

但是，当千载难逢的机会降临到我们面前的时候，当某件事情的发展到了一个生死攸关的关键时刻，人需要有一点破釜沉舟、置之死地而后生的精神。

项羽当年引兵渡河，让手下的士兵只带了三天的粮食，而且砸碎了所有的行军锅，意在表示绝不后退的决心。项羽的这种精神，无疑也鼓舞了他的士兵，结果他们取得了胜利。

可能你会说，"破釜沉舟"只是一个故事，我们今天不会遇到那样的情景。

这话你也不要说得太满，说得太绝。商场如战场，有时候一桩生意，有可能就因为你缺少了一种"破釜沉舟"的劲头而告失败。

我们的人生又何尝不是如此呢？

一位原籍北京的中国留学生刚到澳大利亚的时候，为了找一份能糊口的工作，骑着一辆破自行车沿着环澳公路走了数日。在这期间，他替人割草、放羊、收庄稼、刷盘子，只要有人能给口饭吃，他就会暂时停下他那疲

第二编 个人平凡到卓越的狼道
脱颖而出的竞争法则

怠的脚步。

有一天,正在唐人街一家餐馆刷盘子的他,偶然在报纸上看到了一条澳洲电讯公司的招聘启事。他担心自己的英语不地道、专业不对口,就选择了线路监督的职位去应聘。

过五关斩六将,眼看着那年薪3.5万澳元的职位就要到手了,不想,招聘主管却问了他一个出人意料的问题:"你有车吗,会开车吗?这份工作时常要外出,没有车寸步难行。"

初来乍到,糊口都成问题,能有车吗?但为了得到这个极具诱惑力的职位,他不假思索地回答:"有!也会开!"

"那么,三天以后你开着车来上班吧!"主管说。

几乎身无分文的他三天要买车、学会开车这谈何容易,但为了生存,这位留学生向他的一个朋友借了500澳元,在旧货市场上买回了一辆旧的不能再旧的甲壳虫轿车。

第一天,他看着朋友开车。

第二天,他自己颤抖着双手在草地上歪歪扭扭地开车。

第三天,他开着那辆老爷车,左右摇晃着去上班了。

如今,这位中国留学生已经是那家电讯公司的业务主管了。

我们不清楚这位留学生的专业水平,但我们不得不佩服他的胆识。这位中国留学生当初在应聘时如果稍微犹豫一下,不拿出一点置之死地而后生的破釜沉舟的劲儿,不把自己置于悬崖边上,说不定至今仍在哪家餐馆刷着盘子,或者给哪个农场主剪着羊毛。

正是因为面临这种无退路的境地,人才能集中精神奋勇向前,才能最大程度地调动自己的潜能,从生活中争得属于自己的位置。

很多企业家在经营过程中都敢于用一时的损失和痛苦换来巨大的市场和利益。明知不可为而为之,靠的就是比别人看得更宽,想得更全面、更深远,思维更具有深度。也就是说,他们靠置之死地而获胜的勇气而制胜。在许多重要的场合,大家都能看到某个项目的损失,往往采取短期行为。那么,在这样的场合,胜利大多归属于甘于吃亏、善于吃亏的企业家。因为,这种明知不可为而为之和甘于吃亏其实就是一种破釜沉舟的做法。这个理论在格力电器的总经理朱江洪那里得到了生动的印证。

朱江洪,格力电器总经理,是一个不鸣则已、一鸣惊人的人物。在他的运筹之下,格力空调的地位扶摇直上,一举夺得产品质量评价、市场占有率、售后服务三项全国第一。

朱江洪是个思维高深的优秀企业家,善于吃亏,善于以暂时的损失赢得市场。他灵活把握市场的辩证运动规律,能够清醒地主动地把自己置之死地而后生。

在朱江洪任广西百色某机械厂厂长的时候,就曾导演了一幕"苦肉计"。1984年春节前几天,他收到西藏水泥厂驻京办事处一封求购函。丰富的商战经验告诉他,这只是一封试探性的求购函,同样的求购函肯定像天女散花一般投向全国各地的机械厂,同行们也无疑都知道这个事实。

但朱江洪进一步意识到,西藏代表着中国很特殊的一块特殊的市场,在西藏市场有了一份份额,不愁在其他发达地区没有市

第二编 个人平凡到卓越的狼道
脱颖而出的竞争法则

场。他决心促成这桩生意。第二天一早就派销售科长动身赴京，并明示即使经济上吃亏也要签合同供货。

朱江洪的这种破釜沉舟或者说深谋远虑一般人都没有意料到，就连西藏水泥厂的代表也吃了一惊，马上签了约。事情的发展也正如朱江洪预料的，这桩生意没赚到钱。为履行合同，工人牺牲春节休息时间加班加点生产设备。时值隆冬，运输路线长、道路状况险恶，厂里派出5辆车经云南把机械直送西藏，其中有一辆车专门拉上所需汽油。来回折腾了将近50天，滑坡、塌方、暴风雪，事故不断，可以说是吃尽了苦头。

这桩生意虽没赚到钱，但却给朱江洪赢得了市场和荣誉，用他的话讲就是："我们有资格吹牛了：除了台湾，我厂产品覆盖全国！"

果然，没用几年时间，朱江洪所在的机械厂生产出10种产品50种规格，企业产值3000万，利润800万，各项指标都一跃成为全国同行业的"大哥大"。朱江洪的经营哲学与他的思维逻辑完全一致：该争的绝对要争，不该争的绝对不争，该吃亏的就要敢于吃亏，该破釜沉舟的时候就要破釜沉舟，否则，就有可能错失无数次机会。

将自己置身于悬崖上的破釜沉舟的精神，从某种意义上说，是给了自己一个向生命的高地冲锋的机会，给了自己一个成为强者的机会。

8. 用极强的判断力抓住机遇

狼是一个很有耐心，但同时又是一个善于抓住机遇的动物。当机遇来临时，它们会毫不犹豫，果敢决断。这源于狼有极强的判断能力。作为人类，我们也应该有狼的这种判断能力，在机遇面前，善于抓住机遇，决不放过任何一次机会。

判断力不应受情感波动、建议、批评以及表面现象的干扰。判断力是处理任何重要事件所必需的。除了事实本身的真实状况外，它不受任何影响。有的人虽然能力出众，却毁于这样一个小小的个性弱点，尤其是当他在其他方面的能力都很强的时候，这是人生的悲剧。

今天，成千上万的人虽然在能力上出类拔萃，却缺乏果断的个性而沦为平庸之辈。要知道，在任何情况下，不能信心百倍地做出自己的决断都是一个悲剧。许多人正是因此遭致失败，而非缺乏能力。

那些总是犹豫不决的人，世上没什么东西能帮助他们形成迅速决断的行动习惯。因此，一个人试图面面俱到，那是抓不住事物的本质的。

决策就是决定性的、不可更改的，一旦做出就要尽力执行，就算有时候会犯错，也比那种事事求平衡、总是思来想去、拖延不决的习惯要好。

当我们致力于形成一种快速决策的习惯时，哪怕在最初这种做法显得有些机械，它也会让我们对自己的判断力产生信心。由此，一个人将会获得一种全新的独立精神。

犹豫不决的人常担心事情的凶吉好坏，今天做出一个抉择，明天会发生更好的可能性，总是不敢做决断。他们因此失去很多好机会、埋没很多好想法。

良机稍纵即逝，犹豫不决的人很难抓住机会。

雷厉风行难免会犯错误，但总比什么也不敢做强。

沃特说：如果一个人永远徘徊于两件事之间，对自己先做哪一件犹豫不决，他将会一件事情都做不成。如果一个人原本做了决定，但在听到自己朋友的反对意见时犹豫动摇、举棋不定，那

第二编 个人平凡到卓越的狼道
脱颖而出的竞争法则

么,这样的人肯定是个性软弱、没有主见的人,他在任何事情上都只能是一无所成,无论是举足轻重的大事还是微不足道的小事,概莫例外。

古罗马诗人卢坎描写了一种具有恺撒一样坚忍不拔精神的人,实际上,也只有这种人才能获得最后的成功——这种人首先会聪明地请教别人,与别人进行商议,然后果断地决策,再以毫不妥协的勇气来执行他的决策和意志,他从来不会被那些使得"小人物们"愁眉苦脸、望而却步的困难所吓倒——这样的人在任何一个行列里都会出类拔萃、鹤立鸡群。

像墙头草一样摇摆不定的人,无论在其他方面多么强大,在生命的竞赛中,总是容易被那些坚定的人挤到一边,因为后者想做什么,立刻去做。可以这样说,拥有最睿智的头脑不如拥有果敢的判断力。

成千上万的人在竞争中溃败而归,仅仅因为耽搁和延误。而数不胜数的成功者因为在关键时刻冒着巨大风险,迅速做出决定,创造了财富。

智者说:使一个人形成果断决策的个性,是生命成长中道德和意志训练方面最重要的工作。

果断决策的习惯对我们非常重要,以至于经常要准备冒险做出不成熟的判断或采取不利行动。对一个人来说,偶尔做出错误的决定,总比从不做决定要好。

有一个故事说的是一个父亲试图用金钱赎回在战争中被敌军俘虏的两个儿子。这个父亲愿意以自己的生命和一笔赎金来救儿子。但他被告知,只能以这种方式救回一个儿子,他必须选择救哪一个。这个慈爱而饱受折磨的父亲,非常渴望救出自己的孩子,甚至不惜付出自己的生命为代价,但是在这个紧要关头,他无法决定救哪一个孩子、牺牲哪一个。这样,他一直处于两难选

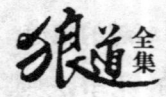

择的巨大痛苦中,结果他的两个儿子都被处决了。

快速决策和异常大胆使许多成功人士度过了危机和难关,而关键时刻的优柔寡断几乎只能带来灾难性后果。

果断决策还要克服拖延的习惯。如果对一切事务性的工作都采用"一次性处理",那么就省去对一件事再花第二次、第三次的功夫。如果有信件需回复,应看完信后立即动手写回信。如果拖延几天再写,就得再一次读信,当然就多费了一些功夫。如果有事非得做决定,便立刻做出决定。

脑海中一旦闪现出有用的想法和主意时,要马上动手记下来。无论做什么事,"再来等一会儿"都会造成时间浪费。诚然,有些事情是需要深思熟虑的,是需要花时间考虑的。但对于不太重要的事或急事,立刻动手干则是上策。

然而,有一些人却有一个很不好的拖拉作风,本来可以随手处理的事,却拖得几天几周办不了;几天内可以办的事,却几个月不见踪影。还有的人对需要解决的问题有意识地"踢皮球",你踢向我,我踢向你,这样导致工作效率极低。殊不知,被拖延的事务,将来仍然需要做,而且需要花费更多的精力去做。

拖延必然要付出更大的代价。能拖就拖的人心情总不愉快,总觉疲乏。因为应做而未做的工作不断给他压迫感。"若无闲事挂心头,便是人间好时节"。拖延者心头不空,因而常感时间压力。拖延并不能省下时间和精力,刚好相反,它使你心力交瘁,疲于奔命。不仅于事无补,反而白白浪费了宝贵的时间。

拖延的恶习,说穿了是为了暂时解脱内心深处的恐惧感。

首先,恐惧失败。似乎凡事拖一下,就不会立刻面对失败了,而且还可以自我安慰:我会做成的,只是现在还没有准备好。同时,拖延能为失败留下台阶,拖到最后一刻,即使做不好,也有借口说,在如此短的时间内能有如此表现已经是很不错的了。

其次，恐惧不如人。拖到最后，能不做便不做了，既消除了做不好低人一等的恐惧，还满足了虚荣心。告诉别人，换成是我的话，做得肯定比他们好。

这种人终其一身，不会有什么成就。他们对工作常常感到恐惧，他们没有信心去挑战自己的工作。

要做一个成功的人，我们要养成遇事马上做的习惯。遇事马上做，不仅能克服拖延的习惯，而且能占"笨鸟先飞"的先机。久而久之，必然培育出当机立断的大智大勇。

哲学家塞涅卡说："时间的最大损失是拖延、期待和依赖将来。"

9. 心无旁骛专注成功

狼捕获猎物的时候，一旦选择了捕获对象，在攻击目标时，总是那么专注，它不会受到旁边离自己很近的猎物的影响，它会朝着所选择的捕获对象一直专注地追下去。狼的这种对目标锲而不舍的精神，是值得我们人类学习的。

专注，是我们走向成功的最佳途径，也是一个人是否成功的决定性因素之一。心无旁骛，锁定目标，坚持不懈，是人类需要从狼身上学习的一个重要素质。

只要我们一旦确定了明确的目标之后，首先应该控制自己的注意力。控制注意力是协调所有思想、能力并引导它们的共同力量为一个既定目标努力的过程，它一方面是其他许多项成功原则的自然产物，另一方面也是它们的重要辅助工具。将注意力集中在单一目标上，是无数人士和机构成功的保证。

无论你从事什么工作，你都必须专注于你的明确目标。专注

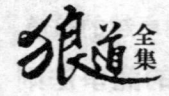
成就个人、团队、企业的铁血定律

会将你的明确目标的影像,投影到你的意识上,并一直留在那里,直到这个影像被潜意识和具体行动接收为止。

如果你能将你的注意力集中在一个具有积极性的明确目标上,并强迫它成为你的中心思想时,你就是在调适你的潜意识,以便为实现目标贡献力量。当你控制注意力使它集中在你的明确目标上时,你就可以以它作为媒介,积极地运用自我暗示的原理,除此之外别无运用自我暗示的方法。控制注意力的目的,在于为达成明确目标有所助益的思考一直保持忙碌。如果你不控制你的注意力,你的思想就会充斥着消极影响因素。

你有意集中注意的对象,会变成你环境中的主要影响因素。如果你一直想着贫穷或是贫穷的物质迹象的话,那些影响因素就会经过自我暗示印到你的潜意识上,最后你的思想就会产生一种贫穷意识,这就是为什么有那么多人抱怨他们生活在贫穷之中的原因了。如果你的中心思想是成功和安全的话,那么经过自我暗示,也会以同样方式发生作用,结果就会使你产生成功和安全意识。

其次是切莫推卸失败的责任。成功的人都会一次专注于一件事情,而不会把注意力分散,搞得样样通,样样松。专注也可以让人获得另外一项宝贵的资产——良好的记忆力。

成功人士对于目标十分专注,完全无暇顾及其余的事情。他们心无旁骛地做一件事,直到成功为止,然后再设定新的目标,继续努力。如果你失败了,要好好找出原因,坦然地面对问题,就可以避免再犯同样的错误。不要拼命找借口,逃避失败的责任,或是想要归咎别人,这些只会让你重蹈覆辙。"专心致志"本身并没有什么神奇,只是控制注意力而已。一个人只要集中注意力,就能调整自己的思想,使它能接受空间的所有思想波。这样,整个世界都将成为一本公开的书籍,供你随意阅读。

第二编 个人平凡到卓越的狼道
脱颖而出的竞争法则

不要博而泛，要精而专，这是当今时代的要求。在这个社会分工越来越细、专门领域越来越精的时代，如果一个人把自己的精力分散开来，那他注定是不会成功的。

成功与失败的最大区别不在于一个人做了多少工作，而在于他做了多少有意义的工作。在失败者当中，相当多的人所付出的努力本来足以取得显赫的成就。但是，他们的含辛茹苦就像边建设边破坏一样，最后的结果仍然是支离破碎的一堆。他们没有适应环境，把自己的工作成果转化成潜在的机会。他们也没有能够把小的失败转化为大的成功契机。他们能力不可谓不够，时间不可谓不多，但做的多是无用功。

第三，成功者都有自己注意的焦点。精通一件事情的人在这件事情上可以比其他任何人都做得出色，即使这件事只不过是种萝卜。如果他花了所有的心血来精心培植出最好的萝卜，那么他就是"萝卜学"的专家，并将得到人们的认可。如果一个人集中所有的精力和心志去坚持不懈地追求一种值得追求的事业，那么，他的生命就绝不可能失败。

最伟大的人是那些全力以赴、锲而不舍的人，他们一锤又一锤地敲打着同一个地方，直到实现自己的愿望。我们这个时代的成功者是那些在自己的领域无所不知，对自己的目标坚定不移，做事专心致志、精益求精的人。

生活中之所以有许多人最终无法实现少年时代的梦想，原因就是他们同时涉足了太多的领域，由此难免会分散精力，这就阻碍了他们的进步，使得他们最终一事无成。他们没有采取一种更明智的做法，专心致志于一个领域。

一个人如果全身心地追求某一目标，鲜有不成功的。伟人之所以成其为伟人，成功者之所以超越芸芸众生，就在于他们能够坚定不移地认准某个目标，并为之全力以赴，矢志不移，他们的成就与其精力的集中程度往往是成正比的。

具备一个坚定不移的目标是所有成功人士的共同特征,目标一旦确立。就要破釜沉舟,不在奋斗中成功,就在奋斗中死去。这种品质使得他们所向无敌,无往而不胜。

正是对自身奋斗目标的清楚认识和执著追求,造就了最后的成功。正如人们所说的,持之以恒,锲而不舍,则百事可为。用心浮躁,浅尝辄止,则一事无成。

第四,专心致志是成功的必备条件。如果你从小教育你的孩子学习走路时要专心致志,视线集中,那么,他通常会顺利到达目的地而不必有跌倒之虑。相反,如果他精力分散,心不在焉,那么大半会跌倒在地,弄得灰头土脸。

作为一条规律,我们心灵所渴望的东西往往可以经由大脑的思考和双手的行动而获得。同样,知识、财富和成功的起伏变迁也是有内在规律的,就像大海的潮起潮落一样。在所有的成功中,我们都可以找到这样一种普遍的轨迹:全神贯注地集中精力,把所有的才能都锁定在某个坚定不移的目标上,凭借无与伦比的力量和百折不挠的毅力,勇敢地忍受各种艰难困苦,义无反顾地沿着充满幸福与荣耀同时也是无比艰辛的道路前进。

其实,我们的生活也是如此。在一种和谐的生活中,不管你天资如何聪颖,学识多么广博精深,但肯定会存在一种核心精神,一种核心才能,只有这样,才能使得你的其他才干作为辅助力量而各得其所。

年轻人经常被教育要志存高远,但是我们的目标也必须是符合内心的渴望并切合实际。如果你只是含含糊糊地给自己确定一个大概的目标,希望在行动的过程中再加以调整或更改,那么,即使你的目标再远大宏伟,也只能是如海市蜃楼般虚无缥缈。

针尖虽然几乎细不可见,斧刃虽然薄如纸片,但在穿刺和披

第二编 个人平凡到卓越的狼道
脱颖而出的竞争法则

荆斩棘中,却起着决定性的作用。如果没有尖和刃,针或斧都无法发挥作用。在生活中,能够克服艰难险阻,最后顺利到达成功巅峰的人,也必是那些能够在某一领域学有所专、研有所精,并且有着针尖和斧刃般锐利锋芒的人。

一位记者在采访爱迪生的时候,问他:"成功的第一要素是什么?"

爱迪生回答说:"能够有将你身体与心灵的能量锲而不舍地运用在某一个问题上而不会厌倦的能力。在每天除了睡眠之外的16个小时里大多数人都在做许多事情,而我只做一件事情。如果他们将这些时间运用在一个方向、一个目的上,他们就会成功。"

让你的头脑冷静下来,你将会发现内在的控制力和能力。集中注意力意味着与宇宙在此时此刻合而为一。你可以清楚地区别平稳与非平稳状态。当你全神贯注时,你不可能会愤怒、害怕或陷入冲突之中。当你真正全神贯注时,你肯定会微笑。

集中注意力是存在的境界,它可以长久地影响你的思想和做事的方式。集中注意力能赋予你能力,在任何时候是否集中注意力都是你的选择。集中注意力不仅对你产生积极的影响,而且对你与外界的关系也会产生积极的影响,最终延伸至他人与你的关系。你周围的环境可以确实地感受到这种积极的影响。

集中注意力,就能使你现出本色,就能表现出平稳不变的内心世界,以及你的生活指导原则。紧张会使人难以集中注意力,难以清晰地思考,导致不平衡。紧张会使人感到状态不佳或遭受心灵创伤。真正能考验你集中注意力的水平在于你能否在逆境中坚持下去,尤其当你与他人关系紧张时,当人们害怕或感到不平衡时,通常会在交谈时失去眼神的交流。如果你在与他人交往时能保持平衡,保持眼神的交流,那么你的人际关系将会更有深度和清晰度。

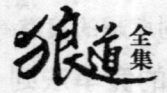成就个人、团队、企业的铁血定律

集中注意力也是一种使头脑保持清醒和专一的方法，集中注意力也是一种沉思的形式，它能使人在短时间内摆脱日常事务从而与内在的自己发生联系。

第二编 个人平凡到卓越的狼道
脱颖而出的竞争法则

第三章 像狼一样积极思考

狼有无穷的智慧,甚至超过人类。我们从狼的捕猎行动中可以窥见一斑。它们总是能够扬长避短,克敌制胜;它们目光敏锐,勇猛顽强,善于计谋;它们有极强的适应变化能力……这些常常令我们人类自叹不如。正是这种睿智,使并不十分强大的狼成为"江湖霸主",笑傲江湖。

1. 积极思考后才付诸行动

狼狩猎从来不靠运气,它们对即将实施的行动总是经过深思熟虑,并且在有了充分的把握之后,才付诸行动。狼无论在任何恶劣的环境中,总能找到食物。有些问题并不在于它们的捕猎技巧,但它们都能够通过观察,积极思考,学以致用,由此可见,狼是一个善于积极思考的动物。我们人类是高等动物,区别于其他动物的主要因素是人有思维,能够思考问题。

我们每一个人其实每天都在思考,只是思考的方式和内容有所不同罢了。有些人积极思考,而有些人消极思考。

积极思考是成功法则中最重要的一项法则。培养积极思考,是一个人生命中最重要的一环。积极地思考可以培养我们自信、希望、乐观、勇气、慷慨及机智等。

艾诺和布诺同时受雇一家超市，刚开始大家都一样，都从底层干起，可不久艾诺受到了总经理青睐，被提升为部门经理。布诺却仍在最底层混。布诺总觉得总经理不公平，辛勤工作的人得不到重用，反而重用那些爱吹吹拍拍的人。

总经理也很了解布诺，认为他能吃苦，对他也颇有好感，但总觉得他缺点什么，一时三言二语说不清楚。有一天，总经理看见布诺一脸委屈的样子，总经理忽然有了一个主意，就和蔼地说："布诺先生，你马上到集市去，看看今天有什么卖的。"

布诺跑到集上，只见一个农民拉了一车土豆卖，他不以为然，马上回去向经理回报。

"那车土豆大约有多少袋？"总经理问。

布诺又跑回去，过了一会儿气喘吁吁地回报说有10袋。

"多少钱一公斤？"

布诺又拔腿往外跑，这时总经理叫住他说："你休息一会吧，看看艾诺是怎样做的。"

总经理叫来艾诺，吩咐说："你到集市上看看今天有什么卖的。"艾诺出去了，不一会儿回来报告说："总经理先生，到现在为止只有一个农民卖土豆，总共有10袋，价格适中，质量很好。"他还带回几个土豆拿给总经理看，还说这个农民过一会还将弄几筐西红柿上市，据他看价格还算便宜，可以进一些货。

 第二编 个人平凡到卓越的狼道
脱颖而出的竞争法则

布诺红着脸离开了总经理室。

对我们来说,很多时候不仅仅是靠力气,而主要是靠我们的头脑。做一件事,能够积极思考是非常关键的。这个故事反应出了一个人的思维习惯和能力的关系。

在工作、生活中,如果我们不去积极思考,那么我们的工作、生活就如同一潭死水,没有活力,更谈不上能有创意。在工作中,我们不去积极思考,那么工作也出不了效率,因为我们总是以老一套的方法去工作,不积极思考,不去寻找提高工作效率的方法。这种人终其一身,不会有太大的出息。他们始终被自己的思想所禁锢、左右。

一个积极思考的人,他们能够创造性地工作。在工作中,他们时常提出一些新的想法、解决问题的有效办法等,同时他们也知道怎样来提高工作效率。积极思考的人在工作上也是快乐的。

其实,我们每个人天生都有积极思考者所具有的热情、正直、信心、决心等品格,只是这些品格有时在某种程度上被环境所淹没。比如我们因遭受了反复挫折后,终于以悲观的态度看待这个世界,于是"不要那样做了,再做你也不会成功"等消极的话语就会萦绕在我们的心头,我们就开始怀疑和否定自己。正如丹尼斯·韦特利所说:"冠军的产生和毁灭都是由人的观念和态度所决定的。"所以,要让自己成为一个成功者,就必须积极思考。积极思考可以重新审视自己对自身品格的看法,可以鼓励我们充满自信地工作,享受快乐工作的乐趣,从而在工作中发挥最大的潜能。

人的潜能首先在人的思考中得到开发。因为能改变你的是你的信念!我们仔细分析两个情况基本一样的人,他们出身一样,身体一样,收入相等,都没有房子,但是有一个整天很高兴,一

个整天愁眉苦脸，这是怎么回事呢？很简单，一个人积极思考，一个消极思考！

积极思考的人相信房子很快会有的，钱也会挣到的，出身不是很好，但能达到今天已经不错了。

消极思考的人会想，我年纪这么大了，连房子都买不到，怎么会落到这种地步。

成功者都是积极思考的人——永远往好的方向思考。他们总这样认为：任何事情的发生必有其目的，并且有助于我；重要的不是发生了什么事，而是要做哪些事来改善它。对自己的生命完全负责；假如我不能，我一定要；假如我一定要，我一定能；我一定要，马上行动，决不放弃。成功只是时间问题；请你收集更多的积极思考信念来鼓励自己。

在推销人员中，泛流传着这样一个故事：两个欧洲人到非洲去推销皮鞋，由于天气炎热，非洲人向来是光脚不穿鞋的。其中一个推销员看到这种情形，感到非常失望："这里的人都光脚走路，有谁会买我的鞋呢？"于是沮丧地返回了欧洲。可另外一个推销员，看到非洲人都打赤脚，却高兴得不得了："这里的人都没有鞋穿，这皮鞋市场大得很哪！"于是他想方设法，引导非洲人穿鞋，最后发了大财。

这就是对事情的不同反应，或者说以不同心态对待同一件事的不同结果。同样的非洲市场，同样面对不穿鞋的非洲人，但由于看法不同、心态不同，一个人灰心失望，不战而败；一个人满怀信心，结果大获全胜。

如果能将你的思想当作一块土地，经过辛勤且有计划的耕耘，就可以把这块土地开垦成产量丰富的良田；否则它就荒芜，杂草丛生。要想从思考中得到丰收，就必须付出努力和投入，这一切都需要积极地思考。所有计划、目标和成就，都是积极思考的产物。

2. 具备问题意识的思考力量

为了不断地追求社会进步，人们必须具备所谓的问题意识。可是多数人在踏入社会之后，尤其是在工作逐渐熟悉之后，这种问题意识就会在不知不觉中淡薄了。

问题意识淡薄，自然会导致思考力衰退。在肯定现有一切的地方，绝对不会产生新的东西。在思考上，每个人都存在不少的危机。随着社会经验越来越丰富，人的平衡能力也会越来越强。这种平衡能力可以说是人在社会中求生存的最重要的能力。

这种求平衡的心理会压抑容易偏向极端方面的自己，总认为一定还有其他方向，尽可能在现实生活中，寻找不会出现问题的方向。这种求平衡的心理是社会发展的一大障碍，尤其是在从事新的构想或创造性的工作时，是一块最大的绊脚石。

当构想以往所没有的东西时，我们必须像狼一样，敢于像极端方向大步迈进。如果你不敢大胆地向前迈步，你就不可能开拓出新的境界。当然，在新的构想付诸实施前，确实有必要重新考虑一下平衡问题。但如果事前优先考虑平衡，就不可能腾飞，就不可能脱离老套的框框。

我们的社会已逐渐被"慢性繁忙"所支配，处在一种很难有足够时间去思考的状态之中。由于经常被要求尽快得出结论，以致每每在想法尚未成型前，就被迫中断思考。但是卓越的构思或企划，是需要充分的时间来酝酿的。

其实，有的时候，某些企业，甚至社会，并不希望出现真正具有思考力的人。因为那些不会深思熟虑，只能做好被交待的事，或只会按命令做事、唯唯诺诺的人是最容易使唤的人。不论

成就个人、团队、企业的铁血定律

是企业或是社会,一旦没有思考力的人越来越多,就会很快走上衰退之路。

重视经验容易使头脑僵化。由于受教育的影响,再加上自己的经历,年长的人容易陷入重视经验的倾向,而使自己的思维放不开。由于太看重个人经验,所以不愿接受其他人的想法。这种态度充分表现了这些人从未想到所谓的个人经验,只是一种狭窄的世界观,并没有什么代表性。在这种僵化的头脑中,很难产生什么有创意的好点子。

为了创新,有时必须将自己放在任何人都预想不到的事态中去,从而判定新的对策。其实,社会中的每个成员,都有必要开拓自己独到的构想,不具备创造力的个人或企业,都将被时代发展的脚步远远地抛在后面。思考力是存活和发展的惟一力量。

一般说来,人们都很难接受新的事物。等到开始怀疑原有的认识时,多半是经过了很长的一段时间。因此,那些有新发现的人,经常成为被偏见所迫害的对象。我们现在所拥有的知识,其实有不少也是错误的。因此,我们必须放弃过去所学到的知识都是绝对正确的想法。持有这种态度是成为创新思考者不可或缺的条件。要成为擅长思考的人,也必须摒除凡事所谓答案只有一个的严重偏见。

在人类社会中,总有一些人只相信自己是绝对的正确,从来不承认别人的意见。这也是严重偏见的一种表现。相信自己才是绝对正确的人,几乎不可能成为擅长思考的人。

时代在飞速地变化,一年前流行的事物,现在早已过时,而且变化速度越来越快。因此,你必须敏锐掌握时代的变化。敏锐掌握时代变化的能力,就是支撑创造性思考的重要因素。

记忆是产生创意的力量。不少人认为创造力与记忆力是相反的能力,这种看法是不正确的。人在空无一物的地方,不可能马

第二编 个人平凡到卓越的狼道
脱颖而出的竞争法则

上想出新的东西。依据以往所累积的知识或经验,改变组合加以改良,或是加入新观点,就可创造出以往所没有的东西。记忆就是创造的泉源。知识是越多越好。

许多人都认为自己缺乏创造力,其实,人所具有的创造力是无限的。以往或许是由于学校教育阻碍了创造力,但只要不断地锻炼,一样能开发出创造力。人应该对自己的潜能,拥有更大的期待与自信。

在发展创意思考之前,首先必须放弃成规或偏见、以及一些不正确的想法。此外,擅长思考的人的头脑,还具有什么特征呢?擅长思考的人的头脑普遍具有流畅思考的能力。其实,就是针对一个问题,也具有能够陆续提出各种答案的能力。只想得出既成的答案,而不想去思考新的答案,就是缺乏创意的表现。因此,如果想获得丰富的想像力,或是丰富的创造力,首先就必须具备流畅的思考能力。

创造性除了需要具备流畅思考能力之外,还需要具有柔软思考的能力。流畅思考是连锁反应式的思考,而柔软思考则是完全从别的角度来重新思考问题。一般人在出现一个问题而找不到解决办法时,通常会暂时停止,但具备柔软思考能力的人则会从其他角度、其他观点、或者其他层次来寻求解决之道,由此来产生新的构想。如果说流畅思考的人,是能在人生问题上找出各种解决对策的高手,那么柔软思考者,就是不会自寻烦恼的聪明人。

世上就是有人能想出令人意外的主意,他们是通过什么样的思考线路,才想出有创新的主意的呢?这就是崭新奇特思考的能力,是擅长思考的人都应该具备的一种能力。擅长突发奇想的人,可能要首推科幻小说作家,科幻小说的始祖威尔斯的小说《时间机器》、《火星人》等小说,在当时是令人毛发悚然的故事,但在今天早已成为理所当然、不足为奇的构想。这种一般人所不

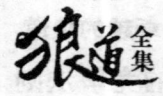成就个人、团队、企业的铁血定律

具备的崭新而奇特的思考能力,其实只要是擅长思考的人,都能达到某种程度的。

流畅思考能力、柔软思考能力和奇特思考能力并非在人的头脑中分成三个部分,而是彼此紧密地连接在一起。擅长思考的人,通常是把这些思考混在一起,同时进行来发挥思考力的。也可以说,这三种能力实为一种。这种思考不被既成概念所拘泥,总是从宽广的视野来观察。这种思考不固执于一种想法,总是不断摸索出最好的方法。能做到这几点的人相当不简单,可以说是把人类的能力提升到了顶点的结果。

我们头脑中所储存的知识和经验,不只是在学校里获得的,也有些是在日常生活中,无意识地不断累积起来的。不过光是靠所累积的知识和经验,不见得能产生新的创意,必须依照实际情况加以检讨和思索才会有结果。如何依照情况运用知识和经验,也是重要的能力。不拘于既成概念而能柔软思考的人,绝不会无视知识和经验,而且必要时会将其作为踏板,以便向更柔软的思考飞跃。

在处理一个问题时,若不能看到问题的本质,就无法得到最佳的解决方法。在不关紧要的地方,即使能提出很多解决的办法,其能力也不会获得太高的评价。因此,了解问题本质的能力,是柔软思考不可缺少的条件。一个人如果缺乏了解问题本质的能力,即使有柔软的头脑,也只能做些毫不可取的反复思考。

所谓人的分析能力,是指把一件事分解成各种要素,然后阐明形成该事的各种成分或要素的能力。即使是复杂的事情,只要经过详细的分析,还是能够找到解决的线索。就一般而言,我们都是通过详细分析一件事情,借以找到解决的线索。不过具有卓越直觉力的人,在看过整体之后,就能立即找出本质或最容易解决的部分。擅长思考的人,通常都具有这种卓越的直觉力。

第二编 个人平凡到卓越的狼道
脱颖而出的竞争法则

将构想或企划重新整理成一种创造性工作，并加以完成的所谓构成力，也是极为重要的一种能力。具有这种能力，才能使构想或企划具有强大的诉求力。所以，支撑柔软思考的重要能力之一，就是这种重新构成的能力。

归根结底，活用知识和经验的能力、了解问题本质的能力、卓越的分析能力、卓越的直觉力和重新构成的能力，便构成了擅长思考的人的基本创新能力。

平凡的人生虽然过得比较容易、轻松，但却创造不出任何东西。不出差错是好事，但若没有失败，就不可能有什么进步。我说这样的话，并不是想批评那些过普普通通生活的人，但老实说，这样的生活绝不可能产生崭新的构想或丰富的创造。创造性的人生，必须经常使用头脑，经常伤脑筋，甚至可能还要面对他人的批评，以致常为孤独所苦。创造性的人生才能产生创造性的想法，要有创造性的想法，首先必须重估自己的生活方式。

如果把平凡的人生，突然转变成创造性的人生，听起来似乎不可能，但只要稍微改变一下生活方式，其实并不太困难。著名作家阿尔宾·杜夫拉在他的著作《未来的冲击》中说："对人生来说，变化不仅必要，而且变化本身就是人生。"

一个普通人，完全能在改变日常生活中，变成不同人格，获得其他观点。这是你建立崭新的构想，或产生丰富创造力的基础。那么，现在再一次回到一般的生活，从日常生活中来探讨提高想像力或创造力的方法。其实任何东西，都可作为提高想像力或创造力的对象。

首先，留意一下每天随身携带的公文包。想想这个公文包，你觉得它好用还是不好用？哪里方便，哪里不方便？如果要变得好用，应该附加何种功能？或是改用何种材料？使用何种设计方案？从头到尾彻底思考一下，只要这样一想，就会有什么创意浮现出你的日常生活，也能看出你的个性。不久之后，你必能发现自己理想的公文包。

总之，只要肯于思考与创意，就能把身边的事物变成自己理想的东西。如此不断累积下去，你的日常生活将变得极具创造性。

创意的第一步，就是要充分运用自己本身的感觉。现代人因所受的学校教育太充分，以致容易染上学习既有东西的模式。所谓的用功读书，是依照老师所教的方程式来解答问题，并未教导学生设计方程式的方法。这种做法虽能培育出应用既有东西的能力，却无法培育出想象或创造的能力。因此，第一步先充分活用自己的感觉，尽可能拉近作为对象的事物或想法，就显得极为重要了。

一般说来，人在精神放松时要比在精神集中时，崭新的构想或灵感更容易来到。这是事实，许多发明家或科学家的伟大发现，往往都在这时候。不过为了训练擅长思考，首先需要彻底的集中思考。思考再思考，直到筋疲力尽再休息。其实在放松时突然想出解决办法的人，也必定要经过思考再思考，直到筋疲力尽再休息的过程。

我们常常会在不知不觉中，沉浸在模式化的日常生活中。即使是从事颇有创造性工作的人，甚至作家、画家等以创造力为主业的人，也有不少人会落入模式化生活的陷阱。只有重新思考自己将如何度过一辈子，才能走出模式化生活的陷阱，如果你一直过着只专注于一项工作的生活，不论是想法或看法，都很容易变得单一。

虽然说每个人都不想让自己变成这个样子，但人是环境的产物，即使具有再卓越的智慧与创造力，也几乎不可能从现实的周围环境获得完全的自由。所以纵使每天为想获得自由而挣扎，要

 第二编 个人平凡到卓越的狼道
脱颖而出的竞争法则

达到目的也很困难。而那些连想都没想获得自由的人，必定会在事物的思考方法或看法上，局限在一个小环境之中。

创意也和物品一样，必须珍惜使用。所以，重要的创意必须保存起来，好在保存创意并不需要太大的空间。想到什么创意就把它写下来，不论是否可能实现或是令人发笑，都要保存起来，一有机会就翻出来看看，一再重复检讨。创意有时需要隔一段时间才会发酵。一开始被认为不足取的创意，如果经过加工，可能突然摇身一变，成了了不起的创意也说不定。因此，绝对不要轻易抛弃创意。

3. 增强判断、识别和决断能力

狼的判断和识别能力很强，它能从复杂的环境中识别并判断自己的生存危机。它的识别和判断能力主要是通过眼、鼻、耳来进行的，特别是狼的嗅觉，很灵敏，它能通过气味辩别各种食物好坏，连人的味道，它都能闻出来。狼的这种判断、识别和决断能力，是狼在恶劣环境下生存的关键因素之一。

在竞争激烈的今天，我们要想生存，想有所成就，就必须要有狼一样的判断、识别和决定能力。人类获得知识有两种主要方式，一种是通过感观系统感觉领悟。另一种是通过本能反应。只有在了解了获取知识的途径之后，才有可能了解直觉反应的本质和通向内在智慧的方法。

通常，人类在看待一个事物时，很难会看到它的全貌，因此难免片面。经过感官接受或传授的知识往往是肤浅而不完整的，就连接受者也不免有时对其产生疑惑，或者缺乏信心。

人类面临着两个严重的问题，一个是领悟能力达不到完全准确的地步。另一个是心理混乱。天地万物都在运动，都在随着时

间而不停地变化，要求人的领悟能力达到完全准确的地步谈何容易。心理混乱的危害更是严重，一种混乱无章的心理是无法让人下定决心的，更无能力辨别是非。

人固然没有能力控制外界事物的变化，但至少可以培养出一种澄清的心理，如果你能具有澄清的心理，那么无论外界事物变化有多么快，你都能大致对它有一种客观的印象。但要完全正确无误地记录下来一切是办不到的。因为世间万物变化莫测，再加之人的感官系统本身就不是精密的接收器。

一个人不管具有多大的洞察力，都不足以看清自己的内在。一个人不管如何努力应用外界资讯培养自己的内心智慧，也不足以达到使自己感到满足的效果。所以，为了获得内心智慧，不能只靠外在的手段和工具，必须善于接触内心。

内在意念是一种特殊的本能，这种本能具有知道如何判断、如何辨识和如何决定的能力。判断和辨识帮助人看清事物的本质，做出决定的能力对人的生活是非常关键的，如果你不能做出决定，不知道该什么时候做出决定，便会错失良机。失去良机，就能使人后悔自责，从而使人丧失信心。所以，对人生来说，增强判断、识辨和做决定的能力是非常重要的。

意念就是人内在的咨询顾问，它会告诉人如何做决定、判断和辨识。这个过程会一直在人的内心以不同方式、程度进行着，人必须先清楚自己的内在状况才能了解自己。如果不先了解轮子，就不能了解轮轴。心智的轮子之所以能运转，是因为有辐条，而辐条能转动则是因为轮轴。如果你想认识自己天性中的轮轴，这便是一个简单的原则。外在的世界可以刺激心智，每个人都应该学习了解自己的心智，每当做一个动作时，都要问一问自己这种意念是对的还是错的。

要增加我们的识别、判断和决定能力，首先要求我们要有广

第二编 个人平凡到卓越的狼道
脱颖而出的竞争法则

博的知识，对事物事先要有一个全面的了解。没有知识作后盾，你的识别能力是永远提不高的。

其次有了知识，还要擅长思考。擅长思考的人，具有旺盛的好奇心，能够创造性地思维、识别、判断；擅长思考的人，他总能从事物中发现问题，并找出解决问题的办法；擅长思考的人，往往会有卓越的创造力，也会有极强生存能力，当自己在逆境中，他们知道怎样去应对。

要增加我们的识别、判断和决定能力，还要具备想像和转化能力。这种能力的培养不能一蹴而就，而要通过在对事物的不断地认识的过程中得到升华。

4．发掘与借鉴群体的智慧

人类对狼可谓成见颇深：那些背信与欺骗的行为，被视为"狡狼般的谎言者"；对于阴险的伪善者，称之为"披着羊皮的狼"，等等。但狼能在人类统治下的星球上生存至今，自有它的一套生存智慧。人类的祖先最早发现了狼族的智慧，并以狼为师、敬狼学狼。今天，我们不得不重新审视狼，发掘与借鉴狼族的智慧与谋略。在人生中，在事业中，在为成功的追求中，以智求生，以谋取胜。

智慧，从大的方面讲是安定社会的良策，同时也是寄托精神的支柱，是升华感情的航梯，是培养思想的武器。有人累积了许多经验，但是他不能从中得到教训；有人读了许多书，但是他不能从中得到心得；有人获得各方的消息，但是他不能分析和判断；有的现象呈现在他面前，但是他不能看出本质；这种人，我们便说他缺乏智慧。

什么是智慧？智慧，简单来说，就是创造新东西，创造新观点的能力。一位智者,不但比别人能更快地从现象中、消息中、知识中、经验中读出不同的意义,而且能从中发展出新的技术、新的发明、新的作品、新的观念。

所谓智者,说穿了,其实就是有心眼儿,有心计,不瞎闯,不蛮干,不盲动,不胡来,对每一件事都前思后想、深思熟虑,三思而后行。他们一定要想出高招,设下奇谋,让每个环节都细针密缕地缝进智慧的纽扣。所谓"运筹于帷幄之中,决胜于千里之外",即在于智慧的功用。智慧与智慧相争相斗,则大智胜、全智胜、奇智胜、险智胜。

失败源于少谋,人生岂能无智。拥有智慧和经常运用智慧的人,在人生的旅途上定然会走向成功与卓越,定然会获得人生的幸福。智者与愚者的差别,并不是明明白白地在脑门上写着的,而是隐逸于他们的思想行为之间、日常生活之间、立身处世之间。智者胜,较之于常人,有时仅胜于一念之差、一思之异、一谋之别;有时则胜于三载之功,十年之苦,半世之劳。

在社会竞争中,拥有和运用智慧的重要性已勿庸赘言,有时在生意场上拥有和运用智慧也同样是走向成功和获得财富的关键。而靠漫长的深功夫提高和运用自己的智慧的事情,在我们现实生活中几乎无处不在。

日本的西村金助本是一个制造沙漏的小厂商。沙漏是一种古董玩具,在时钟未发明前沙漏用来测定每日的时辰。时钟问世后,沙漏已完成它的历史使命。而西村金助却把它作为一种古董来生产销售。

为了改变处境,西村在茫然之中寻找着更好的生存方法。一天,西村翻看一本讲赛马的书,书上说:"马匹在现代社会里失去了它的运输功能,但是又以高娱乐

第二编 个人平凡到卓越的狼道
脱颖而出的竞争法则

价值的面目出现。"在这不引人注目的两行字里,西村好像听到了上帝的声音,高兴得跳了起来。他想:"赛马的马匹比运货的马匹值钱。是啊!我应该找出沙漏的新用途!"

就这样,从书中偶得的灵感,使西村金助精神重新振奋起来,把心思又全都放到他的沙漏上。经过几天苦苦的思索,一个构思浮现在西村的脑海:做个限时3分钟的沙漏,在3分钟内,沙漏上的沙就会完全落到下面来,把它装在电话机旁,这样打长途电话时就不会超过3分钟,电话费就可以有效地控制了。

想好后西村就开始动手制作:这个东西设计上非常简单,把沙漏的两端嵌上一个精致的小木板,再接上一条铜链,然后用螺丝钉订在电话机旁就行了。不打电话时还可以作装饰品,看它点点滴滴落下来,虽是微不足道的小玩意,也能调剂一下现代人紧张的生活。担心电话费支出过多的人很多,西村金助的新沙漏可以有效地控制通话时间,售价又非常便宜,因此一上市,销路就很不错,平均每个月能售出3万个。这项创新使看似没有多大用途的沙漏转瞬间成为生活有益的用品,销量成千倍地增加,面临倒闭的小作坊很快变成一个大企业。西村金助也从一个小业主摇身一变,成了腰缠万贯的富豪。

西村金助成功了,赚了大钱,而且轻轻松松,没费多大力气。可是如果他不是一个有心人,即使看了那本赛马的书,也逃不脱破产的厄运,还很可能成为身无分文的穷光蛋。它给人们一个启示:成功会格外偏爱那些有心计的人。

成就个人、团队、企业的铁血定律

人类历史的进化过程中，"智"始终被当作一个成功的要素之一。离开智者的导引，也许人类至今还生活在树上。

现代人生，智慧更是其中不可或缺的成功要素。而要以智谋取胜，则需打好根基，具备最起码的基本素质。

一项较大的成功，往往牵涉到人、财、物、环境等多种条件，但这些条件往往不具备，而要人们不断地去创造。在现实与成功之间，存在一段距离，这段距离中，除了较明确的现有条件和欠缺条件外，还有不少难以把握的不确定因素。

智谋的基本用途就是：发挥人的聪明才智，谋划出最有利的方法来，以解决成功路上的一切问题。

智谋的基本问题包含三个内容：一是对现有情况与条件的正确分析与判断；二是对未来和不确定因素的分析观测；三是找出一个好的方案方法把现在与未来连接起来。

我们要以智谋取胜，就是要能面对现实与未来，做出较正确的分析与判断，对成功路上的种种问题想出各种各样的办法、方案、绝招，从而解决问题，达到目标。

那么，要以智谋取胜，应具备哪些基本素质呢？

"自古有谋胜无谋败，良谋胜劣谋败。"为什么有的人足智多谋，有的人却少智乏谋呢？做同样一件事，各有各的智谋方法，但为什么有的人成功，有的人失败呢？

识广智高，有了广博的相关知识和充足的相关信息，我们就能对现实与问题分析判断得更准确，对未来和不确定因素预测得更正确。这是一个人足智多谋的基础。

试想，一个军事指挥者，假若不懂地形知识，不懂带兵用兵的方法，不懂基本武器的效力及使用，不知敌情，怎么可能产生好的军事智谋呢？

第二编 个人平凡到卓越的狼道
脱颖而出的竞争法则

5. 侧向思维，克己之短，取人之长

有位动物心理学家做过这样一个实验，把两只猩猩关在两堵短墙之间，外面用铁丝网隔开放了一盆食物，其中一只一看到食物马上直冲过去，结果左冲右突就是吃不到食物。另一只先是蹲在那儿直直地盯着食物和铁丝网，又看看周围的墙，然后转身往后跑，绕过墙来到铁丝网的另一边，结果吃到了食物。我们人类在考虑某个问题的时候也有类似现象，有的人总是死抱正面进攻的方法一味蛮干，丝毫不能解决问题，而有的人则采用迂回战术，用意想不到的方法，轻而易举地获得成功，这就是智慧的功劳。迂回战术用的就是侧向思维。

侧向思维的关键是摆脱他人常规的思维方式或习惯思维（思维定势）的束缚，换一种新的观察角度去思维，主动寻求"柳暗花明又一村"的境界。

有个聪明人想过一条水流湍急的河，便向船码头的人们大声问到："哪位船老大会游泳？"语音刚落，好几个船老大围了过来，只有一位没有过来，他便问那人："你的水性好吗？""对不起，20多年中，我只会行船，不会游泳！""好，我坐你的船！"人们要问为什么偏选不会游泳的船老大呢？原来，他运用了侧向思维，船老大不会游泳，必然会小心划船，比较安全。

侧向思维一般在下述两种情况下常用：第一种情况是实现目标的途径相当明确，原有各种思维方式、思路、方法均可达到既定目标，但由于人的习惯思维，尽管原方法有优有劣，但往往总是死抱着一条路不变。在这种情况下就必须果断地寻找新途径。例如要剪一块圆纸板，通常先在纸板上画出一个相应直径的圆，再用剪刀仔细剪下，花费时间较长。有人想到用圆规画圆，把圆

成就个人、团队、企业的铁血定律

规的笔尖改成小刀片，则成为一个很好的切圆片专用工具，不同方法解决了同一个问题，还节省了时间。第二种情况更为多用。为解决某一问题孜孜以求，朝思暮想，但按常规方法却难以完美解决，这时不妨转换一下思路，从与自己研究有关的领域中寻找解决的方法，或者请"外行"来参谋，出点子。或许就能很容易的解决问题。例如大家比较熟悉的鲁班发明锯，莫尔斯发明电报就是这种思维的典范。

为人处世，当向狼学习，从不蛮干，正面不行就迂回前进，从猎物意想不到的地方出击。《孙子兵法》说："先知迂直之计者胜。"所谓迂直之计，就是要懂得迂与直的侧向思维。这个谋略表面上是迂回曲折的道路，而实际上更有效、更迅速地为获利创造了条件。

秦朝末年，政治腐败，群雄并起，纷纷反秦。刘邦的部队首先进入关中，攻进咸阳。势力强大的项羽进入关中后，逼迫刘邦退出关中。鸿门宴上，刘邦险些丧命。刘邦此次脱险后，只得率部队退驻关中。为了麻痹项羽，刘邦退走时，将汉中通往关中的栈道全部烧毁，表示不再返回关中。其实刘邦一天也没有忘记要击败项羽，争夺天下。

公元前206年，已逐步强大起来的刘邦，派大将军韩信出征。出征之前，韩信派了许多士兵去修复已被烧毁的栈道，摆出要从原路杀回的架势。关中守军闻讯，密切注视修复栈道的进展情况，并派主力部队在这条路线各个关口要塞加紧防范，阻拦汉军进攻。韩信"明修栈道"的行动，果然奏效，由于吸引了敌军注意力，把敌军的主力引诱到了栈道一线，韩信立即派大军绕道到

第二编 个人平凡到卓越的狼道
脱颖而出的竞争法则

陈仓发动突然袭击，一举打败了章邯，平定三秦，为刘邦统一中原迈出了决定性的一步。

一般来说，人们常规思维方式是讲究"抢人之先"、"先发制人"、"争制高点"，谓之抢先一步天地宽。但是，在特定时期、特殊条件下，限于自身的实力，采用"迟人半步"的侧向思维方式，避敌锋芒，克已之短，取人之长，以期获得成功亦不失为一妙招，这也是智慧的精彩体现。

6. 欲擒故纵，多次行动

狼在捕猎中，常常采用欲擒故纵的方法。它们对付比自己强大的敌人，常常采取多次行动，每一次行动，把猎物咬伤，又放其一条生路。第二天对同一只猎物，采取同样的行动，使猎物新伤未好，又添旧伤，直到猎物没有反抗能力为止，这时它们就会一举捕获猎物。它们这种战术的运用，在我们人类其实很早就有这种战略战术的运用。

比如打仗，只有消灭敌人，夺取地盘，才是目的。如果逼得穷寇狗急跳墙，垂死挣扎，已方损兵失地，是不可取的。放他一马，不等于放虎归山，目的在于让敌人斗志逐渐懈怠，体力、物力逐渐消耗，最后己方寻找机会，全歼敌军，达到消灭敌人的目的。诸葛亮七擒七纵，绝非感情用事，他的最终目的是在政治上利用孟获的影响，稳住南方，在地盘上，次次乘机扩大疆土。在军事谋略上，有"变"、"常"二字。释放敌人主帅，不属常例。通常情况下，抓住了敌人不可轻易放掉，以免后患。而诸葛亮审时度势，采用攻心之计，七擒七纵，主动权操在自己的手上，最后终于达到目的。

狼道全集
成就个人、团队、企业的铁血定律

西晋末年，幽州都督王浚企图谋反篡位。晋朝名将石勒闻讯后，打算消灭王浚的部队。王浚势力强大，石勒恐一时难以取胜。他决定采用"欲擒故纵"之计，麻痹王浚。他派*客王子春带了大量珍珠宝物，敬献王浚；并写信向王浚表示拥戴他为天子。信中说，现在社稷衰败，中原无主，只有您威震天下，有资格称帝。王子春又在一旁添油加醋，说得王浚心里喜滋滋的，信以为真。正在这时，王浚有个部下名叫游统的，伺机谋叛王浚。游统想找石勒做靠山，石勒却杀了游统，将游统首级送给王浚。这样一来，王浚对石勒绝对放心了。

公元314年，石勒探听到幽州遭受水灾，老百姓没有粮食，而王浚不顾百姓生死，苛捐杂税，有增无减，民怨沸腾，军心浮动。石勒亲自率领部队攻打幽州。同年4月，石勒的部队到了幽州城，王浚还蒙在鼓里，以为石勒来拥戴他称帝，根本没有准备应战。等到他被石勒的将士捉拿住时，才如梦初醒。

王浚中了石勒"欲擒故纵"之计，身首异处，美梦成了泡影。

当社会是以市场经济为主题，"欲擒故纵"更加受到商界的推崇。这的确是个好策略。

有个大的电器公司，其产品质量上乘，在国内外享有盛誉，急需扩大生产规模，但公司当时拿不出那么多的资金搞扩建项目，比较可行的办法是兼并其他的小企业，利用改造小企业原有的设备。如何兼并对方？如果对方一点好处都得不到，怎么会俯首称臣呢？电器公司给小企业三大好处：

一是抽一部分技术人员对小企业职工进行培训；

二是拿出一部分资金对小企业原有设备进行改造；

三是在产品质量合格的前提下，小企业可使用公司的品牌。

结果轻而易举地吞并了这些小企业，使这家大电器公司，少

第二编 个人平凡到卓越的狼道
脱颖而出的竞争法则

花70%的资金，扩大了生产规模，增加了盈利。这就像先播种后秋收一样，先博得对方的好感，达到你的目的，这比主动出击成功率要高得多。

美国可口可乐公司，为了打开中国市场，不是一开始就向中国倾销商品，而是采取"欲将取之，必先予之"的办法。先无偿向中国提供价值400万美元的可乐灌装设备，花大力量在电视上做广告，提供低价浓缩饮料，吊起你的胃口，使你乐于生产和推销美国的可乐，而一旦市场打开，再要进口设备和原料，他就要根据你的需要情况来调整价格，抬价收钱了。

10年来，美国的可口可乐风行中国，生产企业由一家发展到很多家，销量、价格也成倍增长。美国商人赚足了钱，无偿给中国设备的投资早已不知收回几倍。这就是先让你尝到些甜头割舍不掉，然后再实施自己的计划，这种欲擒故纵之术，在商场中比比皆是。

人们在接受一项崭新的事物时，都需要一段适应的时间。谈生意也是这样，双方在开始的时候，往往都会怀着一些不大实际的想法，抱着各种固有的己见，希望顺利地达到自己的目标。可是，磋商的过程常常会使双方突然地醒悟过来，买方所希望的价格竟然成了不可能的事，卖方所期待的迅速成交也成了泡影。

事实证明，买方与卖方都不可能马上适应这些新发生的且不为他们所理解的现实。

一般来说，买卖双方在谈判过程中，买方总是需要充分的时间来考虑接受出乎意料的高价，而卖方在交易刚开始的时候，也从不准备降低预定的价格，需要足够的时间使双方适应，才能最终达成协议。

因此，买卖双方都要多为对方设身处地想一想，不要急于迫使对方让步。

尤其要注意的是,许多外国人谈交易总是离不开酒吧。只要你刚踏上对方的领地,他们就会亲切地接待。很长时间的旅途颠簸,你一定想先找一个宾馆好好地睡上一觉。可是,当你刚一下飞机或者火车,就有一位美丽的公关小姐来欢迎你,并且立刻告诉你,她已经替你安排好了一个美妙的夜晚。即使你告诉她你有多么疲倦也没有用。这时候,你为了不伤害她那高昂的热情,只好乖乖地就范了。在晚宴上,你吃得好,喝得足,直到很晚才回到宾馆,你会庆幸自己确实度过了一段非常美好的时光。可是,第二天一清早,谈判者请你参加会议了。谈判者开始一项一项地与你讨价还价。此刻,你的睡意还浓,头脑还不清醒,无疑会容易被对方征服。且慢!当心快速成交!要告诉对方我还不明白,我还没考虑好。

市场销售与踢球一样,终端销售就等于临门一脚。如何采取有效的终端策略,对准各类消费者的需求和防线从不同的角度进行强烈的攻击,从而最终飞起临门一脚,将球送进对方的球门,已经成为各个企业共同关注的热点问题。

7. 避其锋芒绕道而行

狼在捕猎过程中,懂得迂回而进,循循善诱,亦即能避其锋芒。

"避其锋芒绕道行",就如刀刃和刀背一样,刀刃很锋利,可以伤人,甚至可以置人于死地,而刀背最多能让你受点轻伤,无关紧要。避其锋芒,并不是要我们消极的避,而要采取积极主动的态度,要在避的过程中,做出迎战的准备,当别人刀刃不快的时候,就是我们出击之时。

从这个意义引伸出来的,就是从旁边着手,不与之正面冲

第二编 个人平凡到卓越的狼道
脱颖而出的竞争法则

突,就如骂人:他偷东西,你骂他是贼;他抢东西,你骂他是盗,这是笨伯。骂人必须先明虚实掩映之法,须要烘托旁衬,旁敲侧击,于要紧处只一语便得。所谓杀人于咽喉处着手。越要骂他你越要原谅他,即便说些恭维话亦不为过,这样的骂法才能显得你所骂的句句是真实确凿,让旁人看起来也可见得你的度量。在军事上有句:"补足成功,免除失败。""集结力量形成压倒优势,这是高于一切的基本原则。"

我们的日常生活中,避其锋芒绕道行,也是一种迂回战术,正面不能进攻,我们不如从侧面进攻,进行"旁敲侧击"。

在对孩子的教育中,我们怎样才能既不给孩子心灵造成压力,打击他的自尊心,又能起到教育的目的,让孩子明白事理呢?其中最关键的就是方式方法。下面一例就是在教育孩子过程中采取"避其锋芒绕道行"的绝好例证。

小峰是一个非常聪明的孩子。但平时做事急躁、写字马虎、作业粗心,成绩一直处于中等水平。

家长采了多种教育方法,仍效果不大。

有一次,父母带他去乡下舅舅家做客,看见木匠正在修木桶。只见木匠认真检查着每一块木桶板,把一块木板仔细查看了一番后,拆了下来,重新制作了一块装上去。

小峰很奇怪,问木匠:"这块木板不是挺好吗?又白又光滑,扔了多可惜?"

木匠拿起被扔的木板,指给小峰看:"你瞧,在这儿有个黑斑,说明已开始烂了,现在还可以,但不久就会烂成洞,水桶便漏了,不能用了。这不是以小失大吗?"小峰懂了,点点头。妈妈在旁接着说:"你看,师傅做事多认真,一点都不马虎。"说得小峰心里一动。

爸爸若有所悟,想到著名的木桶原理,便借题发挥,语重心长地说:"小峰,木桶所以能盛水,靠每块木板完好无损。如果其中一块桶板坏了,就会影响整个木桶的盛水功能。人的素质也一样,急躁、粗心、马虎就像坏了的一块桶板,也会因小失大的呀!儿子,你说对吗?"

说得小峰的脸一下子涨得通红。晚上回家后,父亲找出叙述"木桶原理"的书给小峰阅读,引导他写读后感。从此,小峰逐渐改掉了作业粗心、做事急躁的毛病,成了品学兼优的学生。

小峰父母抓住偶尔的一次机遇,在轻松愉快的情境中,在小峰亲眼目睹产生疑问的情况下,巧妙地将儿子做事急躁、写字马虎等缺点与木板上的"黑斑"作类比,"绕弯子"进行喻之以理的教育,使小峰从木桶原理中领悟到了深刻的道理,逐步改掉了缺点。

小峰的父母不是直接批评,而是采取迂回战术,从旁指点,亦即旁敲侧击巧妙的帮助孩子认识问题。这种方法的运用要因人而异,根据不同年龄、不同性格特点的人,采取旁敲侧击的方式也将有所变化。

这种旁敲侧击也就是我们平常所说的"逆向思维",即"换一个角度看问题"。这实际上是一种思维定式和一个思想方法的问题。但是就是这个"思维定式"或"思想方法"的正误,往往在我们的经营活动中起着举足轻重的作用。错位竞争是逆向思维的一种操作方式。

所谓"错位竞争",用厂家和商家的通俗语言来表达,就是:你干这一行,我干那一行;你这么干,我那么干。与低层次的价格竞争相比,错位竞争因其独特的、出其不意的竞争理念而别具一格,因而其竞争空间愈加广阔,更加容易收到事半功倍的效果。

在一个个经济热点中,由于人们的从众心里,盲目跟风,但

第二编 个人平凡到卓越的狼道
脱颖而出的竞争法则

是市场容量是有限的，大家一拥而上，往往造成经济泡沫，结果绝大部分的投资者都赚不到钱，反而会亏本。你未第一个发现金矿，未能第一个掘到第一桶金，也许你永远挖不到金子，因为挖金子的人太多了。大量的事实证明，许多时候，业内跟风不是一条成功之路，业外跟风也无可取之处。回报再丰厚的项目，随着蜂拥而上的投资者，也会很快失去魅力；再平常的项目，只要率先被市场认可，也会形成滚滚财源。

"换一个思路想问题"，也许就能在经济热点中柳暗花明另辟蹊径。这是经济学上所谓"搭便车现象"，即自己不费创新成本，便可分享他人的创业利润，在市场过热时，避开热点寻良机，开发相邻产业，利用经济热点所扩大的市场容量，赚取额外利润。

8．静观其变抓其痛处

狼非常善于观察，能够在观察中准确地找到猎物的弱点，然后，从其弱点处下手，一举捕获到猎物。狼的这种战术的运用，总结出来就是"静观其变抓痛脚"，亦即以静制动。

以己之"静"制敌之"动"。静不是绝对静止，而是静观、细察、周密思考。猝遇强敌或突变，常须此计。

"静"这个字，时时刻刻都离不开它。门整天不断的关和开，而户枢却常静止着；漂亮和丑陋的面容天天在镜子前"留连"，而镜子却常常静止着；惟独有"静"才能制动。如果随波逐流，随动而动，所要做的事就必定没有什么结果。即使在睡觉的时候，假如不保持宁静的心境，所做的梦也会乱七八糟的。

任何盲动不如不动。静，有时比动更有力量。以静制动也要根据具体情况，灵活运用。静观并不等于消极，相反还能造成某种气势，迫使对方就范，而自己便坐收其利。

"以静制动"的静和动不是绝对的,它们是相互关联,并能时时转化。其实静中也有动,动中也有静,静和动的区分只能看谁占主导地位了。以静制动的关键是我们要善于观察,于细微处,发现对手破绽,及以己之静来克制别人之动,最后攻其要害,达到自己的目的。

清朝康熙年间有一名叫曹福的捕快,由于他长期在衙门担任缉捕盗贼的差役,累积了丰富的经验,难以破获的盗窃大案或人命凶案交给他,很快就能破获,因而曹福很受上级的器重和同事的尊重。平时闲来无事,曹福就喜欢在外溜哒,实际是在观察过往行人的行迹,从中发现可疑之处。

这天,曹福吃罢午饭,又在河堤上游逛。河中船舶如织,南来北往,好一派繁忙景象。这时,一条小舟靠岸了。这是一艘空船,船主将小船的缆绳拴在岸上的一块大石头上,然后就坐在石头上,掏出旱烟抽了起来。

曹福看了一会儿,立刻登上小舟,坐了下来。船主看见有生人上了船,立马跨上船来,催促曹福离开,曹福就是不走。船主说:"你不走,我就要解下缆绳开船了。"曹福却笑着说:"你开船吧,我愿意与你同行。"

船主还从来没遇到过这样的人,喝斥道:"你这人真是岂有此理!为什么赖在我船上不走?"

曹福不紧不慢地说:"因为你船上有异物,我要搜查。我是衙门捕快。"

船主听他这样说,走过去揭开舱板,怒气冲冲地对曹福吼道:"你搜吧!"曹福也跟着过去一看,舱中空无一物。"这下你该上岸了吧!"船主说道。

第二编 个人平凡到卓越的狼道
脱颖而出的竞争法则

谁知曹福并不挪步,继续说道:"请把底板打开。"船主坚持不肯。曹福拿起一根铁棍,硬把底板撬开,发现底板下厚厚一层金帛。船主顿时傻了眼。曹福将其扭送衙门,经审讯船主是多年的老贼。

曹福似乎在漫不经心中拿获老贼,人们十分奇怪,问他凭什么发现船上有赃物的呢。曹福笑着说:"其实这很简单,我看这船很小,船舱又未装什么货物,但它行驶在河中,风浪却不能使其波动;而船主在拴船缆时,牵拽也很是吃力,故我断定船夹层里一定有重物,一查果然如此。"

又有一次,城外田沟发现了一具尸体。死者不是本地人,像是外地商人,显然是凶手谋财害命。但案发后,凶手已逃之夭夭,县令严令捕快近日拿获凶手。其他捕快经过明察暗访,查不到丝毫线索,十分焦急,都想去请教一下曹福,可是曹福却不见了踪影。经过一番搜寻,大伙才在河堤边的一座茶馆里找到了他。曹福正临窗而坐,一边喝茶,一面注视着河中的情景。

"曹兄,你真有闲情逸致,坐在这儿品茗赏景,我们都急死了。"大伙不无埋怨地说道。

"急什么?来,来!坐下喝杯茶再说。"曹福招呼大家坐下,眼睛却始终不离河面。

大伙儿被他搞得莫名其妙,说道:"河里有什么看头,除了船还是船。快给我们想想办法吧。"

正在这时候,河对岸有一艘大船开走了,原来被它遮住的一艘中等船呈现出来。这艘船上晒着一床绸被。曹福注视了一会儿,立刻把桌子一拍:"凶犯就在那艘船上面!"

成就个人、团队、企业的铁血定律

大伙儿来不及细问,都一齐向河边奔去,借了艘小船,很快地划到对岸,连船带人扣了下来,送往衙门。

经过审讯,船主终于招供:一个行商坐他的船时,他发现这人带了很多银子,于是起了歹心,夜间乘商人熟睡时把他杀了。然后将尸体抬到岸上,扔在田沟旁。

一桩杀人凶案就这样给破了。事后,大伙儿特地将曹福邀到那座茶馆,请他谈谈怎么就能一眼识别真凶。

曹福呷了一口茶,笑了笑说:"干我们这一行的人,一是要累积经验,二是要善于观察。你们当时大概没有看到,那艘船船尾晒着一床新洗的绸被,上面苍蝇群集,这就有问题。大凡人的血沾上衣被等物后,血迹虽然能够洗去,但血腥味却很难一下子除净,所以招来苍蝇。那床绸被上有苍蝇,证明上面一定有血腥味,苍蝇又聚集了那么多,说明血腥味很浓,肯定沾了很多人血。如果不杀人,哪来这么多的人血?这是其一。其二,只要在船上待过,都应知道船家根本不用或极少使用绸被面的。况且,船家再富有,洗被子时也绝不会不将绸面拆去而与被里子一同洗晒,而这个船主却将整床绸被子一起洗晒。这不是盗来的又是什么?就凭这两点,我断定船主就是凶手。"

听到这里,大伙个个点头称是,无不佩服曹福的智慧和经验。

曹福就是凭着自己经验和智慧,静静的观察,以静制动,但同时又从别人的"动"中发现问题所在,抓住凶手。

"心急吃不了热豆腐",在与对手过招中,如果你急功近利,快人快语,会给你带来没有必要的损失。"紧开口,慢眨眼"是

第二编 个人平凡到卓越的狼道
脱颖而出的竞争法则

前人处事的经验。无论做事还是与人交谈，在清楚和了解事情起因和别人说话的目的之后，再阐明自己的观点，既会使自己有的放矢，又会给对方留下良好的印象。

我们要学会做一个有耐心的听众，并且把你对他的尊重和诚意表现在脸上。在工作中，最大的错误就是高谈阔论，"我"字不离口："我想担任这个职务，因为我有足够的把握和能力"，"我的设想是……"，"我的需要是……"，他们普遍缺少倾听的耐心，对别人说些什么很少认真地去听，而是只忙于考虑接下来说的话。其实倾听艺术也是以静制动的一种方法，它为我们解决生活、工作中的难题，提供了一个不可缺少的一种手段和方法。

9. 该出手时才出手

狼善于等待时机，我们也应该像狼一样善于等待——"该出手时才出手"。"该出手时才出手"是指等待时机，等时机成熟了，再去谋事，它实际就是"以逸待劳"。让对手处于困难局面，不一定只用进攻之法。关键在于掌握主动权，待机而动，以不变应万变，以静对动，积极调动对手，创造战机，不让对手调动自己，而要努力牵着敌人的鼻子走。但我们不能消极被动地等待，也不是柔弱无能，而是柔中有刚，刚中有柔。

这种方法的精髓在于以小变应大变，以不变应万变，以静态应动态，这是我们开拓人生事业的一个法宝。

必要的退让可以换来更大的利益；一味地咄咄逼人则有可能使你陷入死胡同。当然，退让策略的运用，既要适时，又要得体，一定要充分掌握对方的心理活动，使自己有必胜的信心，同时，要对自己控制局势的能力有正确的估计，万不可不分时机地滥用。

"该出手时才出手"这种智慧在现代经商赚钱之中也是经常用到的一种方法。利用此法需要经营者心理承受能力好,在和对手进行斗智斗勇的过程中,要耐得住时间,耐得住各种各样的诱惑和小恩小惠,保持良好的自我状态,才能取得自己真正的需求。

在生意场上,甘愿妥协退步,不是目的,而是以退步赢得时机,休息静思,想出奇招,也使自己获益。因为必须的退步是换来更大的利益的保证,万不可在经营不利的情况下,盲目行事与对手硬拼,一定要停下来寻找机会,等待时机,再来竞争,反败为胜。

英国友尼利福公司经理柯尔在企业经营中,有一个基本的信条,即"不拘束于体面,而以相互利益为前提"。依据这一信条,他在企业经营和生意谈判中常常采用退让策略。

在一定情况下,甘愿妥协退步,以赢得时机发展自己,结果可能是退一步,进两步,实质上还是自身获益。

友尼利福公司在非洲东海岸早就设有大规模的友那蒂特非洲子公司,那里有丰富的肥料,并适合于栽培食用油原料落花生,是友尼利福公司的一块宝地,也是其主要财源之一。

第二次世界大战结束后,随着非洲民族独立运动的兴起和发展,友尼利福这些肥沃的落花生栽培地一块块地被非洲国家没收,这使该公司面临极大的危机。针对这种形势,柯尔对非洲子公司发出了6条指令:

第一,非洲各地所有友那蒂特公司系统的首席经理人员,迅速启用非洲人;

第二,取消黑人与白人的工资差异,实行同工同酬;

第三,在尼日利亚设立经营干部养成所,培养非洲人当干部;

第二编 个人平凡到卓越的狼道
脱颖而出的竞争法则

第四,采取互相受益的政策;

第五,以逐步寻求生存之道;

第六,不可拘束体面问题,应以创造最大利益为要务。

柯尔在与加纳政府的交涉中,为了表示尊重对方的利益,主动把自己的栽培地提供给加纳政府,从而获得加纳政府的好感。后来,为了报答他,加纳指定友尼利福公司为加纳政府食用油原料买卖的代理人,这就使柯尔在加纳独占专利权。

在同几内亚政府的交涉中,柯尔表示自行撤走公司,他的这种坦诚的态度反而使几内亚受到感动,因而允许柯尔的公司留在几内亚。在同其他几个国家的交涉中,柯尔也都采用了退让政策,从而使公司平安地渡过了难关。

先发制人是战争与竞争的一般规律,而后发制人是敌强我弱时常用的谋略。

后发制人运用得当,常可以弱胜强、以少胜多。

从政治上讲,后发制人容易争取人心,动员民众,取得国际同情和支持;

从军事上讲,后发制人强调以我之持久,制敌之速决,避免在不利时进行决战,以便争取时间,创造条件取胜。

从市场竞争上讲,后发制人避免与强大对手硬拼,而等到对手走下坡路时,再乘机出击。

后发制人的谋略主要表现为8个字:避其锐气,蓄盈待竭。蓄盈,即保持和壮大自身的力量;待竭,即消耗和削弱对手的力量。"后发"的计谋是有目的、有预见、胸有成竹的,绝不是畏敌怯战,而是寻机待战。

20世纪50年代日本布制玩具小狗很受欢迎,有许多厂家竞争,有用绸制的,有五颜六色的,有能摇头的,都增加了不少成本,而售价却高不上去,难以持久。

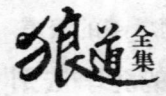

成就个人、团队、企业的铁血定律

三鹰市有个酒井小作坊,人少本微,快被竞争对手挤垮了。可他灵机一动,用红色塑料管斜截一段插入狗嘴巴,使这个小狗宛如伸出鲜红的小舌头,有了特色,颇受孩子们的喜爱,成本也不用增加多少。酒井就是靠这后发制人的谋略,反败为胜,成为名气越来越大的玩具公司老板。在国际市场竞争中,如果有强大对手企图用削价抛售来占领市场,聪明

的企业家决不竟相削价争夺,而是保持价格,提高质量。因为削价抛售绝不能持久,待对手衰竭,就可以高质量夺回市场。

10. 明指东来暗打西

狼在捕猎的时候,常常运用声东击西的战术。这种战术的运用,使狼能够更有效地战胜比自己强大的动物。

声东击西,是忽东忽西,即打即离,制造假象,引诱对手做出错误判断,然后乘机挫败对手的策略。为使对方发生混乱,必须采用灵活机动的行动,本不打算做某件事,却佯装要做;本来决定做某件事,却不显出任何的迹象。似可为而不为,似不可为而为之,敌方就无法推知己方意图,被假象迷惑,做出错误判断。

当然光是靠闪电般的速度还是不行的,一些眼睛好的人还是会紧盯你的每一个动作,所以为了不让别人看见你关键的动作还要多做一点小动作,比如你要将右手的硬币变掉可以先让别人看看左手,再着重提示别人说:我的左手没有硬币。就在别人关心你左手的时候,就是你将右手硬币变掉的最好时机。这就是转移视线。这种方法在很多魔术中都有应用。如一些大型魔术,当魔术师在台上乱放花招的时候,其实他什么也没做。倒是后台一群助手忙得不可开交。总之,转移视线是魔术中的关键。

第二编 个人平凡到卓越的狼道
脱颖而出的竞争法则

这一策略在于把对方的注意力集中在我方不甚感兴趣的问题上，使对方增加满足感。这种策略如果能够运用得熟练，对方是很难反攻的。它可以成为影响人生的积极因素，而不必负担任何风险。

王先生和刘小姐同在一家公司，王先生对刘小姐的爱慕已有许久，但总是没有机会向刘小姐表达自己的情感。

刘小姐原来有一个男朋友，两个人看起来关系也不错，所以王先生的这份爱只能隐藏在心里。前不久听说刘小姐与男友分手了，为此刘小姐还耽误了很长一段时间的工作。所以王先生就更不敢向刘小姐提了，怕刘小姐认为他是乘人之危，会对他产生戒心，以后就更难接近了。他能够做的只是见面时说几句无关紧要的客套话。

王先生从同事的聊天中偶然获悉刘小姐的家人由于健康原因住进了医院，这就需要刘小姐每天下班后到医院照顾。

王先生认为机会终于来了，于是对刘小姐说这家医院正好在他家附近，于是，王先生每天借此理由同刘小姐一路去医院，还偶尔给刘小姐买一些零食或休闲类的书籍，对刘小姐说一些注意身体、有事需要帮忙可给我打电话等表示关切的话语。由于刘小姐较为忙碌，且王先生的理由充分，对王先生的所作所为不以为然，总以为王先生与她只是一般朋友的交往，从未怀疑王先生"心怀鬼胎"。

一个月之后，刘小姐的家人康复出院。由于王先生一个月的不懈努力，刘小姐习惯了与王先生的友好接触，静下心来一想，王先生一个多月来的行为让她非常感动，于是对王先生也产生了好感。

王先生若不是趁刘小姐家人生病需照顾之机，在刘小姐忙得无暇顾及他的时候，悄悄地涉入了她的生活，与之接近的话，刘

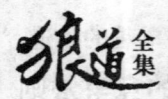

成就个人、团队、企业的铁血定律

小姐很可能会对王先生的举动暗自设防，除非刘小姐那时正好在暗恋着王先生。王先生趁刘小姐忙于其他事的时候，心里不设防时，借机接近刘小姐，达到了自己的目的。这就是生活中成功运用了声东击西的策略。

声东击西之计，早已被历代军事家熟知，所以使用此计必须充分估计敌方情况。方法虽一个，但可变化无穷。

在美西战争中就曾发生过这种事。美国同西班牙开战，不久从西班牙手中抢到菲律宾和古巴，随后又将"安的列斯的明珠"波多黎各攫到手中。抢占波多黎各之役正是运用声东击西之计的典型。

负责攻占波多黎各的美国将领纳尔逊·迈尔斯，是一名参加过内战的猛将。他的作战计划很简单：派一支约3万人的大军在波岛东岸的法加多角或圣胡安角登陆，然后向西北进军，直扑数十公里外西班牙军队筑垒固守的城镇圣胡安，进击西班牙在波多黎各的权力中心。

细心的人会发现这个计划其实是个愚勇之将的拙计。因为圣胡安工事牢固，又有近万名西班牙士兵守城，只能以硬碰硬，死打强攻。

其实，迈尔斯另有打算。

他的首批部队从古巴的圣地亚哥上船出海，接着是4天的海上航行，与外界切断了一切联系，连华盛顿方面也闹不清他到了何处。在这4天中，这支小小的船队慢慢向东，从北面绕过伊斯帕尼奥拉岛，摆出一副按计划行事、开往波多黎各东海岸的架势。

船队距离圣胡安只有100公里时，迈尔斯突然改变了主意，命令船队改变航向，加速向西航行。

第二编 个人平凡到卓越的狼道
脱颖而出的竞争法则

迈尔斯命令一艘巡洋舰炮轰圣胡安角，自己却带领部队在岛西南的小港瓜尼卡登陆。而西班牙军队把主要兵力都集中在圣胡安一带，根本没有料到美军会在这里登陆，一下子乱了阵脚，不知在何处才能堵住美军。

西班牙人组织不起有力的抵抗。迈尔斯的部队席卷波多黎各岛。

待英西两国签订停火协议时，全岛已有75%落入迈尔斯手中。迈尔斯在岛上作战近20日，伤亡仅50人。

声东击西的战术运用于战争，我们已见怪不怪了，这一仗受骗的不仅有西班牙人，事实上连美国总统威廉·麦金利和陆军部长拉塞尔·阿尔杰都被蒙在鼓里。直到战斗打响后，他们才明白原来迈尔斯用了声东击西的战术。

虽然声东击西为历代军事家所常用，在生活、事业的谋略上，"声东击西"也是一个屡试不爽的策略，同样大有用场。声东击西的战术运用得当，可以给你一种意想不到的效果。在人生的事业中，我们不妨用一点这种智慧，它可以缩短成就事业的历程。

11. 画个大饼钓胃口

"画个大饼钓胃口"实则是"瞒天过海"的具体运用，也是狼惯用的一种智慧。"画大饼钓胃口"常常是着眼于人们在观察处理世事中，由于把握了某些习见不疑而自觉不自觉地产生了疏漏和松懈的事情，故能乘虚而示假隐真，掩盖某种实际行动或行为，把握时机，出奇制胜，于别人不觉察中处理难缠的事和人。

此法运用之关键，是把计谋隐藏在平常的事物之中，从而顺

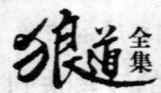

成就个人、团队、企业的铁血定律

利实施,实际上是"攻其不备,出其不意"。行为鬼祟,但让人警惕,计谋自败;实施暴力,招致激烈反抗,往往导致不可控制、不可挽回的恶果。这些都是睿智之士所鄙夷的。

在生活中,我们会遇到很多难缠的事,诸如资金短缺、产品宣传乏力、人力资源溃乏等等。要想解决这些难缠的事,不妨把你的企图隐藏在心中,然后暗中行动。这也是我们常说的"画饼钓胃口"的经营之道。

中国第一家五星级宾馆,也是第一家中美合资的宾馆——北京长城饭店正式开张营业。开业伊始,面临的首要问题就是如何招徕顾客。

按照通常的做法,应该在中外报刊、电台、电视台做广告等。这笔费用是十分昂贵的,国内电视广告每30秒需数千元,每天需插播几次,一个月最少需要几十万元。但由于北京长城饭店的基本客户来自香港、澳门及海外各国,这就需要海外的宣传,而香港电视台每30秒钟的广告费最少是3.8万港元,若按内地方式插播,每个月需几百万元人民币。

至于外国的广告费,一个月下来更是个天文数字了。一开始,北京长城饭店也曾在美国的几家报纸上登过几次广告,后来因为经费不足,收效又不佳,只得停止广告攻势。广告攻势虽然停止了,北京长城饭店宣传自己的公关活动却没有停止,他们只不过是改变了策略。北京市为了缓解八达岭长城过于拥挤之苦,整修了慕田峪长城。

当慕田峪长城刚刚修复、准备开放之际,北京长城饭店不失时机地向慕田峪长城管理处提出由他们来举办

第二编 个人平凡到卓越的狼道
脱颖而出的竞争法则

一次招待外国记者的活动,一切费用都由北京长城饭店负担。双方很快便达成了协议。

在招待外国记者的活动中,有一项内容是请他们浏览整修一新的慕田峪长城,目的当然是想借他们之口向国外宣传新开辟的慕田峪长城。这一天,北京长城饭店特意在慕田峪长城脚下准备了一批小毛驴。毛驴是中国古代传统的代步工具,既能骑,也能驮东西。如果长城、毛驴被这些外国记者传到国外,更能增加中国这一东方文明古国的神秘感。

这次北京长城饭店准备的毛驴,除了一批提供给记者骑的以外,大部分是用来驮运饮料和食品。当外国记者们陆续来到山顶之际,主人们从毛驴背上取下法国香槟酒,在长城上打开,供记者们饮用。长城、毛驴、香槟、洋人,记者觉得这个镜头对比太鲜明了,连连叫好,纷纷举起了照相机。照片发回各国之后,编辑们也甚为动心。于是,第二天世界各地的报纸几乎都刊登了慕田峪长城的照片。北京这家以长城命名的饭店名声也随之大振。

通过这次活动,北京长城饭店的公关经理——一位当过记者的美国小姐,尝到了通过编辑、记者的笔头、镜头,把长城饭店介绍给世界各国,不仅效果远远超过广告,而且还可少花钱的甜头。于是,精明的公关小姐心中盘算起举办一次更大规模的公关活动。机会终于来了。

正值美国总统里根将访问中国。

北京长城饭店立即着手了解里根访华的日程安排和随行人员。当得知随行来访的有一个500多人的新闻代表团，其中包括美国的三大电视广播公司和各通讯社及著名的报刊之后，北京长城饭店的这位公关经理真是喜出望外，她决定把早已酝酿的计谋有步骤地付诸实施。

首先，争取把500多人的新闻代表团请进饭店。他们三番五次免费邀请美国驻华使馆的工作人员来长城饭店参观品尝，在宴会上由饭店的总经理征求使馆对服务质量的意见，并多次上门求教。在这之后，他们以美国投资的一流饭店，应该接待美国的一流新闻代表团为理由，提出接待随同里根的新闻代表团的要求，经双方磋商，长城饭店如愿以偿地获得接待美国新闻代表团的任务。

里根总统的夫人南希后来给长城饭店写信说："感谢你们周到的服务，使我和我的丈夫在这里度过了一个愉快的夜晚。"

通过这一成功的公关活动，北京长城饭店的名声大振。

各国访问者、旅游者、经商者慕名而来；美国的珠宝号游艇来签合同了；美国的林德布来德旅游公司来签订合同了；几家外国航空公司也来签合同了。

后来，有38个国家的首脑率代表团访问中国时，都在长城饭店举行了答谢宴会，以显示自己像里根总统一样对这次访华的重视和成功的表示。从此，北京长城饭店的名字传了出去。

"画个大饼钓胃口"——用于经营赚钱，其技巧和方法的基本思想是用"欺骗"的手段暗中行动，将你赚钱的企图隐藏在明显的事物中，以达到自己的目的。一般人对司空见惯的事物，往

第二编 个人平凡到卓越的狼道
脱颖而出的竞争法则

往不会怀疑。此计正是利用人们的这一错觉，来掩盖自己的真正意图。"画饼钓胃口"之计，是最常见的，也是用得最多的。正因为如此，很容易被人们忽视，从而使各商家在销售中容易实施，达到其推销产品、推销自己，占领市场的真实目的。

此招对于商家而言，已见怪不怪了，这是他们常用的一种手段和方法。有许多商家正是适当的运用此招，让自己的生意红红火火，或者让自己从濒临破产和倒闭的现实中，摆脱困境，重获新生。此种方法运用应适可而止，切不可盲目冒进，因小失大。

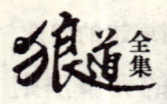
成就个人、团队、企业的铁血定律

第四章 像狼一样主动行动

狼天生就具有一种战斗性格,可以说战斗是狼生命的本质。在狼群内部,要通过战斗决定自身在狼群中的地位;在自然界中,狼群要通过战斗获得保障生命存活的食物;狼群还要与给它们带来许多灾难的自然环境抗争;与最可怕的人类交锋。狼的这种战斗精神给我们人类很多启示,我们要像狼一样行动,征服自己,超越自己。当今社会风云变幻,成功机会转瞬即逝,我们要理智地、身体力行地分析现状,果断采取行动,坚定地付诸行动的决心和不断超越现状的执着追求,并以此向成功宣战。

1. 既重心动,更重行为

狼的生存环境是十分严酷的,但无论狼一生中要遭遇多少挫折,也无论每一次的挫折有多么严重,留给狼思考的时间几乎没有。因为狼如果不很快地从上一次的挫折中走出,而只是一味地思索、思考,那么,结果只能是一个:饿死!狼是思想家,但是狼从来不会因为思想而停止行动。

梦想是强者的起跑线,决心则是起跑时的枪声,行动犹如跑

第二编 个人平凡到卓越的狼道
脱颖而出的竞争法则

者全力的奔驰,惟有坚持到最后一秒,方能获得成功的锦标。

一个人的成功关键在于行动。因此,我们主张,既重心动,更重行动。

决定是银,行动是金。只有行动,理想才能变为现实;只有行动,才能一步一步地迫近成功;只有行动,才会有结果。就像草原上的狼,只有行动,只有奔跑,才能捕获到猎物,才不至于被饿死。

行动的重要性人皆知之,只要你认真回想和总结自己的一生,你就会发现,你的所有成功、所有收获,哪怕是最小最些微的,都是行动的结果。从小的时候,你刚生下来时的呀呀学语,到试着跨出人生的第一步,到你走向上社会,在人生的大海里畅游,练得一副好身手,无一不是行动的结果。

然而,当我们用目光扫视人群时,你就会发现,不同的人对行动有不同的理解,不同的人有不同的行动。有的人是在迫不得已时,才跨出一步半步;有的人则以积极的姿态时时刻刻积极行动。同样都是行动,但这两种不同的行动态度、行动方式却会产生两种截然不同的行动结果,形成反差很大的两种人生。

在美国,有一位名叫西尔维亚的女孩,其父亲是波士顿有名的整形外科医生,母亲在一家声誉很高的大学担任教授。她的家庭对她有很大的帮助和支持,她完全有机会实现自己的理想。从念大学的时候起,她就一直梦寐以求地想当电视节目的主持人。

她觉得自己具有这方面的才干,因为每当她和别人相处时,即便是陌生人也都愿意亲近她并和她长谈。她也知道怎样从人家嘴里"掏出心里话"。她的朋友们称她是他们的"亲密的随身精神医生"。她自己常说:"只要有人愿给我一次上电视的机会,我相信一定能成功。"

但是,她为达到这个理想而做了些什么呢?其实什么也没

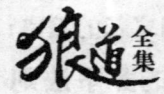成就个人、团队、企业的铁血定律

做。

她一直在等待奇迹出现，希望一下子就当上电视节目的主持人。这种奇迹当然永远也不会到来。因为在她等奇迹到来的时候，奇迹正与她擦肩而过。你明白为什么这样的人注定不会成功了吧？光有梦想是不够的，要想成功，你必须为自己的理想认真地铁定追求到底的决心，并且马上行动。

哥伦布还在求学的时候，偶然读到毕达哥拉斯的一本著作，他知道地球是圆的，他就牢记在脑子里。经过很长时间的思索和研究后，他大胆地提出，如果地球真是圆的，他便可以经过极短的路程而到达印度了。自然，许多有常识的大学教授和哲学家们都耻笑他的意见。因为，他想向西方行驶而到达东方的印度，岂不是痴人说梦话吗？

他们告诉他：地球不是圆的，而是方的，然后又警告道，他要是一直向西航行，他的船将驶到地球的边缘而掉下去⋯⋯这不是等于走上自杀之途吗？

然而，哥伦布对这个问题很有自信，只可惜他家境贫寒，没有钱让他实现这个冒险的理想，他想从别人那儿得到一点钱，助他成功，他空等了17年，最后还是失望。他决定不再等下去，于是启程去见皇后伊莎贝露，沿途穷得竟以乞讨糊口。皇后赞赏他的理想，并答应赐给他船只，让他去从事这种冒险的工作。接下来的问题是，水手们都怕死，没人愿意跟随他去，于是哥伦布鼓起勇气跑到海滨，捉住了几位水手，先向他们哀求，接着是劝告，最后用恫吓手段逼迫他们去。一方面他又请求女皇释放了狱中的死囚，允许他们如果冒险成功，就

第二编 个人平凡到卓越的狼道
脱颖而出的竞争法则

可以免罪恢复自由。

一切准备妥当，1492年8月，哥伦布率领三艘帆船，开始了一个划时代的航行。

刚航行几天，就有两艘船破了；接着又在几百平方公里的海藻中陷入了进退两难的险境。他亲自拨开海藻，才得以继续航行。在浩瀚无垠的大西洋中航行了六七十天，也不见大陆的踪影，水手们都失望了，他们要求返航，否则就要把哥伦布杀死。哥伦布兼用鼓励和高压两种手段，总算说服了船员。

天无绝人之路。在继续前进中，哥伦布忽然看见有一群飞鸟向西南方向飞去，他立即命令船队改变航向，紧跟这群飞鸟。

因为他知道海鸟总是飞向有食物和适于它们生活的地方，所以他预料到附近可能有陆地。

果然，哥伦布很快发现了美洲新大陆。

可以想像，如果哥伦布再等下去，必然会一生蹉跎。美洲大陆的发现使人们改变了对他的看法，成功者的桂冠属于哥伦布了。哥伦布最终成了英雄，他从美洲带回了大量黄金珠宝，并得到了国王的奖赏，以新大陆的发现者名垂千古。这一切都是行动的结果。

不能把今天的事留给明天，即使我们的行动不会带来快乐和成功。但是行动的失败总比坐以待毙好。行动也许不会结出快乐的果实，但是没有行动，所有的果实都无法收获。

立刻行动，立刻行动，立刻行动。从今往后，我们要一遍又一遍，每时每刻重复这句话，直到成为习惯，好比呼吸一般，好比眨眼一样，成为一种条件反射。有了这句话，我们就能调整自己的情绪，去迎接和挑战失败。今天是我们的所有。明天是为懒汉保留的工作日，我们并不懒惰；明天是弃恶从善的日子，我们并不邪恶；明天是弱者变成强者的日子，我们并不软弱；明日是失败者借口成功的日子，我们并不是失败者。

努力应从今日起，无限风光在眼前！从现在开始努力，并时刻告诫自己：决不可坐以待毙，守株待兔。因为大好的机遇，从来都垂青懂得珍惜生命和把握现在的人！

我们是一群狼，除非行动，否则死路一条。

追求成功不能等待。如果我们迟疑，她就会投入别人的怀抱，永远弃我们而去。

现在就付诸行动吧！

2. 自动自发地行动

作为一头狼，如果主动生活，就还会被生活抛弃。在工作中，我们同样应该具有这种狼的精神。

人世中的许多事，只要想做，都能做到，该克服的困难，也都能克服。关键是看你是否有一颗主动生活的心，能不能自动自发去行动。

我们先来看一下下面这则故事：

1965年，一位韩国学生到剑桥大学主修心理学。在喝下午茶的时候，他常到学校的咖啡厅或茶座听一些成功人士聊天。这些成功人士包括诺贝尔奖获得者，某一些领域的学术权威和一些创造了经济神话的人，这些人幽默风趣，举重若轻，把自己的成功都看得非常自然和顺理成章。时间长了，他发现，在国内时，他被一些成功人士欺骗了。那些人为了让正在创业的人知难而退，普遍把自己的创业艰辛夸大了，也就是说，他们在用自己的成功

第二编 个人平凡到卓越的狼道
脱颖而出的竞争法则

经历吓唬那些还没有取得成功的人。

作为心理系的学生,他认为很有必要对韩国成功人士的心态加以研究。

1970年,他把《成功并不像你想像的那么难》作为毕业论文,提交给现代经济心理学的创始人威尔·布雷登教授。布雷登教授读后,大为惊喜,他认为这是个新发现。这种现象虽然在东方甚至在世界各地普遍存在,但此前还没有一个人大胆地提出来并加以研究。惊喜之余,他写信给他的剑桥校友,当时正坐在韩国政坛第一把交椅上的人——朴正熙,他在信中说:"我不敢说这部著作对你有多大的帮助,但我敢肯定它比你的任何一个政令都能产生震动。"

后来,这本书果然伴随着韩国的经济起飞了。这本书鼓舞了许多人,因为他们从一个新的角度告诉人们,成功与劳其筋骨,饿其体肤,三更灯火五更鸡头悬梁、锥刺股没有必然的联系。只要你对某一事业感兴趣,长久地坚持下去就会成功,因为上帝赋予你的时间和智慧够你圆满做完一件事情。后来,这位青年也获得了成功,他成了韩国泛业汽车公司的总裁。

并不是因为事情难我们不敢做,而是因为我们不敢做事情才难的。这就需要我们在工作和生活中要自动自发。自动,指的是随时准备把握机会,展现超乎他人的工作表现,以及拥有"为了完成任务,必要时不惜打破常规"的智慧和判断力。自然世界中没有一只狼是坐享其成的,生活中的"墨守成规、坐享其成"也必然没有成长的空间。

要想在现代社会中获得成功,就必须努力培养自己的主动意识:在工作中要勇于承担责任,主动为自己设定工作目标,并不断改进方式和方法;此外,还应当培养推销自己的能力,在领导或同事面前要善于表现自己的优点,有了研究成果或技术创新之后要通过演讲、展示、交流、论文等方式和同事或同行分享,在工作中犯了错误也要勇于承认。只有自动自发的人才能在瞬息万变的竞争环境中获得成功,只有善于展示自己的人才能在工作中获得真正的机会。

自动自发地工作,我们每个人都有成功的机会,关键是你要具有主动的意识。

竞争,大家已经很熟悉了。其实整个世界都存在着竞争,人类社会,包括大自然都是优胜劣汰的。社会中的竞争意识更是我们所必须具备的一种"能力"。

让我们来阅读一篇小故事,来体味"竞争"。

国外一家森林公园曾养殖几百只梅花鹿,尽管环境幽静,水草丰美,又没有天敌,可几年以后,鹿群非但没有发展,反而病的病,死的死,竟然出现了负增长。后来他们买回几只狼放置在公园里,在狼的追赶捕食下,鹿群只得紧张地奔跑以逃命。这样一来,除了那些老弱病残者被狼捕食外,其余鹿的体质日益增强,数量也迅速地增长着。

流水不腐,户枢不蠹。人天生有种惰性,没有竞争就会故步自封,躺在功劳簿上睡大觉。竞争对手就是追赶梅花鹿的狼,时刻让梅花鹿清楚狼的位置和同伴的位置。跑在前面的梅花鹿可以得到更好的食物,跑在最后的梅花鹿就成了狼的食物。按照市场规则,给予头鹿奖励,让末鹿被市场淘汰。

人无意识不立。很多时候,我们都在做"公园里的梅花鹿"。我们所缺少的就是一种让自己"取得领先"的竞争意识。

3. 积极主动地出击

狼的准则就是主动行动的准则。

第二编 个人平凡到卓越的狼道
脱颖而出的竞争法则

所谓主动，它的涵义不仅止于采取主动行动，还代表人必须为自己负责。个人行为取决于自身，而非外在环境；理智可以战胜感情；人有能力也有责任创造有利的外在环境。

责任感是一个很重要的观念，能够积极主动的人深谙其理，因此不会把自己的行为归咎于环境或他人。他们待人接物是根据自身原则或价值观做有意识的抉择，而非全凭对外界环境的感觉来行事。

积极主动是人类的天性，如若不然，那就表示一个人在有意无意间选择了消极被动。积极主动的人，心中自有一片天地，自身的原则、价值观念是关键。消极被动的人，很容易被环境所改变。但这些都取决于你自己的思想。

有个秀才第三次进京赶考，住在一个常住的店里，考试前两天他做了3个梦，第一个梦是自己在墙上种白菜；第二个梦是下雨天，他戴了斗笠还打着伞；第三个梦是梦到跟心爱的表妹脱光了衣服躺在一起，但是背靠着背。这3个梦似乎有些深意，秀才找了一个算命先生解梦。算命先生一听，连拍大腿说："你还是回家吧！你想想，高墙上种白菜不是白费劲吗？戴斗笠还打雨伞不是多此一举吗？跟表妹都脱光了躺在一起，却背靠背，不是没戏吗？"

秀才一听，心灰意冷，回店收拾包袱准备回家。店主觉得奇怪，询问之下秀才道知原委，店老板一听乐了："我也会解梦啊！我倒觉得，你这次一定要留下，你想想，墙上种菜不是高种（中）吗？戴斗笠打伞不是说明你这次有备无患吗？跟你表妹脱光了背靠背躺在床上，说明你翻身的时候就要到了。"秀才一听，觉有道理，于是精神振奋地参加了考试，居然中了个探花。

积极的人，像太阳，照到哪里那里亮。想法决定我们的生活，有什么样的想法，就有什么样的未来。有积极想法的人，他

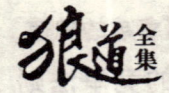

成就个人、团队、企业的铁血定律

的未来同样也是光明的。

美国小罗斯福总统的夫人曾说:"除非你同意,任何人都不能伤害你。"以印度民族主义者和精神领袖圣雄甘地的话来说就是:"若非拱手让人,任何人无法剥夺我们的自尊。因此,令人受害最深的不是悲惨的遭遇,而是默许那些遭遇发生在自己的身上。"

有一个真实的例子,运用了狼的准则笨孩子也能走向成功。从小到大,比特做什么事都比别的孩子慢半拍,同学讥笑他笨,老师说他不努力,无论他怎么试图去做好、去改变自己,但是,他却从来也做不对。直到比特上了九年级后,才被医生诊断出患有动作障碍症。高中毕业时,比特申请了十所最最一般的学校,心想怎么也会有一所学校录取他。可直到最后,他连一份通知书也没有收到。

后来,比特看了一份广告,上面写着:只要交来250美元,保证可以被一所大学录取。结果他付了250美元,有一所大学真的给他寄来了录取通知书。看到这所大学的名字,比特即刻想起了几年前,一份报纸上写着有关这个大学的文章:这是一所没有不及格的学校,只要学生的爸爸有钱,没有不被录取的。当时比特只有一个信念:我要用未来去证实这个错误的说法。在这个大学上了一年后,比特就转到另一所大学,大学毕业后,他进入了房地产行业。22岁时,他开了一家属于自己的房地产公司。从此,在美国的四个州里,他建造了近一万座公寓,拥有900家连锁店,资产数亿美元。后来,比特又进入到银行业,做起了大总裁。

第二编 个人平凡到卓越的狼道
脱颖而出的竞争法则

一位笨孩子,他是怎么走向成功的呢?下面三点就是比特自己讲述的:

第一,每个人都有自己最强的一项,有人会写,有人会算;对有些人难的,对另一些人简直容易得如小菜一碟。我想强调的是:一定要做最适合自己的事情,不要迎合别人的口味而去做一件不属于自我,但是又要付出一生代价的难事。

第二,我非常幸运自己有如此谅解我、对我容忍又耐心的父母。如果有一个考题,别人只花15分钟,而我必须用2个小时完成的时候,我的父母从来不会因此而打击我。对于我的父母来说,只要自己的儿子尽力而为了,就是他们的目的。

第三,我从不跟自己的同班同学竞争,如果我的同学又高又大,跑得很快,而我又小又矮,为什么一定要跟他们比呢?知道自己在哪里可以停止,这非常重要。我也曾经问过自己千百次,为什么别人可以学习得轻松?为什么我永远回答不了问题?为什么我总要不及格?当知道自己的病症以后,我得到了专业人士的关爱和解释。理解自己和理解周围,非常重要。

从上面的这个故事我们可以看到,其实主动也是多方面的。我们面对生活中出现的死角时,应该换个角度去想、去做,世上没有永远的难事。用句现在流行的话:"只有想不到的,没有做不到的。"

在远古的时候,有两个朋友,相伴一起去遥远的地方寻找人生的幸福和快乐,一路上风餐露宿,在即将达到目标的时候,遇到了风急浪高的大海,而海的彼岸就是幸福和快乐的天堂。关于如何渡过这个海，两个人产生了不同的意见，一个建议采伐附近的树木造成一条木船渡过海去，另一个则认为无论哪种办法都不可能渡过这个海，与其自寻烦恼和死路，不如等这个海流干了，再轻轻松松地走过去。

于是，建议造船的人每天砍伐树木，辛苦而积极地制造船只，并学会游泳；而另一个则每天躺下休息睡觉，然后到海边观察海水流干了没有。直到有一天，已经造好船的朋友准备扬帆出海的时候，另一个朋友还在讥笑他的愚蠢。

不过，造船的朋友并不生气，临走前只对他的朋友说了一句话：去做每一件事不一定都成功，但不去做每一件事则一定没有机会得到成功！竟然能想到躺到海水流干了再过海，这确实是一个伟大的创意，可惜的是，这却仅仅是个注定永远失败的伟大创意而已。

这个大海终究没有干枯掉，而那位造船的朋友经过一番风浪也最终到达了目标的彼岸。这两人后来在这个海的两个岸边定居了下来，也都衍生了许多自己的子孙后代。海的一边叫幸福和快乐的沃土，生活着一群我们称为勤奋和勇敢的人；海的另一边叫失败和失落的原地，生活着一群我们称之为懒惰和懦弱的人。

我们可以从故事中读出一种信号：就是不积极主动的人，只能是躺在原地永远地"休息"下去，不会有成功的那一天到来的。

我们还可以从中发掘出以下道理：

躺着思想，不如站起行动！

无论你走了多久，走了多累，都千万不要在成功的家门口躺下休息！

梦想不是幻想！

是啊，没有自愿走向狼的羊，天上不可能会掉"馅饼"的。

第二编 个人平凡到卓越的狼道
脱颖而出的竞争法则

成功靠的就是积极主动,我们不可能对外界的物质、精神与社会刺激无动于衷,我们应该努力去适应社会。有一位教授曾经说过:"适应环境本身就是奋斗的组成部分。"不管外部的环境怎样,我们的回应应该掌握在自己的手中。

4. 无惧无畏地冲锋

狼是无惧的。它这种无惧无畏的精神,来源于它不断地去行动,只要一行动,恐惧就会自然被消灭。

恐惧是最基本的情感之一,也是一种重要的心理反应。这种反应增强了保护自己和逃避危险的能力。但是,恐惧可以使人的意识变得狭窄,判断力、理解力降低,甚至丧失理智和自制力,使行为失控。长期处于恐惧状态中,会严重地影响其寿命。两只同窝出生的羊羔在相同的阳光、水分、食物条件下生活,一只与拴着的狼为伴,因恐惧而不思饮食、消瘦而死亡,另一只则健康生长。

消除心理上的恐惧就必须行动。行动是消除恐惧的最好方法。这就要求我们要勇敢地面对恐惧。

西马尔德在美国参加激发潜能的课程中有一项走火大会:就是赤足走过华氏200度的烧红木炭。

我永远记得第一次参加走火大会时,是在子夜12时,12尺长火花纷飞的木炭让我联想到烤肉架上的肉,十分令人恐惧。当时,我的老师安东尼提醒说:"你永远要记得你所想要的,而不是你所恐惧的。"

记得那次我还是特地排在一个小女孩后面,心想如果她走得过,我也应该走得过。

然后，走火开始，数百人走了过去，脚部安然无恙。见状，我隐隐增强了一些信心。

接着，当我发现前面的女孩双脚不停发抖时，我的信心又动摇了，就在这时，那名女孩竟大踏步走了过去。我心想，她可以，我也一定能。接着我也信心十足地走过去了。

顺利过火之后，我的第一个念头是：走火竟然这么简单！的确，有很多事情看起来都很困难或不可能，但是只要你下定决心一定要的时候，它们都变得非常简单。

克服恐惧，我们首先要相信自己，我一定行！没有天生的成功者，也没有天生的失败者，每个人都是世间独一无二的，没有谁可以代替。恐惧的产生，实际上就是一个人的心态问题。只要我们用自己良好的心态去面对，选择坚强勇敢，那么灾难、困难在我们面前就会显得十分渺小了。康宁汉小时候因为一次火灾而下半身被严重烧伤。连医生都说："这孩子的下半身被火烧得太厉害了，活下去的希望实在太渺茫。"

这个男孩不愿意就这样被死神带走，他终于熬过了关键的时刻。然而他在手术后虽然保住了两条腿，但却整天只能坐在轮椅上，他的下半身毫无知觉，两条细腿衰弱地垂在那里。然而他要用自己的腿走路的决心从没有动摇过。他让妈妈每天为他按摩双脚，自己每天都尝试活动着那毫无知觉的脚。终于有一天，他跌倒了无数次之后，他颤颤巍巍地站了起来，迈出了第一步。他的膝盖、手臂多处都磨出了血迹，但他始终没有放弃过锻炼。后来他不但学会了走路，甚至还加入了田径队。在一次运动会上，他跑出了全场最好的成绩。

第二编 个人平凡到卓越的狼道
脱颖而出的竞争法则

在灾难面前,我们往往束手就擒,甚至怨天尤人。扪心问问自己,你真的陷入了绝境了吗?绝境尚可有逢生的机会,问题是你是否勇敢地去面对了。

大声地告诉自己:我是世界上最伟大的、最成功的人!很多看起来很吓人的困难,其实都是纸老虎,之所以看上去那么恐怖,只是因为你的决心还不够坚定,你的目标还不够明确!

"伟人之所以伟大,是因为他与别人共处逆境时,别人失去了信心,他却下决心实现自己的目标。"

在工作中,如果你每每遇到困难,就绕着走,久而久之,工作上的恐惧就会随之而来。要敢于跨越我们工作上的困难,要敢于挑战自我,要敢于向看似"不可能完成"的事情挑战。只有这样我们才能出色地完成我们的工作。也只有这样,我们才能战胜自己心理上的恐惧。

立即行动吧!这是战胜恐惧心理的一剂良药。

5. 靠打拼,靠争夺

在狼的世界里,头狼不是选举出来的,更不是"走后门"的结果。要成为头狼,必须靠打拼,靠行动。

"做"是一件事情成功的关键所在,也就是我们平常所说的行动是化目标为现实的关键。的确,人生伟业的建立,事业的发展,不在于能知,而在于能行。

虽然行动并不一定能带来令人满意的效果,但不采取行动是绝无满意的结果可言的。

行动是件了不得的事,它也只有它能够使我们的人生目标变为现实。

如果没有行动,那么,我们的幻想毫无价值可言,我们的计划也不过是一堆废纸,我们的人生目标也不可能达到。

一张地图,无论绘制得多么详细,比例尺有多么精密,但它不能带给他的主人在地面上移动哪怕一寸。一部法典,无论它多么的公正,但它绝不能预防罪恶的发生。一本教你如何成功的经典,无论它写得如何精彩,但它绝对不会给你赚回一分钱来。只有行动,才是你成功的起点,才能使你的幻想、你的计划、你的目标,成为一股活动的力量。行动,才是滋润你成功的食物和水。

在我们的地球上,每天都有成千上万的人把自己辛辛苦苦、苦思冥想出来的新构想取消或者埋葬,因为他们拖延着,不敢行动。过了一段时间,这些构想又会来折磨他们。客观地说,我们身边的大多数人其实都想成功,很少有人愿意窝囊地活着。但是,真正成功的人却毕竟是少数,因为大多数人只是有这样那样的想法,并没有将计划付诸于行动。他们拖延着,幻想着,人生就在这幻想与拖延中蹉跎。

拖延是恐惧失败的产物,你要想征服恐惧,只有毫不犹豫地起来行动。只有行动,你心里的恐惧才会一扫而光。

你不能逃避,把今天的事情拖到明天去做,因为,明天其实是永远也不会来临的。所以你今天就要做完今天的事情,即使行动不会使你快乐,也可能行动并不一定使你成功,但是,行而失败总要比坐以待毙好。

成功的快乐可能不是行动所摘下来的果子,但是,如果没有行动,所有的果子都会在树上烂掉。

所以,你要时时记住,要成功,只有起来行动。

当失败者想休息的时候,你就去工作。

当失败者仍在沉默的时候,你就去说话。

当失败者说太迟了的时候,你已经做好了。

第二编 个人平凡到卓越的狼道
脱颖而出的竞争法则

要想使你宏伟的计划不是永远停留在纸上的蓝图,你就用行动把它变为现实。

下面的两种方法,提醒你在实施行动的时候使用,它可能会给你的行动带来一些益处。

切实执行你的计划,以便发挥它的价值,不管你的计划多么周密,创意多么新颖,除非身体力行,否则永远没有收获。

执行你的计划时心里要平静。天下最可悲的一句话就是,我当时真应该那么做却没有那么做。每天都能听见有人说"如果我当时就开始做那笔生意,早就发财了!"或者"我早就料到了,我好后悔当时没有做!"天底下没有卖后悔药的。一个好的计划或者创意如果胎死腹中,真的会叫人叹息不已,永远不能忘怀。如果真的彻底实施,当然会带给你无限的满足。

你现在有没有一个好的目标,如果有,现在就马上行动。

6. 具有冲击力的必胜信念

在西班牙生活的狼,为了捕获极善于攀岩的岩羊,事先会经过非常周密的计划,有时候为了捕获猎物,它们甚至几天之内都不进食。狼这样做其实是非常冒险的,因为猎物能否到手还是未知数,但是狼群对自己永远充满信心。

任何人的生存,都需要信念,如果在生命里剔除信念,那么生命的存在也就无异于行尸走肉。

不同的人树立不同的信念,可能有的人每天都有新的信念诞生。他总是想信念就是早能吃饱,晚能睡安,如此而已;还有的人可能一生只有一个信念。

只有那些有远大理想的人才具备永恒的信念。拥有了坚定的信念,就必须根据那些信念行事。信念是不会让人失望的,我们常常因拒绝排除困难而出卖了信念。

有一个对信念矢志不渝的人,他名叫里纳德·A·崔加,住在密苏里州。1928年崔加从他父亲那里继承了价值10万美元的财产。1938年他破产了。事情是这样的:

> 我父亲既有钱又慷慨,我上高中时,他让我想用钱就随时开他银行户头的支票。到大学时,开支票已相当随便了。大学毕业后,我既不知道金钱的价值,也不知道如何自己去赚钱。我只知道开父亲帐户的支票。
>
> 这就是父亲去世时,我自己为生活所做的准备。在密苏里河下游靠近密苏里州里辛顿的地方,他给我留下一些广阔、肥沃的土地,我开始从事农业。后来经济大萧条席卷了整个美国。第一年我陷入了严重的赤字。于是我拿一块土地去抵押贷款清偿债务。接下来,又发生了不景气,我把那块抵押的土地卖掉,刚好抵消贷款。我的日子就是这样度过的。需要钱时,就再抵押或者卖掉土地。
>
> 终于报应到了,我了解到自己不再有钱,也不再有任何产财。如果想要活下去,我就得找份工作去上班——我一辈子从来没做过。我很惶恐不安,睡不着觉。原先的支柱——支票——已经没有了;我不知道该到哪里去求助。
>
> 一天晚上,当我从恶梦惊醒时,我开始面对现实。"一帆风顺的日子一去不复返了,老兄,"我告诉自己,"你现在已经是个成人了,因此应该表现得像个成人的样子吧。做一个成熟的人,上班去吧!"
>
> 我开始思考,不只是思考我的处境,也在思考一些

第二编 个人平凡到卓越的狼道
脱颖而出的竞争法则

信念。我一向对"对所有愿意努力向上的人来说，美国是个机会均等的国家"这一信念，抱定不放。虽然时机不好，工作机会少之又少，但我有一些长处：我有健康的身体，受过大学教育和一些事业上的训练，加上我从失败和错误中得到的经验和知识。我现在需要的只是停止把时间浪费在自怨自艾上，立即采取行动。

我重新整理生活和思想。我要找到一份工作可不是件容易的事——任何工作都一样。然而当颓丧阻碍我的努力时，我逼迫自己将怀疑、恐惧的想法换成信念——深信美国是一个有决心的人都能占有一席之地的地方。我一直坚守着这个信念不放弃。

我的深信得到了印证，我真的在萨斯城的联合财务公司找到了一份工作。在那里愉快地工作了4年之后，我辞职回到了我的初恋情人——农业——身旁。这一次，情况相对好些。慢慢的我建立起了信誉，扩展了事业。我从事农场买卖，还兼顾些其他事业。我的努力使我获得了超乎想像的成功。

我得回了继承的财产，不过这次是靠自己的努力赚回来的。更重要的是，我能信心十足的生活，这是比金钱更好的东西。我学会了我们必须应有的信念，但是如果我们无法切实奉行的话，这信念是没有用的。没有实践的信念一无用处。

崔加先生的故事是个令人鼓舞的成熟过程的例子———个不付责任被宠坏的孩子在了解到他不只必须知道信念，而且还必须将那些信念付诸行动的时候，一夜之间长成大人的例子。在此之前，崔加先生一直像小孩一样一味地逃避现实，但他对美国的信心使他像男子汉一样面对现实。

《如何过一年三百六十五天》一书的作者约翰，A·辛德勒博士告诉我们："成熟是要经过学习才能达到的。"而且往往都得通过痛苦挣扎才能学习到。

工作就是我们不断成熟的过程，也是我们不断训练我们的信念的过程。对你所在的公司，一旦你有了坚定的信念，并依照你的信念行事，你一定会对此感到无比的快乐。同时，你也会在工作中学到很多做人的道理，逐步形成你的优良品性。

一个人的信念往往表现在所做的事情上。如果你对你所做的事都没有信念，试想你能将事情做好吗？耶稣说："观其果知其因。"是的，重要的是行动。如果我们不加以行动的话，再发人深思的哲理对我们也毫无用处，我们结出的果实将苦涩得难以人口，我们的生活也将虚伪不实。

我们应该知道，有许多事情不是因为难做才失去信心，而是因为失去信心才难做的。

7. 具备永争第一的心态

狼在奔跑时，狂傲的长啸回荡在旷野上，倾泻着它的野性与傲慢。野狼精神就是永争第一的心态。

在人的身上，这种神秘的力量就是进取心。使我们向目标不断努力。它不允许我们懈怠，它让我们永不满足，每当我们达到一个高度，它就召唤我们向更高的境界努力。

如果你想成为一个具备进取心的人，你就必须克服拖延的习惯，把它从你的个性中除掉。这种把你应该在上星期、去年或甚至于上几年前就要做的事情拖到明天去做的习惯，正在啃噬你意志中的重要部分。除非你革除了这个坏习惯，否则你将难取得任

第二编 个人平凡到卓越的狼道
脱颖而出的竞争法则

何成就。

拿破仑·希尔曾经聘用了一位年轻的小姐当助手，替他拆阅、分类及回复他的大部分私人信件。当时她的工作是听拿破仑·希尔口述记录信的内容。她的薪水和其他从事相类似工作的人大约相同。有一天，拿破仑·希尔口述了下面这句格言，并要求她用打字机把它打下来："记住：你惟一的限制就是你自己脑海中所设立的那个限制。"

当她把打好的纸张交还给拿破仑·希尔时，她说："你的格言使我获得了一个想法，对你我都很有价值。"

这件事并未在拿破仑·希尔脑中留下特别深刻的印象，但从那天起，拿破仑，希尔可以看得出来，这件事在女孩脑中留下了极为深刻的印象。她开始在用完晚餐后回到办公室来，并且从事不是她分内而且也没有报酬的工作。她开始把写好的回信送到拿破仑·希尔的办公桌。

她已经研究过拿破仑·希尔的风格，因此，这些信回复得跟拿破仑·希尔自己所能写的完全一样好，有时甚至更好。她一直保持着这个习惯，直到拿破仑·希尔的私人秘书辞职为止。当拿破仑·希尔开始找人来补秘书的空缺时，他很自然地想到这位小姐。但在拿破仑·希尔还未正式给她这项职位之前她已经主动地接收了这项职位。由于她在下班之后，以及没有支领加班费的情况下，对自己加以训练，终于使自己有资格出任拿破仑·希尔属下人员中最好的一个职位。

但尚不只如此而已。这位年轻小姐的办事效率太高了，因此引起其他人的注意，有的公司以高薪聘请她。拿破仑·希尔不得不多次提高她的薪水，她的薪水现在已是她当初来拿破仑·希尔这儿当一名普通速记员薪水的四倍。对这件事，拿破仑·希尔实在是束手无策，因为她使自己变得对拿破仑·希尔极有价值，拿

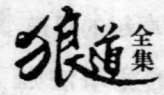
成就个人、团队、企业的铁血定律

破仑,希尔不能失去她做自己的帮手。

这就是进取心。另外值得注意的是,这位年轻的小姐的进取心,除了使她的薪水大为增加外,还为她带来一个莫大的好处。在她身上,已经发展出来一种愉快的精神,为她带来其他速记员永远无法领会的幸福感。她的工作已经不是工作了——而是一个极为有趣的游戏,由她自己去玩。她比一般的速记员提早来到办公室,而且在其他人一听到下班钟声之后就急冲冲地往家赶的时候,她还留在办公室内。但是,比较起来,在她的感觉上,她的工作时间反而比其他工作人员要短,这是因为对于喜欢份内工作的人来说工作的时间长短并不重要,她的工作热情已经使她忘记了工作时间。

不管你目前是从事哪一种工作,每天你一定要使自己获得一个机会,使你能在平常的工作范围之外从事一些对其他人有价值的服务。在你自动提供这些服务时,你当然明白,你这样做的目的并不是为了获得金钱上的报酬。你之所以提供这种服务,因为它是你练习、发展及培养更强烈的进取心的一种方式。你必须先拥有这种精神,然后才能在你所选择的终身事业中,成为一名杰出的人物。

"你以为我当了司机便满足了吗?我的心愿是当铁路公司的总经理。"但是说句话的青年当时还没有当司机,他在铁路上工作了两年之后,还只是在'一辆三等火车上做一个加煤炭的工人,月薪40美元。他说上面的那句话,是因为一个铁路上的老手激起了他的雄心。那个老手对他说:"你现在当了添加煤炭的工人,就以为自己是发财了吗?但是我老实告诉你吧,你现在这个位置要再做四五年,然后才会升为大约月薪100美元的司机;如果你幸运地不被开除的话,就可以一生安然地当司机。"

听这个话的青年便是佛冯兰。他听说自己可以得到一个安稳

第二编 个人平凡到卓越的狼道
脱颖而出的竞争法则

的工作并不乐观。他所说的话，后来真的做到了。他一步一步地努力，后来做到大都会电车公司的总经理，因为他不满于一种安全稳定的工作。

志愿是由不满意而来。从这里开始，便有一种梦想，接着是勇敢的努力，把现状和梦想中间的鸿沟联络起来。伟大的人物并不是空洞的梦想者。他们将来的志向是根植于确切的事实的。他们是凭借着有目标的梦想使他们产生不满，用不满意刺激他们加劲地奋斗以求成功。

进取心是摆脱颓废的最佳手段。一旦形成不断地自我激励、始终向着更高的境界前进的习惯，身上所有的不良品质和坏习惯都会逐渐消失，个性品质中，只有被鼓励、被培养的品质才会成长，而消灭不良品质的最好方法就是消灭它们赖以生存的环境和土壤。人们很早就意识到进取心在叩响自己心灵的大门，但是，如果不注意它的声音，不给予它鼓励，它就会渐渐远离，正如其他未被利用的功能和品质一样，雄心也会退化，甚至尚未发挥任何作用就消失得无影无踪了。

即使最伟大的雄心壮志，也会由于多种原因受到严重的伤害。拖延、避重就轻的习惯都会严重地削弱一个人的雄心，影响一个人的雄心壮志。

如果你发现自己在拒绝这种来自内心的召唤、这种激励你奋进的声音，要留神，别让它越来越微弱以至消失，别让进取心衰竭。当这个积极的声音在你耳边回响时，一定要注意聆听它，它是你最好的朋友，指引你走向光明和快乐。

8. 不为失败寻找任何借口

狼是不会为自己捕猎的失败而寻找借口。在生活、工作中，

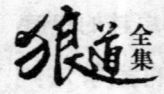
成就个人、团队、企业的铁血定律

你是否为自己找了很多借口呢？诸如工作任务没有完成，你是否说："不是我没努力，而是没有人支持我的工作。""这个工作没做好，是因为那个客户太挑剔了。""这个任务没有按时完成，是因为主管叫我去做其他事情，耽误了我的时间。""这次没做好，是因为资金短缺，我没办法。"这些借口，可以让我们暂时逃避困难和责任，获得些许心理慰藉。但是，借口的代价却是无比高昂的，它给我们带来的危害一点也不比其他任何恶习少，它带给我们的是让人消极颓废，如果我们养成了寻找借口的习惯，当遇到困难和挫折时，不是积极地去想办法克服，而是去找各种各样的借口。其潜台词就是："我不行"、"我不可能"，这种消极心态剥夺了个人成功的机会，最终会让人一事无成。

我们怎样来消灭借口呢？那就是立即行动！对于任何一项任务，如果你不去做，就会找到很多借口，如果我们立即去做，借口就会消失。

任何一个人总会遇到逆境，在逆境中只有秉持着信念之灯继续前行，才能到达阳光地带。正如大多数成功者所坚信的那样："我知道我不是借口的牺牲品，而是他的主人。"

伟大的巴顿将军就是这样。1916年，作为美国墨西哥远征军总司令潘兴将军的副官的巴顿，有过一次这样的送信经历。巴顿将军在他的日记中这样写道：

> 有一天，潘兴将军派我去给豪兹将军送信。但我们所了解的关于豪兹的情报只是说他已通过普罗维登西区牧场。天黑前我赶到了牧场，碰到第七骑兵团的骡马运输队。
>
> 我要了两名士兵和3匹马，顺着这个车辙前进。走了不多远，又碰到了第10骑兵团的一支侦察巡逻兵。他

第二编 个人平凡到卓越的狼道
脱颖而出的竞争法则

们告诉我们不要再往前走了，因为前面的树林里到处都是维利斯塔人。

我没有听，沿着峡谷继续前进，途中遇到了费切特将军（当时是少校）指挥的第七骑兵团的一支巡逻队，他们劝我不要往前走了，因为峡谷里到处都是维利斯塔人。他们也不知道豪兹将军在哪里。但是我们继续前进，最后终于找到了豪兹将军。

巴顿将军，为了完成任务，在危机四伏的险境中，他没有去给自己寻找借口，而是不折不扣地去执行、去行动。

"想做的事情，马上动手！不要拖延。"这是很多成功人士的经验之谈。第二次世界大战时，肯尼斯在日军登陆马尼拉时被俘，随后被送往一处集中营。肯尼斯看到室友的枕头下有一本书叫《人生的优点》，他爱不释手，便问道："可以借给我看吗？"

那本书给肯尼斯极大的鼓舞和启示。他渴望拥有那本书，但是书的主人却不愿割爱。"借给我抄！"他于是说，室友爽快地答应了。

肯尼斯成功的秘诀就是：想做，就立即动手。他开始逐字逐句地抄录，由于书随时会被索回，他夜以继日地抄录。抄完最后1页仅仅1个小时之后，他的室友被带到另外一处集中营。在被俘的3年期间，肯尼斯一直带着那份手稿，读了又读。就是那本书一直鼓舞他，给了他很大的勇气，他决心按照书上所讲的那样去行动，用行动来实现自己的梦想。他说："我必须立即去行动，否则行动就会像长了翅膀一样飞走。"

乔根·裘大是哥本哈根大学的一名学生，有一次他到美国旅游，先到华盛顿，下榻在威勒饭店，住宿费已经预付。他上衣的口袋放着到芝加哥的机票，裤袋里的皮包里放着护照和现金。当他准备就寝时，突然发现皮包不翼而飞了，他立刻下楼告诉旅馆的经理。

"我们会尽力寻找。"经理说。

第二天早上，皮包仍然不见踪影。他身在异乡，手足无措。是打电话向芝加哥的朋友求援？到丹麦使馆补办遗失护照？苦坐在警察局等待消息？他脑子里闪过一个又一个念头。

突然，他告诉自己："我要看看华盛顿，我可能没有机会再来，今天非常宝贵。毕竟，我还有今天晚上到芝加哥的机票，还有很多时间处理钱和护照的问题。如果我现在不去畅游华盛顿，将来就没有机会了。我可以散步，现在是愉快的时刻，我还是我，和昨天丢掉钱包之前没有什么两样，来到美国我应快乐，享受大都市生活的每一天，不要把时间浪费在丢掉钱包这不愉快的事上。"

于是他开始徒步旅游，爬上华盛顿纪念碑，参观白宫和博物馆。虽然许多想看的地方他没有看到，但所到之处，他都尽情畅游一番。

回到丹麦之后，美国之行最令他难忘的就是徒步畅游华盛顿，因为他知道把握现在最重要。5天之后，华盛顿警局找到了他的皮包和护照，寄还给他。

我们一旦接受了任务就意味着作出了承诺，作出了承诺，就不要去寻找借口。我们心中只能装着怎样去完成任务的信念。只要你心中装着这种信念，对承诺的事情立即去执行、去行动，那么借口也就无藏身之地了。

9. 总结经验，投入下次行动

狼在捕猎的时候，失败的事情是经常发生的。但是，狼在遇

第二编 个人平凡到卓越的狼道
脱颖而出的竞争法则

到挫折和失败时,不是从此洗手不干,而是积极地总结经验教训,找到失败的原因,然后,以最快的速度投入到下一次捕猎之中。

对待挫折的态度是强者和弱者的分水岭。

从理论上分析,在我们这个世界上,每个人成功的机率都是相同的。但是,事实却不是这样,成功的人毕竟只是极少数人。原因就在于人们对待挫折的态度不同。从某种意义上说,对待挫折的态度是能否成功的分水岭。

在挫折面前低下头的人,最突出的习惯是一遇挫折就放弃努力。而成功者的习惯恰好与之相反,敢于在挫折面前挺直腰板,反复地从各个方面与挫折周旋和较量。因此,在成功者的人生辞典中有这样一句话:我的习惯正在于有办法改变自己的命运。

在遇到挫折时,我们往往很快就会放弃努力,不再坚持尝试,而且我们不再努力的理由通常是不充足的。我们常说:"这是不可能的。"或者说:"我无法改变自己。"其实,我们是能够改变的。

在心理学上,挫折是指一个人在从事有目的的活动时,在环境中遇到种种致使其动机不能获得满足的障碍和干扰,从而产生的一种复杂的情绪状态。

挫折使人产生或轻或重的挫折感。这是一种消极的情绪状态,有人称之为"心理停滞状态"。这种状态,有时会造成非常严重的甚至不可挽回的后果,而这种后果,本来是完全可以避免的。

日本一家著名企业在一次高级管理人才的公开招聘中,发生了这样一件事情:一个平素成绩优异,对未来充满自信的大学毕业生,因为未被录取而自杀了。

两天后,招聘结束。当企业负责人查询电脑整理资料时,意外地发现，那个自杀的应聘者其实是成绩最好的，只是由于电脑的失误，才导致他落榜。

这的确是一件令人深深为之惋惜的不幸事件。而更令人深思的，还是那位企业负责人在真相大白后说的一段话："我为电脑操作失误深表歉疚，为这位大学生的不幸感到惋惜。但从企业的角度，我却感谢这次事件和这场特殊的考试，我为我的公司庆幸。"

这位负责人的话值得深思。不能对待挫折的人无法胜任许多正常的工作；不能战胜挫折的人决不可能成为事业上的成功者。

不同的态度，不同的反应，其实反映了个体之间挫折容忍力的差异。

挫折容忍力是指个人遭遇挫折时心理的承受能力，是指个人经得起打击或经得起挫折的能力。能忍受挫折的打击，具备良好的适应能力，以保持正常的心理活动，这是心理健康的标志，也是成功发展者所必须具备的重要心理素质之一。

挫折不等于失败。失败尚且有可能转化为成功，何况随处随时都可能发生的那些一时一事的挫折呢？

著名成功学家拿破仑·希尔曾经这样解释失败与挫折：

"这里，先让我们说明'失败'与'暂时挫折'之间的差别。且让我们看看，那种经常被视为'失败'的事是否实际上只不过是暂时性的挫折而已。

"有时候，我甚至认为，这种暂时性的挫折实际上是一种幸运，因为它会使我们振作起来，调整我们的努力方向，使我们向着不同的但却是更正确或者更美好的方向前进。"

由此可见，假如一个人能够具备正确的挫折观的话，挫折不仅不是坏事，而且还可以成为一种积极的心理动力。它可以增长一个人解决问题的能力，引导一个人以更好的方法或更好的途径

第二编 个人平凡到卓越的狼道
脱颖而出的竞争法则

去实现自己的人生目标。

这种向自己挑战的内在冲动一旦化为行动,世界上任何挫折都不会使我们屈服。

对于一个强者来说,遭遇挫折,正是他向自己挑战的时机。

他要向怯弱挑战,变怯弱为无畏。假如不能战胜怯弱,他就无法在成功的道路上继续走下去。他要向不幸挑战,变不幸为幸运。对于一个拥有积极心态的人,每一个不幸中都潜藏着幸运的种子。他要向面临的各种各样的问题挑战,因为问题中已经包含了解决问题的办法。他要向贫困挑战,变贫困为富有。努力奋斗的人不会永远贫困,至少在精神上,他不会向贫困低头。他要向困难挑战,因为他知道,生命中的每一个困难,都是对一个人战胜困难的能力的考验。他要向一切不满意的事物挑战,在挑战中改变自己的命运,改变自己的世界。

狼越是在险恶的环境,越能显出自己的生存优势。

只有成功发展者,才能在磨难和挫折中继续生存,才有勇气去迎接困难的挑战,才有毅力去战胜逆境和获取新的成功。

一位美国著名电视节目主持人曾经举过一个十分有趣的例子。

爱荷华州的农民以种植马铃薯为生,他们每年都习惯于将收获的马铃薯按体积的不同分为大中小三类,然后分类包装,以不同的价格出售。分类包装占用了他们大量的精力和时间。

可是有一个农民却从来不这样做,他是当地农民中收入最高的人。

有一天,他的一位邻居忍不住问他:"为什么你从来不用对马铃薯分类?"他回答道:"其实道理很简单,我只是把所有的马铃薯装上车,然后将车开到最崎岖的路上。经过8英里山路的颠簸,小的马铃薯自然会滑到下面和四周去,而个头较大和体积中等的马铃薯则会自然地留在上层和中央。"

这个道理不仅适合于区分马铃薯,也能给人以启示:崎岖的生活道路和艰难困苦的环境,往往更能使一个坚强的人充分体现出他们自身存在的价值。挫折是难以避免的客观现实,不如意是人生路上自我反省的一面镜子,是每一个生活在现实社会中的人必有的经历。只要有了正确的思想方法,烦恼自然就会离你而去。只要你行动,挫折终究会转变为成功。

10. 用一个个胜利刺激神经

在工作、生活中,我们除了思考和分析之外,还要果敢,立即行动。当行动的时机来临时,千万不要犹豫。

1946年,加拿大尼亚加拉大瀑布一个叫C·W·卡斯特罗的年轻人,从军队中退役返乡。他不久就找到了一份安大略水力发电公司机械工的工作。安稳、快乐地工作了18个月后,有一天老板告诉卡斯特罗一个好消息——他将升任为厂里重柴油机械的领班。

我当时担心起来。原来我一直是个快乐的机械工,现在却成了可怜的领班。责任压得我喘不过气来。无论醒着,还是睡着、在家或在厂里,焦虑总是伴随着我。

终于,我一直担心、害怕的重大紧急事件发生了:4部牵引机都坏了。我当时正在那里整个脑袋都要炸开

第二编 个人平凡到卓越的狼道
脱颖而出的竞争法则

了。急促地报告过这个消息之后,我等着屋顶塌下来,压在我身上。

后来,屋顶没有塌下来。我的上司满脸笑容向我说了一句话。

就是活到1000岁,我都不会忘记那句话:"把它们修好!"

我的担忧、恐惧和焦虑顿时烟消云散,上下颠倒的世界又恢复了原来的样子!我走出去,拿起工具,开始修理机器。那句美妙的话:"把它们修好",是我生命中的一个转折点,改变了我对工作的处理方法,从那时候开始,我每天都感谢那位上司,并热心地工作。我抱定这一决心,那就是如果出了任何差错,我就想办法把它解决掉,而不仅仅是担忧。

由于那位上司超群的常识,C·W·卡斯特罗学会了成熟——在必要时必须拥有的行动能力。作决定和执行决定是成熟的一环。当然,我们必须研究分析问题,但我们不得不明确解决问题的办法。

许多人不敢担负起作决定、执行决定的责任。对他们而言,出了差错受到责怪的恐惧,远比成功的希望更具有影响力。因此,他们尽可能避免要负责任的情况,甚至必须作决策时,他们反而会陷入担忧、恐慌和迟疑的迷雾中。这种拖延必要的行动所引起内心冲突和紧张,很可能造成身心的崩溃,而且往往真的造成这种恶果。

这要通过强迫自己去做恐惧的事才能克服。年轻的时候就学会这一点的人是幸运的。

印第安纳州波利斯市的奥图·G斯坦坎普,就是那些幸运者

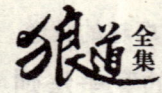成就个人、团队、企业的铁血定律

之一。他不仅知道明确行动的价值,而且还知道以他儿子永生难忘的方式来教导自己的孩子。

泰勒·斯坦坎普12岁时候挨了邻居一个孩子王一顿打,因此决心留在家里不出门,这样比较保险。几天之后,泰勒的父亲给他一些钱去看电影,买冰淇淋吃,用来奖励他帮忙割草。泰勒收下父亲给他的钱,但是不去看电影——平常他是最喜欢看电影的——怕会遇见那个揍他的孩子。

"我父亲问我是不是生病了,"泰勒·斯坦坎普说,"我只是支吾其言。第二天傍晚,我冒险到巷子里去玩弹子。后来我看见了我的敌人——这时候他看起来简直就像圣经里的那个被大卫杀死的菲利斯丁大巨人一样可怕——向我冲过来。我拼命地跑进我家车库里,气喘吁吁,吓得全身发僵——然后却发现我正跟爸爸面对面。-他问我究竟在干什么,我软弱地解释说我们在玩捉迷藏。这时候巷子里冒出了一个声音:"出来,你这胆小鬼。"

"我爸爸拿了一条大约两英尺长的厚厚的汽车皮带走过来,然后平静的告诉我,要不出去面对巷子里那个小男孩的话,就得躲在车库里挨皮带。由于我犹豫太久了点,所以皮带落在我的屁股上,那种痛楚超过打架时挨过的拳头。

"我像颗炮弹般冲出车库,出其不意地攻击那小子。第一拳打过去,他没有心理准备,因此我又痛痛快快地揍了他一顿,我把他赶出了巷子。

"接下来的几天是我童年记忆中最快乐的日子。我充分享受勇气所带来的报偿,重新找回自尊。而且我学到了一个我长期以来一直珍藏的真理。"

作出决定并据此行动是保护自己的要素之一。虽然生活对大多数人来说,大部分时间都是循着常规前进。但谁也无法预知什么时候会发生紧急状况,因此迅速采取行动,衡量可行的办法,

第二编 个人平凡到卓越的狼道
脱颖而出的竞争法则

并选择最好一项付诸实施的习性,可能有一天会成为左右我们自己以及依靠我们的生死关键。

这种情况就在艾尔·拜瑟普的生命里发生过。他家住在俄亥俄州春田镇,一次,拜瑟普夫妇带着3岁的小女儿开车去度圣诞节时遇到了大风雪,高速公路上的车子都被迫停了下来,他们想要调回头,但是后面的道路也被风雪阻断了。

"我们忧心忡忡地等了一个小时",拜瑟普先生回忆说:"黑夜逐渐降临,天气越来越冷,风一阵阵地将雪吹到我们的车子上,越积越高。我看看妻子和女儿,我知道如果我们想活命就必须想个办法。"

"我想了我们曾在不远处经过一幢农舍,如果到达那里就得救了。我抱着小女儿,开始穿越雪地,那是一段非常艰苦的路程。我陷入了齐腰身的积雪里,艰难跋涉。但是我们做到了!"

"接下去的24小时,我们一直在农舍里度过,那是我们以及另外33个同样受困于风雪的人的避风港。如果我们陷入困境不敢及时采取行动,都将悲惨地死在冰冷的雪堆里。"

是的,有些情况除了思考和分析之外还需要点别的,这时只有果敢、立即行动才有出路。

当行动的时机来到时,不要担忧,不要拖延时间,不要找任何借口。让我们振作起来投入到行动中吧!

第三编

组织分工与协作的狼道
团队精神的终极哲学

  狼是最具有团队精神的兽群。他们分工协作,团结一致,在协作中遵循自己的游戏规则,好像有铁一般的纪律约束着。他们善于沟通,彼此忠诚。狼族的这种品质是一个组织成败的关键。
  我们通过对狼族的了解,能学到团队竞争中所需要的全部智慧,比如合作、分工、策略、沟通、危机意识、消化能力,等等。狼的力量来自于团队,团队的力量可以战胜一切。

第三编

国民素质研究及西方现代化理论

第三编 组织分工与协作的狼道
团队精神的终极哲学

第一章　狼性团结

狼族是团队的榜样。狼族的历史，就是自然界中最卓越团队的历史。狼的团队信念，已经成为狼的本能。这些用生命打造的团队信念，是真正卓越团队的价值理念。

1. 团结的效应无坚不摧

狼群的凝聚力、团队精神是决定狼群生死存亡的决定性因素。狼族中每一只狼都能够积极主动地发挥自己特有的才智和力量来肩负起对团队应尽的义务，每一只狼都要为群体的繁荣和发展担负起自己的责任。

狼在捕猎时，常常采取"群起而攻之"。无论狼群面对是何等强大的敌人，只要它们锁定了目标，都能获胜。这也说明了群狼效应是无坚不摧的。

群狼效应给人类的启示：困难并不可怕，只要有了团队精神，就能够克服任何困难，所向披靡。

当今社会中，经常可以看到这样的情形，创业时几个人都能互相配合，鼎力相助，在没资金、没人才、没项目的困难条件下

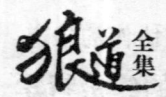
成就个人、团队、企业的铁血定律

都能取得成功。可是当企业做大以后，个人英雄主义膨胀，在有资金、有人才、有项目的情况下，企业却垮了，原因何在？所有这一切都不言而喻。没有组织的概念，没有团队的精神，他的所谓的组织充其量是一个集合体。

团队与集合体相比较，集合体没有共同的工作目标，而团队有；集合体没有多变的结构，而团队有；集合体没有领导核心，而团队有。团队是需要营造的，高竞争力的团队是需要管理的，而不是搭建的。团队的个人目标和集体目标是一致的，个人业绩和团队业绩是统一的，这样才能协同作战，在竞争中取得成功。

现代生活，个人之力实在太渺小了，只有依赖一种合作的精神和团队的力量才能取得成功。如果没有团队合作的精神，个人的计划再精彩，可能也不会完满实施。无论是一个家庭，还是一个公司，或是一个社会，一个人的本事再大、能力再强，如果要做成一件事，没有其他人的帮助、协调是根本不可能成功的。特别是在当今激烈竞争的年代，世界经济的发展，社会分工越来越细化，个人英雄主义时代已成为历史，单打独斗、尔虞我诈的无序竞争即将过去，你中有我、我中有你的合作竞争时代已经来临。不面对这一现实，不遵守这一游戏规则，被淘汰出局的将是自己。以合作的态度工作，既要明白自己的工作目标，也要知道别人在考虑什么、关心什么，相互理解，才能达到共同的目标。这就是我们所说的团队所要解决的问题。

那么什么是团队呢？一个人构不成团队，两个以上的个人的集合体也未必是团队。

团队是由两个或两个以上的人组成的，通过成员彼此之间的相互影响、相互作用，在行为上有共同规范的一种介于组织与个人之间的一种组织形态。其重要特点是团队内成员间在心理上有一定联系，彼此之间发生相互影响。那些萍水相逢、偶然汇合在

第三编 组织分工与协作的狼道
团队精神的终极哲学

一起的一群人，虽然在时间、空间上有某些共同特点，但他们在心理上没有什么相互影响和相互作用，因而称不上团队。

形成团队的基本要素有以下几个方面：

其一，成员们有着共同的目标。为完成共同目标，成员之间彼此合作，这是构成和维持团队的基本条件。事实上，也正是这个共同的目标，才确定了团队的性质。形成团队必须是先有目标，后有团队。

团队的目标赋予团队一种高于团队成员个人总和的认同感。这种认同感为如何解决个人利益和团队利益的碰撞提供了有意义的标准，使得一些威胁性的冲突有可能顺利地转变为建设性的冲突。

有团队目标的存在，团队中的每个人才都知道个人的坐标在哪儿，团队的坐标应在哪儿，否则黑白颠倒，轻重不分，团队将面临着灭顶之灾，也失去了其存在的价值。

有团队目标的存在，才使得团队成员在遇到紧急情况、面临失败风险等情况下全身心地投入，统一思想，形成合力，恐怕除了团队，没有人能够做到这一点，因为这些事件是对他们整体的挑战。

其二，各成员之间互相依赖。从行为心理上来说，成员之间在行为心理上相互作用、直接接触，彼此相互影响，彼此意识到团队中的其他个体，相互之间形成了一种默契和关心。不论何时，不论需要怎样的支持，成员之间都互相给予，而且他们也总是彼此协作，共同完成所需完成的各项工作。

其三，各成员具有团队意识。团队成员具有归属感，情感上有一种认同感，意识到"我是这一团队中的人"，"我是这一群体中的一员"。每个人都有发自内心地感到有团队中他人的陪伴是一件乐事。彼此心里放松，工作愉快。所以说，团队意识和归属感，形成了团队的深刻意义。

其四，团队成员具有责任心。所有真正的团队，其队员都要共同分担他们在达到共同目标中的责任。世界上没有任何一个团队中的成员是不承担责任的，如果大家都不承担责任，实现共同的目标无疑是一种空中楼阁。

请试想一下"老板让我负责"和"我们自己负责"之间微妙但却是重要的区别。前者可导致后者，但是，没有后者，就不会有团队。"我们自己负责"这么一句简单的话，却道出了一个核心问题，那就是我们自己对团队的承诺，以及团队对我们的信任。事实上，当我们为了一个共同的目标走到一起的时候，也就不可避免地承担起对团队的责任。

团队主要有哪些作用呢？

团队精神之所以风行于世，主要体现在其独特而强大的作用上。一个训练有素的团队，往往可以出色地完成组织的各种任务，并使成员在完成任务的同时得到满足。

组织是由团队构成的。团队是组织联系个体的桥梁与纽带，是组织的正常工作机制。组织的任务目标，是靠它所管辖的团队来完成。就是说，一个组织要实现其目标，必须依据分工协作的原则，把总目标分解为若干分目标，分配给所属团队去完成。完成组织交给的任务，是团队的主要作用与功能。

团队可以满足个体的心理需要。人不同于动物，人除有生理需要外，还有心理需要或精神需要。而人的心理需要是在人际交往中获得的，是在组织、团队工作、生活中实现的。具体说，团队可以满足人们的下列心理需要。

一、归属需要。归属需要是人的一种基本需要，就是每个人都希望被一个组织所接纳，成为某个组织的一员，当然自己也愿意参加这个组织，以成为这个组织的一员而自豪。由于组织是由

第三编 组织分工与协作的狼道
团队精神的终极哲学

团队构成的,一个人的归属说到底是归为一个团队。归属问题解决了,这个人才有"着落"和依靠。一个人如果归属问题得不到解决,必然是孤立无援,心绪难宁,才智难展。这是心理上的"失群效应"。

二、安全感需要。一个人生存在社会上,总会遇到各种困难和危险,包括自然的和社会的困难与威胁。一个人只有在一个团队之中,大家相互依赖、相互支持和帮助,才能免受自然的和社会的侵害,才会免于孤立和恐惧,获得安全感,增强信心和力量。

三、尊重需要。尊重需要是人的精神需要,包括自尊和受到他人的尊重。这是一切正常人的共同心理。倘若一个人的行为不被他人尊重,即得不到他人的承认,就会产生失落感,甚至丧失生活的信心。团队的存在,为满足个体的尊重需要提供了条件。在一个团队内,大家朝夕相处,患难与共,彼此了解,只要自己行得正,总能受到他人的尊重。

四、成就需要。成就需要是人的最高级需要。一个人要作出成就,总是离不开他人的鼓励和帮助。同时,他的成就总要有人承认,才具有现实意义。一个人若游离在团队之外,其成就需要是无法满足的。

团队是为了实现组织目标而产生的。为了实现组织交给的任务,为了团队的健康发展,任何团队都要用一定的规范协调人们的行为和相互关系,形成一个有"战斗力"的团队。团队规范有成文的,也有习惯成自然的。规范人们的行为,协调人际关系,这是管理的一项重要任务和职能。团队搞好了,对组织、对社会都会产生积极影响。

团队能给所在的组织带来许多利益,包括正确决策、有效沟通、促使个体成员发挥出更高水平等等。不但如此,团队还有其他组织形式中没有的更多的优势。

现代社会外部环境迅速而频繁地变化着，团队则表现出了对外部环境的适应性。竞争是当代生活的主题，团队合作完成任务的时间远远比个体所花费的时间更节省。这使得团队在竞争中具有明显的优势。因为时间竞争日益成为一种重要的竞争优势，而这也是团队的主要优势。

团队也能带来更多的创新。哈佛的经济学家罗伯特·里克认为："把几个人组成一个小组，他们的能力就融合在了一起，这就是小组的总能力。它比几个人的能力简单相加的和要高得多。"一段时间以后，这个小组一起经历了各种问题，找到了各种解决方法，由此各个成员也学会了他人的本领。他们知道怎样能让别的成员做得更好；还知道在特定的项目中，每个人的任务是什么；也知道怎样把别人的经验为我所用。每一位成员都小心谨慎，不时地做出调整，这使整体的工作得以迅速而平稳地进展。

现实的团队管理当中我们往往重视制度管理，当然制度建设是最直接、也是见效最显著的一种手段。然而，用发展的眼光来看，只有文化理念约束才是企业发展的长久之计，这是一种看似无形胜有形的管理方式。组织文化是企业的灵魂，不仅具有团队管理中的软约束作用，更具有引导和约束团队成员行为的作用。

2. 建立"成功团队"的高度期望值

团队作为一个先进的组织形态，越来越引起组织的高度重视，许多企业已经从理念、方法等不同的管理层面着手进行团队建设，并对"成功的团队"赋予了极高的期望。然而企业在保持热情的同时谨防掉人"团队陷阱"。

就现在来说，团队适合于这样的情况：工作任务挑战性极

第三编 组织分工与协作的狠道
团队精神的终极哲学

高,环境不确定性很高,组织成员差异很大且素质很高。事实上,团队的成功率并不是很高,很多团队取得的业绩并不如人意,其原因无非掉入团队陷阱而不能自拔。

团队陷阱主要表现为以下形式:

团队的目标迷失。团队作为组织形式之一,是为完成组织目标服务的。然而,由于团队面临任务的特殊性和挑战性、环境的不确定性等因素,作为团队指南针的目标往往很难明确。而且,在团队成员参与决策的执行的过程中,往往因为信息不对称,成员中个人价值观和个人利益角度的不同,使目标被肢解,最终丧失提高士气的功能。

康宁公司是一家以人力资源见长的企业,在十几年团队运作实践中,他们发现作为组织形式之一,完成目标的概率仅为3%,在失败的原因中,目标丧失的比率为51%。

团队适应性和灵活性丧失。团队的外部环境决定其必须具有高度灵活性和适应性,否则很容易导致团队的行动僵化。

根据某权威机构的研究,总体而言,团队的灵活性比不上工作组。其原因主要是:团队成员差异性较大,其动机、态度和个性难以一致;在动作过程中,团队领导和成员的"搭便车"心理以及矛盾冲突使注意力内敛,也使得团队对外界信息反应速度减慢;团队成员达成一致的要求也影响了团队的灵活性。

团队合力分裂。团队成员本身具有分力倾向,团队管理稍微松懈,就会导致团队的绩效大幅度下降。

根据康宁公司的团队管理经验,团队合力常常受到下列情况的冲击:领导者变更;计划不连续;裁减成员;管理不当;规则不连续。

对于如何避免团队陷阱,这里作如下建议:

团队需要强有力领导者。强有力的领导者能把分力转为合力,贯彻和执行团队目标,使团队成员保持对外部的灵敏度,并迅速做出反应。根据经验表明,团队比其他组织形式更需要强有力的领导。

统一的团队规则。优秀团队具有统一的管理规则,并能得到所有成员的遵守,成为团队内部统一的语言。

精心管理、细节呵护。团队陷阱产生于微妙之处,所以团队需要管理者和成员的细节呵护。

3. 同心同力打造自己的团队

狼群一般不去攻击比自己强大的动物,但如果它们必须面对强大的敌人时,它们也不会退缩,而是群起而攻之。

狼并不像老虎、狮子、猎豹之类的动物,它们从不单独行动,它们不推崇"个人英雄主义",因为狼群知道,个体的力量毕竟有限,为了生存,它们必须众狼一心。

我们在一个团队中生活、工作,也应该像狼一样,与所在团队成员同心同力,打造自己的团队。因为团队是我们赖以生存的平台。

我们绝大多数人必须在社会机构中奠基自己的职业生涯一样,只要你是公司的一员,你就应该抛开任何借口,投入自己的忠诚和责任,处处为公司着想。因为你已是战斗团队中一员,这个团队的成与败、荣与辱都与你息息相关,也事关你的荣辱与前程。团队的成功,也就是你的成功,团队前途黯然,你的前途也会很渺茫。团队的失败,也就是你的失败。

要实现人生的梦想,单打独斗是行不通的。我们必须与团队的所有的人携手合作,并和这些人成为最好的"战友"。大家互相支持,互相帮助,这样才会有最强的战斗力。

第三编 组织分工与协作的狼道
团队精神的终极哲学

这就是我们平常所说的"集中效能",也就是聚沙成塔、滴水穿石的道理。把团队各成员的才华、技能,所学的知识,所受的训练与所有的专长都集合起来,我们就能创造一个组织,成为一个坚强的团队。请记住,团队合作的成效,比单打独斗要强得多,大家朝同一方向努力,没有什么不能完成的。

当成为战斗团队的一员时,"我"就变成了"我们"。我们就会舍去部分的自我,整个团队才会有茁壮成长的可能。

在团队中,除了要让每个人都有自我生长,完成目标的机会之外,也要让整个团队为设定的远景目标而努力。如此一来,便能达成个人与团队的"双赢"。

放眼一流的战斗团队,他们之所以能成为出类拔萃的团队,无非是因为他们的成员能抛开自我,彼此高度信赖,一致为整体的目标奉献心力的结果。

在团队中,我们要为每个成员,设身处地地想一想。团队中的合作是生活的一大要素。一个成员的成功,也就是我们大家的成功。因此,我们身为其中的一员,就更应该尽好自己的本份,与大家同心协力。团队取得的成就,也就是我们自己的成就。我们要以争取第一为目标,不求"更好",只求"最好",任何事都力争做到极致。

团队中每个成员,只要都能发挥自己的能力,能够心往一处想,劲往一处使,这样的团队,是战无不胜、无坚不摧的。

4. 打造一支顽强的团队

营造一个积极向上的、和谐共进的共同的立场氛围,换句话说,打造一种顽强的团队力量,修炼一种执着的团队精神,领导就是决定性的因素,领导就是打造顽强团队立场的中流砥柱。因

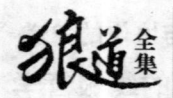
成就个人、团队、企业的铁血定律

为俗话说得好,无论在哪一个优秀组织里,领导都是站得高,望得远,走在前面的"带头大哥"。

一个团队的领导者,必须要具有昂扬的斗志和战斗的激情,抱定必胜的信心。最重要的还要有顽强和坚韧的精神,并用这种精神感染团队的每一个成员,这才是确保团队生存和胜利的根本。如果一个人对自己正在进行的工作充满怀疑,那么他就不会全身心地投入工作,不能以坚韧的意志和顽强的精神贯穿始终,遇到困难马上退缩,这样他所做的工作就会前功尽弃、半途而废。尤其是一个团队的领导者,如果他在困难挫折面前丧失了信心和继续战斗的勇气,那等待这个团队的就只有灭亡。

领导者的顽强和坚韧,就像一面旗帜。有旗帜在前面引导,团队成员就会有明确的战斗方向,奋勇向前。若没有旗帜指导的话,这个团队就会像一盘散沙,没有前进的方向,没有凝聚力,很容易被对手击败。

有了顽强和坚韧,并不等于就取得了成功,成功需要机遇。但成功者一定都有坚韧和顽强的精神。美国西方石油公司最大的股东兼公司总裁戴维·霍华德·默多克,由于小时候家境贫穷,只接受过相当于高中程度的文化教育。对于他来说,资本、学识、家境、机遇都不是成功的决定性因素。默多克曾经用两个单词概括自己成功的秘密,即:顽强与坚韧。与默多克共同经营一家房地产公司的一位朋友说:"戴维最大的财富,就是他所具有的顽强与坚韧的精神。"要生存,就要进取;要成功,就要坚韧。默多克就是凭借这种自强不息、向挫折、困难挑战的不屈毅力,才取得事业上的成功。

对于一个团队来说,顽强与坚韧是最锐利的武器。这种精神就像长矛一样,在团队全体成员的共同努力下,可以刺破世界上所有厚重的盾牌。我们没有必要为顽强和坚韧贴太多的商标,

第三编 组织分工与协作的狼道
团队精神的终极哲学

因为它的作用是客观存在的。世界上没有一个公司的崛起、一个团队的成功可以离开顽强与坚韧的精神。

5. 打造一支高绩效的团队

在自然界里，狼族是最有团队精神的动物，无论是热带还是寒带，到处都可以看到狼族的踪迹。根据研究发现，狼族一般都过着团队生活。

每一个家族内部，在头狼的统一指挥下，其成员各司其职，分工明确，大家发挥各自所长，团结合作，配合默契，共赴成功。狼族这种群策群力和其高效的团队运作方法，实在值得人类反省与借鉴！

惟有高绩效的团队，才是能征善战、能赢不输的团队。

高绩效团队的根本特征，主要体现在三个方面：

在内部结构方面，高绩效团队的内部结构特征包括共同的远景或愿景，共同的目标与有效的策略，高素质的成员，高效的沟通，高效的领导以及承担重要责任的权利和义务。

在外部环境方面，高绩效团队的外部环境特征可以概括为责任与权力的统一，激励与约束的统一，指导与支持的统一以及与外界的融洽关系。

在文化方面，高绩效团队的文化特征主要包括团队精神强，充满活力与热忱，团队成员不断进取。

高绩效团队和一般性团队相比较，其不同之处具体表现在以下8个方面：

（1）目标明确。

成功的领导者往往都主张以成果为导向的团队合作，目标在于获得非凡的成就。他们对自己和群体的目标永远十分清楚，并

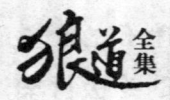

且深知在描绘目标和远景的过程中,让每位伙伴共同参与的重要性。

高绩效团队的领导会经常和他的成员一起确立团队目标,并竭尽所能设法使每位成员都清楚了解,认同团队目标,向团队成员指出一个明确的方向。当团队的目标和远景并非由团队领导者一个人决定,而是由团队成员共同协商产生时,团队成员有一种拥有"所有权"的感觉,并从心底认定"这是我们的目标和远景"。

(2) 团结互助。

在高绩效团队中,可以经常看到团队成员与团队领导者自由自在地讨论问题,并请求:"我目前有这种困难,你能帮我吗?",当大家意见不一致时,甚至立场观点对立时,都愿意开放胸襟,心平气和地谋求解决问题的办法,求同存异,采取和谐一致的行动。

(3) 互相认同。

在高绩效团队中,团队成员都能感受到"我觉得受到别人的赞赏和支持"。我们可以经常听到"我认为你一定可以做到"、"你是最好的"、"你是最棒的"、"我们的团队不能没有你"之类的话。这些赞美、认同的话无疑是团队成员所需要的强心剂,提高了各成员的自尊、自信,并驱使各成员携手同心,共同去实现团队的目标。

(4) 畅所欲言。

高绩效团队会提供给团队成员双向沟通的舞台,每个人都可以自由自在地、公开地、无拘无束地、诚实地表达自己的观点、感受,甚至喜怒哀乐。即便某一观点听起来很离谱,也不会遭致他人的白眼,因为他们知道,许多伟大的观点在第一次被提出来时几乎都被冷嘲热讽过。

第三编 组织分工与协作的狼道
团队精神的终极哲学

群策群力必须有赖于大家保持一种真诚的双向沟通,只有这样才能使一个团队日臻完善。在高绩效团队中的团队成员都能感受到"做真正的自己"'可以畅所欲言而不必有任何顾虑。

(5)互相倾听。

有一位团队领导说:"我努力塑造团队成员们相互尊重,倾听其他伙伴表达意见的氛围。在我的团队里,拥有一群心胸开阔的伙伴,他们都真心愿意知道其他伙伴的想法。他们展现出其他团队无法相提并论的倾听风度和技巧,真是令人兴奋不已!"

(6)强烈参与。

现在有数不清的组织风行"参与管理",领导者相信这种做法能够满足。

"有参与就受到尊重"的人性心理。高绩效团队的成员身上总是散发出挡不住的参与的狂热,他们相当积极主动,不放过任何参与的机会。

玫琳凯化妆品公司创办人玫琳凯·艾施说过:"一位有效率的经理人会在计划的构思阶段就让团队成员参与其事。我认为让团队成员参与对他们有直接影响的决策是很重要的,所以,我总是愿意甘冒时间损失的风险。"如果你希望团队成员全都支持你,你就必须让他们参与,越早参与的成员总会支持他们参与的事物,这时团队所汇总起来的力量绝对是无法想像的。

(7)各负其责。

高绩效团队的每位成员都清楚地了解他所扮演的角色是什么,知道个人的行动对团队目标的达成会产生什么样的影响,知道什么该做,什么不该做,彼此之间也清楚其他成员对自己的要求。

高绩效团队在分工之际,很容易建立起彼此间的期待和依赖,大家感到彼此间唇齿相依,生死与共,团队的荣辱成败,自己"占"着非常重要的分量,并且彼此间能避免发生矛盾冲突。

(8) 死心塌地。

真心地相互依赖、支持是团队合作的基础。李克特曾花了好几年的时间进行研究,发现参与式组织有一个特点——管理阶层信任团队成员,团队成员也相信管理者,几乎所有获胜的组织都全力研究如何培养上下级平行的信任感,以使组织保持旺盛的士气。

团队管理的落脚点就是塑造高绩效的团队。从高绩效团队建设的角度看,打造一支高绩效团队离不开高素质的领导,有了高素质的领导,才能培育出高素质的团队成员,并共同创造出好成绩,高效能。

(1) 高素质的领导。

高素质的领导者需要具备这样的特点:

团队领导者在知识、智力、素质、能力,尤其在态度和觉悟上要特别突出,遇事以团队利益为重、以身作则、身先士卒。

在领导风格上既重团队绩效,又重人际关系,能在实现团队目标和满足成员的个人需要之间取得有机的动态协调。对团队成员充分信任,善当教练,积极促成队员的迅速成长。

领导者乐意授权,充分调动队员的积极性、主动性、创造性,能把活力与热忱传播到整个团队之中,积极地鼓励队员在团队会议中参与讨论、共同决策,多数成员有较大的自由度。

(2) 高素质的队员。

对一个团队来说,成员的素质无论如何强调也不过分,因为团队规模一般都较小。如果一个5人的团队,有2个低素质的队员,那么,团队的工作就很难顺利进行。

高素质的队员的特点是:

团队成员具有不同专业知识、技能和经验,而且在性格、气

第三编 组织分工与协作的狼道
团队精神的终极哲学

质上互补。

团队成员代表着不同单位的利益和立场，熟悉不同领域，来自不同背景。

团队成员不仅有很强的专业技术能力，而且有很好的人际关系能力。在这种氛围里工作，成员间既相互竞争、相互激励、相互促进，又相互合作、相互帮助、相互学习。

团队成员除了尽量具有丰富的知识、较高的智力、很好的素质、较强的能力外，更需具有很积极的工作态度，即公而忘私、认真负责、一丝不苟、不断进取的工作态度。

有效地培养与增强团队精神，作为团队领导人首先要树立"追随者至上"的观念。作为一个团队领导，应永远把自己的团队成员放在一切事情之上。只有这样，才会愿意采取行动去关怀他们、珍惜他们、支持他们、赐给他们力量、激励他们去做好每一件事情。当把"追随者"放在第一优先位置时，其成效会是相当惊人的，当他们受到团队的鼓舞与感召时，他们深藏在内心的潜能和爱心，就会急剧地爆发出来，他们所做的任何事情，都将相当杰出和完美。

海尔·罗森布鲁斯（HalRosebluth）和黛安·彼得（DianePeter）可说是团队绩效的成功楷模，在他们共同的著作《顾客第二》这本书里，特别阐述了"追随者至上"的心得："要服务好顾客，首先要把员工放在第一优先。我们把员工放在第一位，他们就会把顾客视为优先。只有当员工了解自己被别人珍视的感觉如何时，他们才会真诚地与他人分享这种感觉。"

帮助团队成员了解建立团队的观念和重要性，是尽快培养团队精神的另一条捷径。从职前教育开始，就应该灌输新进团队成员有关高效团队的正确观念，让他们学习团队的有关行为。在随后的定期与不定期的在职训练中，仍然要不断地对团队成员在人

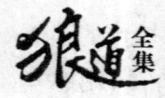

际关系、领导、沟通和管理等课程上予以加强。通过有计划性的训练，这些受过良好训练的成员就比较有信心地全力奉献自己的才能，自发地和其他成员一起合作，共创佳绩。

培养团队成员整体搭配的团队默契，是增进团队精神的不二法门。作为团队领导人而言，固然应让每位团队成员都能拥有自我发挥的空间，更重要的则是要用心破除个人英雄主义。搞好团队的整体搭配，协调一致的团队默契，还要努力使团队成员彼此间相互了解取长补短的重要性。如果能做到这一点，团队就能凝聚出高于个人力量的团队智慧，随时都能造就出不可思议的团队表现和团队绩效来。

合作才会产生出巨大无比的力量，经常教导灌输团队成员一些相互依存、依赖与支持才能达成目标的观念，是团队领导责无旁贷的重要职责。唤醒团队成员整体搭配的观念时，必须将焦点集中在他们的同心协力的行动和甘苦荣辱与共的感受上。

6. 培养团结互助的协作精神

狼族的团队力量如此的强大，归根到底就是狼性合作的原因。在草原上就是最凶猛的狮子也不敢惹群狼，可见狼群团队的力量。"狼狈为奸"同样是狼和狈的合作，也是一种团队精神。

一个人必须要具有与人打交道的能力。这个能力非常非常重要。为什么要学习与人打交道？我们看看狼是如何生存的就会知道其重要性。

人要学会像狼群那样"团队生活"。狼的群体性，很少有一条狼单独掠取食物的时候，所以即使老虎看到狼群也会退避三舍，这就是群体的力量。一个人要想在社会上有所作为，他必须要认识到群体力量的重要性，并且要学会如何利用群体的力量，

第三编 组织分工与协作的狼道
团队精神的终极哲学

这样，狼就能与山中之王——老虎抗衡。

当狼群中的狼王老了的时候，年轻的狼会把它从头狼的位置上拉下来，这样才能保持整体狼群的强大。人也是一样，要想成大事，就要能团结别人一起做事，排除自己身上的不足之处。

团结协作精神是一切事业成功的基础。美国社会活动家韦伯斯特，曾说过一句有名的话："人们在一起可以做出单独一个人所不能做出的事业；智慧、双手、力量结合在一起，几乎是万能的。"

我们在一个企业、公司工作，每个人的工作，都有相对独立性，也都与全局相联系。所以，人们常说：要"立足本职，着眼全局"。宛如下棋，输赢系于每个棋子，"一招不慎，满盘皆输"。如果整个战局都输了，无论哪一个棋子，即使再有能耐，又有什么意义？

英国物理学家卢瑟福，深有体会地说："科学家不是依赖于个人的思想，而是综合了几千人的智慧，所有的人想一个问题，并且每人做它的部分工作，添加到正建立起来的伟大知识大厦之中。"我们的工作，虽然各自都做着"部分工作"，但却不能没有全局观念。协作精神，是全局观念的象征。

我们的协作精神，要像狼一样。狼者，群动之族。攻击目标既定，群狼起而攻之。头狼号令之前，群狼各就其位，欲动而先静，欲行而先止，且各施其职，嚎声起伏而互为呼应，默契配合，有序而不乱。头狼昂首一呼，则主攻者奋勇向前，佯攻者避实就虚，助攻者蠢蠢欲动，后备者厉声而嚎以壮其威……

在狼成功捕猎过程的众多因素中，严密有序的集体组织和高效的团队协作是其中的最明显和最重要的因素。这种特征使得他们在捕杀猎物时总能无往不胜。独狼并不是强大的，但当狼以群体力量出现在攻击目标之前，却表现出强大的攻击力。在日益激

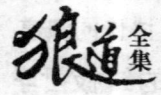
成就个人、团队、企业的铁血定律

烈的企业竞争中,狼的这种现象正被越来越多的人所关注。在企业界,人们正在被一种称之为"狼性文化"的企业管理和运作模式所吸引。

朝着共同的大方向迈进,彼此方便,相互帮助,发扬协作精神,无疑还是崇高道德风尚的体现。不是一讲竞争就可以不讲道德、可以放弃协作精神了,这其实是对竞争的误解。

人类社会的竞争选择,必须公正、有序,遵守道德规范。不然,任人性中奸诈、邪恶的一面肆意妄为,竞争就必然导致逆向选择——优胜劣汰,使历史车轮倒转。既然道德是竞争的前题,那么,竞争与协作精神也就并行不悖,没有什么矛盾可言了。

协作精神还是现代人所应具备的各种心理品质之一。具有良好的协作精神,可以营造一种和谐、共振的工作氛围,建立一种民主、互动的工作关系,对培养我们的自主精神和能动态度有较大的帮助。

那么我们怎样来"导演"团队成员之间的协作呢?

第一,建立和谐关系,创设良好的工作氛围。

心理学家认为,如果我们能与同事、老板之间形成良好信赖的关系,那么我们就可能更愿意和同事、老板相处,自觉地接受同事和老板的教诲、帮助、支持,同时我们也会给他们同样的帮助、支持。

这种相互的尊重和理解,可以形成一个友好宽松的工作环境。这种环境可以最大限度地发挥我们的智慧,对工作中的想法也能畅所欲言地说出来。这种环境同时还能最大限度地激发出我们的工作热情。没有什么比一个良好的心情更重要了。如果我们在一个公司,感到人际关系紧张,工作环境死气沉沉,你还有心情去工作吗?更不用说发挥创造力。

第二,发挥自己的主观能动性,积极参与集体活动。

第三编 组织分工与协作的狼道
团队精神的终极哲学

马克思指出:"人类的特征恰恰就是自由自觉的活动。"在人的活动过程中,人始终是作为主体而存在;环境的影响,归根到底只有通过人的主体活动才能发生作用。因此,发挥自己的主观能动性,积极参与集体活动,是十分必要的。

积极参加集体活动,可以增强我们的协作精神。有了协作精神,我们就能够充分发挥自己的主观能动性。在遇到困难的时候,大家一起想办法,出主意,"三个臭皮匠,顶一个诸葛亮",集体的智慧,是无穷的。在这样一个集体中,也不得不迫使我们去想问题。

第三,营造了一种强烈的竞争氛围,让你追我赶、力争胜利的气氛充满工作的全过程。

当我们在工作中遇到困难,内心感到恐惧和无助、犹豫不决的时候,这时我们最需要的是什么呢?就是队员们发自内心的鼓励。这种鼓励可以让你战胜自我,可以让你跨出了那具有决定你人生的一步,这时你会强烈感受到来自集体的巨大力量和良性竞争、超越自我所带来的快乐。

既然鼓励会给我们带来这么巨大的作用,那么我们也要时时给我们的队员鼓励,让我们的团队形成良好的竞争氛围。

第四,充分信任同事和周围的人。

在与我们的同事相处时,一定要充分信任别人。不要总以为自己能力有多高,总是把自己看得很高,要谦虚一点。有的人即或能力差一点,只要我们能给予他十足的信心,他一定会做好的。信任别人是一种良好的美德。

第五,发挥部门作用,鼓励合作学习。

合作式学习是一种共同的、开放的、包容的学习,要求学习小组成员共享目标和资源,共同参与任务,直接交流,相互依靠。

实施小组合作式学习，能增加我们的信息交流量，拓展我们思维的深度与广度，同时也锻炼个人能力。而通力协作、群体决策不仅能促进知识技能的学习，也有利于培养团结互助的协作精神。

7. 强化成绩与成功的荣誉感

狼与狼之间的默契配合成为狼成功的决定性因素。几只分散的狼在捕猎中变成一个合作、有力量、团结的团队，它们都知道自己必须执行的任务，不管做任何事情，它们总能依靠团体的力量去完成。为了集体目标的实现，它们也完全可以牺牲自己。

学习狼的团队精神就要培育狼性团队的荣誉感。

一个没有荣誉感的团队是没有希望的团队，一个没有荣誉感的员工不会成为一名优秀的员工，西点的《荣誉准则》："每个学员决不说谎、欺骗或者偷窃，也决不容许其他人这样做。"正是荣誉感，让优秀者与那些至今仍没有做出什么成绩的人区别开来。

在西点军校教育中，荣誉教育始终处于优先地位，将荣誉看得至高无上。在军校，要求每一位学员必须熟记所有的军阶、徽章、肩章、奖章的样式和区别，记住它们所代表的意义和奖励，同时还必须记住皮革等军用物资的定义甚至校园蓄水池酌蓄水量有多少升等诸如此类的内容。这样的训练和要求，会在无形中培养学员的荣誉感。这值得各企业借鉴，因为一个优秀的员工是不能不对自己的工作、对自己所效力的企业有一个全面清楚的了解的。

军人视荣誉为生命，任何有损军人荣誉的语言和行为都应该绝对禁止。同样，如果一个员工对自己的工作有足够的荣誉感，

第三编 组织分工与协作的狼道
团队精神的终极哲学

对自己的工作引以为荣,对自己的公司引以为荣,他必定会焕发出无比的工作热情。每一个企业都应该对自己的员工进行荣誉感的教育,每一个员工都应该唤起对自己的岗位和公司的荣誉感。可以说,荣誉感是团队的灵魂。

如果一个员工没有荣誉感,即使有千万种规章制度或要求,他可能也不会把自己的工作做得完美,他可能会对某些要求不理解,或认为是多余而觉得厌倦、麻烦。

住过希尔顿饭店的人都有这样的经历。早上起床,一打开门,走廊尽头站着的服务员就走过来,说,早上好,并称呼你的名字。他们怎么会知道你的名。你问她,你怎么知道的。她会告诉你,昨天晚上睡觉的时候,他们要记住每个房间客人的名字。

或许大家都有过这样的经历,只是觉得很正常而忽略过去了。但我觉得这些看起来是很小的事,却体现出很深刻的道理。如果那个服务员没有一种以希尔顿饭店为荣的荣誉感,她能表现得这样尽职尽责吗?成绩可以创造荣誉,荣誉可以让你获得更大的成绩。一个没有荣誉感的员工,能成为一个积极进取、自动自发的员工吗?如果不能认识到荣誉的重要性,不能认识到荣誉对你自己、对你的工作、对你的公司意味着什么,又怎么能指望这样的员工去争取荣誉、创造荣誉呢?

8. 团队的顾全大局与自我牺牲精神

狼的战斗意志或许是自然界中最强的,狼的斗争艺术最关键的就是:"自我牺牲,顾全大局。"

无论是等待战机导致的饥饿,还是面对驯鹿的蹄子;无论是面对强悍的狮子,还是人类的火器,在真正需要战斗的时刻,狼从来没有退缩过。狼群往往用个体生命的代价,维护种族的尊严。

我们在一个公司里工作，同样要有这样的思想。当个人的利益或者部门的利益与整体战略、团队利益相矛盾时，我们要毫不犹豫地舍弃个人利益，顾全大局。

当我们正在为某件事倾其全力而工作的时候；当我们对某一项课题付出了极大的热情快要成功的时候；当我们准备多时，要作最后冲刺时……忽然老板一个决定，让我们放弃手上的工作，而去做其他工作，这时我们就需要冷静、理智地去对待。先要探明老板的意图，也许他叫我们做的事，是一件极其重要的事，是关系到整个公司的兴衰存亡的大事，只是叫你暂时放弃手中的工作，先去做最重要的事情。这时我们就一定不能固执己见，一定要有"舍小利益，顾全大局"的思想。

微软公司的麦克尔就经历了这么一次严峻的考验。

1984年的元旦是世界计算机史上一个影响深远的里程碑，在这一天，苹果公司宣布它们正式推出首台个人电脑。

这台被命名为"麦金塔"的陌生来客，有一个独有的图形"窗口"，是为用户界面的个人电脑。"麦金塔"以其更好的用户界面走向市场，从而向IBMPC个人电脑发起攻势强烈的挑战。

比尔·盖茨闻风而动，立即制定相应的对策，决定放弃"卓越"软件的设计。而此时，麦克尔和程序设计师们正在挥汗大干，忘我工作，并且"卓越"电子表格软件也已初见雏形。经过再三考虑，比尔·盖茨还是不得不做出了一个心痛的决定，他正式通知麦克尔放弃"卓越"软件的开发，转向开发与苹果公司"麦金塔"

 第三编 组织分工与协作的狼道
团队精神的终极哲学

开发同样的软件。

麦克尔得知这一消息后,百思不得其解,他急匆匆地冲进比尔盖茨的办公室:

"我真不明白你的决定!我们没日没夜地干,为的是什么?金瑞德是在软件开发上打败我们的!微软只能在这里夺回失去的一切!"

比尔·盖茨耐心地向他解释事情的缘由:

"从长远来看,'麦金塔'代表了计算机的未来,它是目前最好的用户界面电脑,只有它才能够充分发挥我们'卓越'的功能,这是IBM个人电脑不能比拟的。从大局着眼,先在麦金塔取得经验,正是为了今后的发展。"

看到自己负责开发研究的项目半路夭亡,麦克尔不顾比尔·盖茨的解释,恼火地嚷道:"这是对我的侮辱。我绝不接受!"

年轻气盛的麦克尔一气之下向公司递交了辞职书。无论比尔·盖茨怎么挽留,他也毫不松口。不过设计师的职业道德驱使着他尽心尽力地做完善后工作。

麦克尔把已设计好的部分程序向麦金塔电脑移植,并将如何操作"卓越"制作成了录像带。之后,便悄悄地离开了微软。

麦克尔回到家里,仔细想想,虽然嘴上说不回微软,但他内心不仅留恋微软,而且更敬佩比尔·盖茨的为人和他天才的创造力。

第二天,他出现在微软大门时,比尔·盖茨才算彻底松了一口气:"上帝,你可总算回来了!"

感激之情溢于言表的麦克尔紧紧拥抱住了早已等候

在门前的比尔·盖茨。此后，他专心致志地继续"卓越"软件的收尾工作，还加班加点为这套软件加进了一个非常实用的功能——模拟显示，比别人领先了一步。

嗅觉灵敏的金瑞德公司也绝非无能之辈，它们也意识到了"麦金塔"的重要意义，也为它开发名为"天使"的专用软件，而这才是最让盖茨担心的事情。

微软决心加快"卓越"的研制步伐，抢在"天使"之前，成功推出"卓越"系列产品。半个月后，"卓越"正式研制成功，这一产品在多方面都远远超越了"先驱"软件，而且功能更加齐全，效果也更完美。因此，产品一经问世，立即获得巨大的成功，各地的销售商纷纷上门定货，一时间，出现了供不应求的局面。

此后，苹果公司的麦金塔电脑大量配置卓越软件。许多人把这次联姻看成是"天作之合"。而金瑞德公司的"天使"比"卓越"几乎慢了3周。这3周就决定了两个企业不同的命运。

随后的市场调查报告表明："卓越"的市场占有率远远超过了"天使"。

比尔·盖茨和麦克尔都必须很清楚小利益与顾全大局的关系。只要把握了大局，有时舍弃一点小利益也是值得的。

我们在工作中一定要服从公司的分配、调动，老板一般总是从大局出发，自有他的目的。

实际上对我们的个人工作也是这样，要分清哪些是最重大的事情，哪些是可以暂时放弃的。这样避轻就重，才会让我们的工作更有起色。

有时我们在工作时，个人利益也会与公司利益发生冲突。这

第三编 组织分工与协作的狼道
团队精神的终极哲学

时你就应该毫不犹豫地放弃自己的利益。也许你现在放弃了，今后会有更大的收获。

一个团队，只要有了这样一群敢于舍弃个人利益的员工，那么这样的团队，终将是一个战斗力极强的团队。

9. 培养合作能力与创造性发挥

随着知识型员工的增多，以及工作内容中智力成分的增加，越来越多的工作需要团队合作来完成。

传统的组织管理模式和团队协作模式最大的区别在于，团队更加强调团队中个人创造性发挥，以及团队中整体的协同工作。

如何协调个人与团队成长的关系，使他们能够相互作用、共同发展是一个值得讨论的话题。

团队协作模式对个人素质有较高的要求，成员除了应具备优势的专业知识外，还应该有优秀的团队合作能力，这种合作能力，有时甚至比成员的专业知识更加重要。

作为团队中的一员，我们应该从哪几个方面来培养自己的团队合作能力呢？

寻找团队积极品质。在一个团队中，每一个成员优缺点都不尽相同。你应该主动去寻找团队中积极的品质，学习它，并克服你自己的缺点和消极的品质，让它在团队合作中被弱化甚至被消灭。

团队强调协同工作，一般没有命令和指示。所以团队的工作气氛很重要，它直接影响团队的工作效率。

如果团队的每位成员，都主动地去寻找其他成员的积极品质，那么团队的协作就会变得很顺畅，工作效率就会提高。

对别人寄予希望。每一个人都有被别人重视的需要，那些具

成就个人、团队、企业的铁血定律

有创造性思维的知识型员工，更是如此。有时一句小小的鼓励和赞许，就可以使他释放出无限的工作热情。

时常检查自己的缺点。你应该时常检查一下自己的缺点，比如，还是不是那么冷静，言辞还是不是那么锋利。在单兵作战时，这些缺点可能还能被忍受，但在团队合作中，会成为你进一步成长的障碍。

团队工作需要成员在一起不断的讨论，如果你固执己见，无法听取他人的意见，或无法和他人达成一致，团队工作就无法进行下去。

团队效率在于配合默契，如果达不成这种默契，团队合作就不可能成功。

如果你意识到了自己的缺点，不妨在某次讨论中，将它坦诚地讲出来，承认自己的缺点让大家共同帮助你改进，这是最有效的方法。

当然，当众承认自己的缺点可能会让你感到无比尴尬。但你不必担心别人的嘲笑，你只考虑获得别人的理解和帮助。

让大家喜欢你。你的工作需要得到大家的支持和认可，而不是反对，所以你必须让大家喜欢你。但一个人又如何让别人来喜欢呢？

除了和大家一起工作外，你还应该尽量和大家一起去参加各种活动，或者礼貌地关心一下大家的生活。

总之，你要使大家觉得，你不仅是他们的好同事，还是他们的好朋友。

保持足够的谦虚。任何人都不喜欢骄傲自大的人，这种人在团队合作中也不会被大家认可。

你可能会觉得自己在某一个方面比其他人强，但你更应该将自己的注意力放在他人的强项上，只有这样，你才能看到自己的

 第三编 组织分工与协作的狼道
团队精神的终极哲学

肤浅和无知。因为团队中的任何一个成员，都可能是某个领域的专家，所以你必须保持足够的谦虚。

　　谦虚会让你看到自己的短处，这种压力会促使你在团队中不断进步。

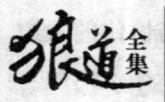
成就个人、团队、企业的铁血定律

第二章 狼性纪律

狼族是群居动物中组织性最严密、最讲秩序的族群。它们的社会组织遵循一定的社会阶层模式,其重要特征就是等级制度非常明确。一个团结协作、富有战斗力和进取心的团队,必定是一个有纪律的团队。同样,一个积极主动、忠诚敬业的员工,也必定是一个具有强烈纪律观念的员工。可以说,纪律,永远是忠诚、敬业、创造力和团队精神的基础。对企业而言,没有纪律,便没有了一切。

1. 绝对的组织结构制度

狼群的组织结构与公司组织结构非常类似,狼群的组织结构也是由领导者、管理中层和基层员工构成。著名的管理学者阿奎利斯·利斯在其所著的《豺狼和微笑》一书中说:"狼是群居动物中最有秩序、纪律的族群","排行第19位的狼,除了尊敬狼首领之外,也十分尊重排行第18位的狼","狼是守纪律、高速并深知精确目标的动物,狼也深深懂得与别的狼共处并遵守本分的合群动物",所以他希望人们能"像豺狼一样的有速度、有效

第三编 组织分工与协作的狼道
团队精神的终极哲学

率、有纪律,而完成精确的目标"。

作为我们人类,同样是生活在一个社会群体之中,没有规矩不成方圆。在社会群体中,我们要受到各种制度、纪律、道德的约束,没有这些东西,整个社会就会乱套,人们之间的也就不能更好地相处,你的生命、财产就可能得不到保障,我们的效率也就不能得到有效提高。

同样一个公司,肯定也会有完善的公司章程,这是维系一个公司正常运作的纽带。如果公司没有严格的纪律就会使公司处于松散状态,长此以往,公司就会逐渐衰败下去。试想一个公司如果员工想来就来、想走就走,把公司当成了旅馆,这样的公司还有前途吗?而且这对员工本身也没有任何好处,他会把这种散漫带给其他人,甚至带给自己的客户,造成自身信用危机。

> 毕业于西点的乔治·巴顿将军除骁勇善战外,还以森严的军纪治军而声名远扬。一个战场指挥官假如不执行和维护纪律,那就是潜在的杀人犯;指挥官的放肆言词是"煅炼"学员的手段之一,"没有粗俗劲就无法指挥军队"。为此,巴顿从日常作风抓起,以达到军容严整,作风过硬。
>
> 首先,巴顿从自己做起,他始终是衣冠整洁、合体,以他独有的军人风度,给人们一个雄壮威严、神气勇猛的形象。
>
> 其次,为了做到令行禁止,巴顿时常亲自出去抓一小撮违令者,以强制部下遵命守纪。1942年3月,盟军第2军在北非同德军作战中吃了败仗,士气低落,纪律涣散,士兵们穿着各式各色的衣服,军容不整。巴顿调任军长后,立即着手抓纪律和整顿军容。他命令全军上

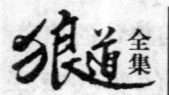

成就个人、团队、企业的铁血定律

下包括技师、护士在内,都必须戴钢盔、打绑腿和系领带。为了实行着装条例,巴顿制定了着装方面的罚款制度,对那些违纪军官罚款50美元,士兵25美元。巴顿还经常到士兵宿舍检查内务,并撕掉贴在墙上的裸体女像。

严格的纪律在7天之内便使第2军重新振作起来,进入了战斗状态。后来在盖塔尔战役中一举打败了德军。

可见,要培养一支能征善战的队伍,首先就要从军队的纪律抓起,以法治军、以规治军才能提高部队的战斗力。严格的纪律——有法必依,令出必行,不仅是将帅的性格,也应是管理者必备的素质。

英特尔公司总裁格鲁夫的开会方式是:直截了当、果断,而且涵盖一切基本要点。虽然有员工批评他不如前任精明能干,但批评者对于他严格的纪律,掌握契机的毅力,以及卓越的管理能力,均给予很高的评价。在一次会议上,他历数每位经理的过失,竟然博得全体经理起立喝彩。

威胜于爱,严格要求胜于放任自流,管理必然能够卓有成效。可靠的产品质量,良好的服务信誉,是公司管理者平时严格管理的结果。

没有制度,职权就不能很好地发挥作用;有了制度,职权就如同火乘风势,风助火威能更有效地发挥出威力。离开了职权及其对职权的行使,制度就难以形成。借助职权,更有利于建立起严格的制度。公司的管理制度总是在长期实践经营中靠自己的主观努力和客观影响,靠自己的言行、能力、业绩等产生的,不是自然而然地产生的,也不是靠人吹起来、捧起来的。

2. 组织纪律的有效执行

学习狼的生存法则就要学习狼的纪律。

一个优秀团队中的每个个体若是充满激情和斗志，由狼的团队中头狼一样的领导者指引着前进的方向，艰难险阻又何所惧呢？每想至此，心中都会被一种狼的团队氛围所感动！多么期望能在狼的团队中不断打造和完善自我，成为一名优秀的员工。只有团队强大，我们个体才能有更好的机会发展。因此，建立一个像狼族一样有纪律性的团队不仅是公司发展所深思的课题，更是团队的每位员工所思考的问题。

古语曰："工欲善其事，必先利其器"。公司也一样。公司要达到商业目的，就必须先构建有纪律的、团结有力的、无坚不摧的团队。团队要想完成任务，就必须磨砺团队中每个成员无比坚强的信念，就要求每个成员要以严格的纪律来约束自己。

古语又曰："天将降大任于斯人也，必先苦其心智，饿其体肤。"古语中阐述的思想，是非常值得每个员工去思索的！

让我们来看一下关于一个海盗的故事吧！

在罗伯茨的海盗生涯中他总共抢劫了四百多条船，他有着非常复杂的人格内涵，首先和别的海盗不一样，他从不喝烈酒，只喝淡茶，他还是一个非常注重章程的人，有一份罗伯茨制定的船规是这一、对日常的一切事务每个人都有平等的表决权；

二、偷取同伙的财物的人要被遗弃在荒岛上；

三、严禁在船上赌博；

四、晚上8点准时熄灯；

五、不许佩带不干净的武器，每个人都要时常擦洗自己的枪和刀；

六、不许携带儿童上船，勾引妇女者死；

七、临阵逃脱者死；

八、严禁私斗，但可以在有公证人的情况下决斗。杀害同伴的人要和死者绑在一起扔到海里去（皇家海军也有类似规定）；

九、在战斗中残废的人可以不干活留在船上，并从"公共储蓄"里领800块西班牙银币；

十、分战利品时，船长和舵手分双份，炮手、厨师、医生、水手长可分一又二分之一份，其他有职人员分一又四分之一份，普通水手每人得一份。

在其他的海盗船也有类似的规定，但执行最严格的就是罗伯茨。由于这种种行为和纪律，他获得了"黑色准男爵"的绰号。这份海盗的"十诫律"用后世历史学家的话说洋溢着"原始的民主主义"。

当你的企业和员工都具有强烈的纪律意识，每一条纪律都不触犯，在不需要找借口、绝不找任何借口时，比如质量问题，比如对工作的态度等，你会猛然发现，工作因此会有一个崭新的局面。

对企业和员工而言，敬业、服从、协作等精神永远都比其他任何东西都重要。但这些品质不是员工与生俱来的，不会有谁是天生不找任何借口的员工。所以，给他们进行培训和灌输显得尤为重要，就像西点军校不断要求着装和仪表一样，最后是要让所有的人都明白，纪律只有一种，这就是完善的纪律。

纪律是一切制度的基石，组织与团队要能长久存在，其重要

第三编 组织分工与协作的狼道
团队精神的终极哲学

的维系力就是团队纪律。要建立团队的纪律最首要的一点是：领导者自己要身先士卒维护纪律。

纪律可以促使一个人走上成功之路。怡安管理顾问公司的陈怡安博士曾说过：领导者的气势有多大，就看他的纪律有多么完善。一个好的领导者必定是懂得自律的人，而且也一定是可以坚持及带动团队遵守纪律的人。

3. 从自觉纪律到自觉行动

狼时时刻刻都面临着种种危险，但它们能够生存下来，其主要原因就在于是一种群居动物，在它们内部有极强的组织纪律性，它们的这种纪律是自觉纪律，已经形成了狼族的自觉行动，它们就是靠这种自觉纪律成为了大自然选择下来的宠儿。

在我们团队中，同样也要有这种自觉纪律，它是一个团队战无不胜的保证。

一个人是能够并愿意做出多种选择的，比如艰苦奋斗胜于舒适生活；真理胜于谬误；正确胜于错误。这每一项都要求一个人认真考虑和选择，即便是不在别人的监视和控制之下，也能懂得什么是正确的，什么是团队所希望的……简而言之，这就叫做自觉纪律。

自觉的纪律也是一个人的优良品质，一个人如果要想担负起责任，没有这种品质是不行的；一个人如果想很好地为自己的团队服务，也必须具备这样的品质。它之所以这样重要，因为它是一个优秀人才必备的素质，也是任何人所希望具有的。

世界上没有任何事情是绝对的，自由也是，没有纪律的约束，自由就会泛滥成为堕落。企业中的员工，也是一样，不要把纪律当成洪水猛兽那样感到恐怖。英国克莱尔公司在新员工培训中，总是先介绍本公司的纪律，首席培训师总是这样说："纪律就是高压线，它高高地悬在那里，只要你稍微注意一下，或者不是故意去碰它的话，你就是一个遵守纪律的人。看，遵守纪律就这么简单。"

的确，如果我们稍微倾注心力，就省去了很多抱怨和烦恼，我们就不会怨恨纪律严格，也不会讨厌上司严厉。

在纪律问题和对领导的服从上，正确的态度应该是毫不含糊的服从。我们深知，军队的纪律比任何纪律都重要，在军队里，军人的服从是职业的客观要求。西点军校有这样一句话："纪律是保持部队战斗力的重要因素，也是士兵们发挥最大潜力的关键。所以纪律应该是根深蒂固的，它甚至比战斗的激烈程度和死亡的可怕性质还要强烈。""纪律只有一种，这就是完善的纪律，假如你不执行和维护纪律，你就是潜在的杀人犯。"军队里的士兵是如此认识纪律的，也是如此执行纪律的。

纪律的钥匙就是了解和自尊。在公司中能够深达员工心灵的是具有价值的意愿。我们明白，努力奋斗能排除心中的怨恨。创造性的纪律能使领导与下属之间更加融洽。它也能使已犯过错误的员工和将会犯错误的员工之间，在自尊上相互感应。更重要的是我们首先要自律，才能将纪律有效地加诸于别人。

请记住塞尼加的话："只有服从纪律的人，才能执行纪律。"

4. 服从是行动的第一步

当狼王已经确定后，其余的狼总是服从它的领导，这也是狼的纪律。

服从是一种美德。一个企业，如果没有严格的规章制度和严明的纪律，就如同一盘散沙；"没有规矩不成方圆"，如果没有服

第三编 组织分工与协作的狼道
团队精神的终极哲学

从,企业将会溃不成军,何谈竞争和生存。

请看一位毕业于军校的将军给一位学员的父亲的信:

为什么我们让这些孩子经受4年艰苦的教育?他们住在冷冰冰的兵营,上午9点30分之前不能往垃圾桶里倒垃圾,水池必须始终干净,不堵塞。如此多的规定和规则,为什么?因为一旦毕业,他们将被要求全无私心。在军队的这么多时间内,他们将要吃苦,将在圣诞节远离家庭,将在泥地上睡觉。这份工作有许许多多的东西让他们把自我利益放在次要的地位——因此,必须习惯这样。

背上有痒不能抓,这能够有什么好处呢?学员知道,军人就是要连背痒都能忍得住。

如果一支部队里的士兵都在左摇右晃地拼命抓痒,还能称得上是训练有素的部队吗?

服从的观念在企业界也同样适用。每一位员工都必须服从上级的安排,就如同每一个军人都必须服从上司的指挥一样。大到一个国家、军队,小到一个企业、部门,其成败很大程度上就取决于是否完美地贯彻了服从的观念。

服从是行动的第一步,处在服从者的位置上,就要遵照指示做事。

服从的人必须暂时放弃个人的独立自主,全心全意去遵循所属机构的价值观念。一个人在学习服从的过程中,对其机构的价值观念、运作方式,才会有更透彻的了解。

当然,军校的训诫和要求是从军事指挥的角度来制定的,在企业中不能机械地照搬。而且,并不是所有上司的指令都正确,上司也会犯错误。但是，一个高效的企业必须有良好的服从观念，一个优秀的员工也必须有服从意识。因为上司的地位、责任使他有权发号施令；同时上司的权威、整体的利益，不允许部属抗令而行。一个团队，如果下属不能无条件地服从上司的命令，那么在达成共同目标时，则可能产生障碍；反之，则能发挥出超强的执行能力，使团队胜人一筹。

曾有一位著名的田径教练，每当他见到运动员，便苦口婆心地劝他们把头发剪短。据说，他的理由是：问题并不在于头发的长短，而是在于他们是否服从教练。

纵然不懂教练的意图，但不找借口地服从，这才是教练所期望的好选手。同样，不找借口地服从并执行，这才是企业所期望的好员工。

对于下级来说，命令，首先要服从，执行后方知效果；还未执行，就发挥自己的"聪明才智"，大谈见解和不可执行的理由，走到哪里都是不受欢迎的角色。对于有瑕疵的命令，首先还是服从，在服从后与领导交流意见，共同改进和提高，"先集中后民主"。现在越来越多的企业倾向于军事化管理，最重要的一点就是"服从"，只有"服从"才能造就一支高效率、富有战斗力和竞争力的队伍，才能使企业立于不败之地。

5. 主动执行，没有任何借口

每次围猎，每只狼都要严格执行狼王的命令，即使拼死一搏，也不能惧怕。

没有任何借口是执行力的表现，无论做什么事情，都要记住自己的责任。无论在做什么样的事情，都要对自己的行为负责。执行就是不找任何借口地去执行，这就是狼的纪律，狼的执行。

第三编 组织分工与协作的狼道
团队精神的终极哲学

NBA明星基德小的时候,常跟父亲去打保龄球。每一回合的较量,他得分都低于父亲。一次次地输给父亲,让小基德心里很不服气,每次他总是找出这样或那样的理由,去遮掩自己与父亲球技上的差距。

这天打完保龄球,他又是一败涂地,又找借口解释自己为何没打好。这回父亲"直捣要害"地说:"别再找借口了。你保龄球打得不好,是因为你不够用功。"

一个人无论逃避责任,还是推脱过错,总能找到借口。任何时候,任何情况下,借口都无助于成功,反而会拖累前进的步伐。父亲的这一逆耳之言,对基德的震动很大。从这一天开始,他把注意力倾注到用功练习上,而不是事后找借口。

海信集团之所以能够在海内外市场激烈竞争中一直保持其电视、空调、冰箱、手机等主导产品的产销规模每年以两位数的速度递增,达到现在的221亿元人民币,原因与其说是决策成功,不如说是海信拥有一支高水平执行力的团队。海信集团领导曾说过样一句话:"对企业而言,丧失了执行力是致命的。"

这种执行文化强化的是每一位学员想尽办法去完成任何一项任务,而不是为没有完成任务去寻找借口,哪怕是看似合理的借口。而想尽办法完成任务的背后,体现的是一种服务态度,一种敬业精神,一种完美的执行力。

举例来说,中国一某大型国有企业因为经营不善导致破产,后来被一外国财团收购。令人惊讶的是,该财团仅将财务、管理、技术等几个要害部门的高级管理人员换成了本国人,其他人与机器设备一概没变,只是要求员工将原有的制度坚定不移地执行下去,不到1年时间,该企业便扭亏为盈了。

"据此可以断言,仅有战略并不能让企业在激烈的竞争中脱颖而出,只有执行力才能使企业创造出实质的价值。失去执行

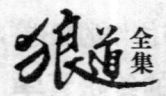成就个人、团队、企业的铁血定律

力,就失去了企业长久生存和成功发展的保障。"海信集团董事长曾这样说道:"海信集团虽未有过面临死而复生的体验,但在某一决策的成败上却感受到了贯彻执行的威力。"

执行是一种暴露现实并根据现实采取行动的系统化方式,其流程包括对方法和目标的严密讨论、质疑、坚持不懈地跟进,以及责任的具体落实。

如何强化企业的执行力?企业最根本的目的是盈利。因此,团队应要求自己的每一个员工为了企业的根本利益而坚决贯彻执行好企业的经营方针,决不为讨好上司而盲目地执行其有悖于企业经营方针的任何一项指示。对团队的各级管理人员,则要求其具备灌输思想和贯彻行为两种能力,即向员工灌输企业的经营思想,使之自觉具有坚定不移地执行企业经营思想的行为。

"企业的核心竞争力的大小在于其执行力的强弱。"目前已成为企业决策者的共识。将执行力是和企业战略、核心竞争力紧密联系在一起的,与企业的理念、抱负、责任等同起来,全心全意做你应做之事,没有任何借口,是企业强化员工执行力所要达到的理想境界。"

在团队决策层眼里,执行力的源泉是文化。企业之间的竞争,事实上都是执行力的竞争,而执行力的竞争归根到底是执行文化的竞争。因此,一个企业应该不遗余力地在企业理念、精神、文化等方面培育具有强有力的执行文化,使每一个员工的"执行"有了行为的最高准则和终极目标文化的深厚土壤。

对于执行力文化,一位领导有自己独特的理解:"人始终是企业中的决定性因素,所有企业的问题,事实上都是人的问题,而只有文化才能改变人的意识,从而改变人的行为。任何新的战略的模式都会引来众多的模仿者,而文化却是无法复制的。多数企业的失败,是由于没有建立起一种执行文化,使执行成为无本

第三编 组织分工与协作的狼道
团队精神的终极哲学

之木，无源之水。"

"1%的不执行就会遭致100%的失败。"因此，公司执行文化就是"执行"无条件。为提升企业的执行力文化，企业应从培养职工对企业的认同感、责任感、使命感、归属感入手，积极引导职工爱企业，爱岗位，争奉献，通过潜移默化的企业史教育、理念教育、激发全体职工"心往一处想，劲往一处使"和"个人服从组织、执行没有借口"的工作热情和拼搏精神。

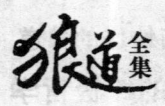
成就个人、团队、企业的铁血定律

第三章 狼性沟通

狼是最善于沟通交流的动物之一。在草原上，狼群对猎物发动攻击时，彼此间通过一个简单的眼神就可以心领神会。对狼来说，交流的艺术在于密切注视各种各样的交流方式，狼与狼之间复杂精细的交流系统，使它们得以不断调整战略、战术，以获得成功。

公司使用如狼一般的沟通技巧，可以避免公司的许多冲突、误解和失败。沟通是团队发展的润滑剂，它能促进团队中的每一个成员的默契配合，相互了解，从而达到为了公司的目标，成员之间相互协作的目的。

1. 缺乏沟通是团队成功的障碍

有很多人，尽管很喜欢自己的工作，而且本来计划在所任职的公司里干很久，贡献自己的才能，实现共同的理想，但是却因为缺乏沟通而离开了。如果这种事发生的次数太频繁，任何公司都会因不断失去其优秀的人员而陷入困境之中。而这一切只因为这里的沟通太差。

# 第三编 组织分工与协作的狼道
团队精神的终极哲学

一般员工所希望的,只不过是能对自己的工作感到自豪,在公司里恪尽职责。领导者也跟员工一样。这对大家都有好处。但是如果由于沟通不好,双方都会失望。

在一个缺乏交流、不善于沟通的组织中,人与人之间会出现隔膜,这对团队的合作与合力是极具破坏性的。内部不断出现矛盾,大家都受到情绪左右的时候,一不小心,就会使别人采取自卫的态度,这样一来,可就很难沟通了。假设公司中有个职员,提出一项建议,经理却不假思索地认为那主意太笨了。这样在职员的内心就会造成伤害。只因为经理说话不够谨慎,可能会造成无法沟通的情形。那职员或许会这样想,他不能够胜任工作或者觉得经理不重视他。至少,以后那职员或不会再直截了当地提出建议,或会犹豫不决,更糟的是会打算另谋高就。不管哪一种情形,公司和经理都损失了本来能够贡献才能的人才。

组织中发生不愉快的事件,是司空见惯的事,在一定程度上这和父母子女间的纠纷没有什么两样。但是如果善于沟通,巧妙地排解的话,矛盾总不至于激化到不可调和的地步。

成功的父母,都会说自己的孩子不自私,待人亲切,体贴周到。当然,父母也希望子女认为自己有头脑、能体谅别人,而且慷慨大方。做父母的谁也不会一大早醒来,就教训子女一顿;做子女的也不会存心要把父母气死。那么,为什么我们老是看到脾气坏、倔强、不听话的孩子,以及大吼大叫的父母呢?或许,只是因为子女经常对父母说出情绪化的字眼,而父母反应太快,不先花时间想一下,结果把情况弄僵了,不得已只好对子女发脾气。这种激烈言辞大家都知道,有时候,你自己也会说出这些字眼来——"你真是个老顽固!""将来若是有了小孩子,一定会对他们好得多。""这条街上每个年轻人都有自己的车子,只有我没有,这都怪你!"

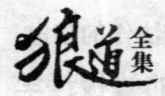
成就个人、团队、企业的铁血定律

有时候,父母不满意年轻人的行为,会有不恰当的反应,例如会武断地命令道:"你现在就把房间整理干净,要不然我会给你好看!"这样一来,父母就陷入进退两难的处境,向子女大吼大叫,仍然没有效果,只会变得更加恼怒。

人生中也一样,有人对你说出激烈的言辞,其实也许并不是有意的,但是你听了却生气起来,就反唇相讥,过了一阵子却又要为你所说的话道歉。并不是说每个人永远不要发脾气,而且事实上这也是不可能做得到的。你也是个凡人,凡人免不了都会发脾气,这是人性,也是我们不可侵犯的权利。我们想告诉你的是,其实只要依靠有效的沟通,完全可以避免双方的敌意,而且这很容易办到。有了一种充满善意、相互理解的沟通,任何成功道路上的障碍都可以排除。否则,我们就只能永久地被阻挡在成功的大门口外了。

2. 团队的润滑剂是有效沟通

狼很少互相攻击,置对方于死地。这其中有一个相当重要的原因,就在于它们彼此之间具备清楚有效的沟通能力和方法。如果人类像狼一样努力培养并运用有效的交流技能,我们能避免多少暴力、误解和失败?!

沟通是传达、倾听、协调,是团队成员必须具备的素质。通用汽车公司前总经理英飞曾说过:"我始终认为人的因素是一个企业成功的关键所在。根据我40年的工作经验,我发觉所有的问题归结到最后都是沟通问题。"

没有"信任"的"沟通",是没有用的。同时信任却又必须完全建立在清楚的沟通之上。任何组织都需要通过开放的沟通来解决问题。不开放、不坦诚的沟通,只会使得问题更加恶化。

第三编 组织分工与协作的狼道
团队精神的终极哲学

公司中的员工如果能用如狼一般的沟通技巧，就能避免许多公司中的冲突、误解及失败。大多数公司中的管理者都认识到，管理才能和默契配合不是靠一次七嘴八舌的会议就能形成的，而是长期有规律地、坚持不懈地努力的结果。

在公司中，团队精神的基础有许多因素组成，但几乎无一例外，第一项是信任，第二项就是交流。经验告诉我们，有时候没有信任可能也有交流，然而没有表达清楚的交流则不可能有信任。公司中的员工可以通过开诚布公的沟通和交流来解决问题，没有沟通就会出现机能障碍。

我们渴望理解，管理者希望员工能够体谅他们的难处。同样，员工希望管理者能够体会他们的苦衷。但这一切在许多公司中并没有被比较好的解决。事实上许多问题是很好解决的，只需要一个有效的沟通途径。

许多管理者认为，"沟通"只要在人际交往时不隐瞒、真实地表达本意就行了。其实这是很不够的。不以诚相待就根本谈不上良性沟通，但往往真知灼见合理碰撞时也会不欢而散。因此，沟通不仅需要真实，也需要技巧。所以说，沟通是一门艺术，艺术就需要技巧。现代公司尤其需要沟通，才有驾驭、组织和协调的能力，才能团结人、凝聚人。

从目的上讲，沟通是共同磋商的意思，即队员们必须交换和适应相互的思维模式，直到每个人都能对所讨论的意见有一个共同的认识。说简单点，就是让他人懂得自己的本意，自己明白他人的意思。只有达成了共识才可以认为是有效的沟通。团队中，团队成员越多样化，就越会有差异，也就越需要队员进行有效的沟通。

最有效率的沟通方式，并不是喋喋不休式的唠叨，而是完全了解人性当中最深层的微妙之处，能够真正针对需要，一针见血地切中目标。沟通是一种艺术，它透过人的眼睛和耳朵的接触，把我们自己投射在别人的心中。

3. 善于沟通才能合作双赢

狼是最善于沟通的，它们的沟通是出于生存的需要，但更重要的是出于对团队的热爱。除了狩猎，狼群在嬉戏时，更喜欢相互交流。狼与狼之间没有什么秘密可言，它们相互之间坦诚相见、绝对真诚。

对于人类来说，成功沟通的秘密在哪里？专家们认为：一点儿秘密也没有……专心致志地听人讲话是最重要的，什么也比不上这样的方式了。

这个道理实在没有必要到哈佛大学学习4年才搞懂弄清。我们知道有这样一些商店老板，他们选最好的店址，进货讲经济效益，花很多钱做广告，但却雇了这样一些售货员——他们不注意听顾客讲话，经常打断顾客的话，对他们显出不耐烦的样子，惹顾客发火，从而使顾客离开商店。不善于沟通的雇员，使这家商店不久就关闭停业了。

沟通是很重要的。良好的沟通，可以达到彼此之间的心灵上的交流，而不善于沟通的人，可以把一件看似很简单的事搞得很糟糕。

> 乌托从商店买了一套衣服，很快他就失望了：衣服掉色，把他的衬衣领子染上了色。他拿着这件衣服来到商店，找到卖这件衣服的售货员，向他陈述事情的经过。他希望能得到商店的理解，可没想到，售货员总是打断他的话。

第三编 组织分工与协作的狼道
团队精神的终极哲学

"我们卖了几千套这样的衣服,"售货员声明,"你是第一个找上门来抱怨衣服质量不好的人。"他的语气似乎在说:"你在撒谎,你想诬赖我们,等我给你一点厉害看看。"

吵得正凶的时候,第二个售货员走了过来,说:"所有深色礼服开始穿时都会褪色,一点办法都没有,特别是这种价钱的衣服。"

"我差点气得跳起来,"乌托先生叙述这件事时强调说,"第一个售货员怀疑我是否诚实,第二个售货员说我买的是劣等品,我气死了。"我准备对他说:"你们把这件衣服收下,随便扔到什么地方,见鬼去吧。"正在这时,这个部门的负责人来了。他很内行,他的做法改变了我的情绪,使一个被激怒的顾客变成了满意的顾客。他是怎么做的?

首先,他一句话也没讲,听乌托把话讲完。其次,当乌托把话讲完后,他开始听那两个售货员陈述他们的观点。当听完两个售货员的观点后,他开始反驳售货员,他不仅指出衣服的领子确实是因衣服褪色而弄脏的,而且还强调说商店不应当出售使顾客不满意的商品。后来他承认他不知道这套衣服为什么出毛病,并直接对乌托说:"你想怎么处理?我一定遵照你说的办。"

9分钟前乌托还准备把这件可恶的衣服扔给他们,可现在乌托回答说:"我想听听你的意见。我想知道,这套衣服以后还会再染脏领子吗?能否再想点什么办法?"经理于是建议他再穿一星期:"如果还不能使你满意,你把它拿来,我们想办法解决。请原谅,给你添了这些麻烦",他说。

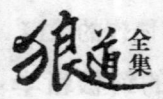

成就个人、团队、企业的铁血定律

乌托满意地离开了商店。7天后，衣服不再掉色了。他完全相信这家商店了。

艾萨克·马科森大概是世界上采访过著名人物最多的人。他说："许多人没能给人留下好印象是由于他们不善于与对方沟通。他们如此津津有味地说，完全不听别人对他讲些什么……许多知名人士对我讲，他们喜欢注意听的人，而不喜欢只管说的人。由此可见，人们听的能力弱于其他能力。"

不只是著名的人，而是所有的人都喜欢与善于沟通尤其是善于倾听的人打交道。

每一个经受过困难的人都需要别人和他沟通，每一个被激怒的顾客、每个不满意的职员或受委屈的朋友都需要善于与他沟通的人。

要记住：与你谈话的那个人，他对自己事情的兴趣程度比对你的事情胜过百倍。

你如果想成为被人喜欢的人，请记住这条准则："要善于倾听对方讲话。"只有这样，才会使双方都获益。

4. 沟通是驾驭团队的可靠保证

领导者每天都必须和团队成员、上司以及同行单位的人相处。为什么有些人显得魅力十足，受到高度的欢迎和敬重，而另一些人却令人生厌，大家避之惟恐不及？成功和失败的区别是什么？为什么有些领导者能与伙伴们同心协力、共同奋斗，成绩总是令人钦羡，而另一些领导者却常常为表现平平而忧心丧志？

原来，成功的领导者都有一个显著的共同特色：卓越的沟通能力。

第三编 组织分工与协作的狼道
团队精神的终极哲学

所谓成功的领导者,他们除了拥有丰富的专业知识、无限的潜力、愿意冒险、勇于负责等特质外,他们的所作所为,都奠基于他们自身所拥有的一套愿意与所有的团队成员不断"沟通"的管理哲学。他们非常了解沟通的重要性,无论在社交活动里,还是在家庭中,或在工作岗位上,他们经常尽情地发挥本身特有的与人"沟通"的艺术和能力,巧妙地赢得别人对他们的喜爱、尊重、信任和共同的合作,从而开创了人生的丰功伟业。

"人生成功的秘诀,在于你能驾驭你四周的群众。"这是美国前总统里根在一次演讲餐会中,勉励企业精英们如何追求卓越的金玉良言。

里根说得可真是一针见血。身为领导者是很难靠一己之力,恪尽职责的,必须经常依赖他人的大力支持和合作,才能完成使命。因此,领导者本身成功与否,完全取决于领导者与团队成员、上司、团队成员与顾客"沟通顺畅"的能耐和功夫。

那么,上下沟通有哪些好处呢?

可以充分利用"集体智慧",并从中产生最佳的决策;

成功地以新的角度来检讨、改善自己的管理风格;

为摇摇欲坠、面临困境的团队找到一条可以重现生机的道路;

对团队成员的想法、感受有更充分的了解,能快速地与团队成员建立更亲密、和谐的关系;

团队成员都以团队的成就为喜,以团队的失败为悲;

团队成员都很清楚地看到自己和别人的目标、位置,能够更好地联系与互动,贡献自己;

使合作关系能够生根、成长、开花、结果;

下情上达、上情下达,促进彼此间的了解;

更有利于团队工作的协调,从而增强团队的活力;

创造出一个团队成员可以激励自己的工作环境。

狼的每次狩猎活动,都充分验证了上述这些沟通的重要作用和最佳效果。作为人类,我们应当向狼族学习,建立一个最善于沟通的高效团队,以创造明天的成功。

5. 遵循有效沟通的简单法则

法则一:沟通是一种感知。

禅宗曾提出过一个问题:"若林中树倒时无人听见,会有声响吗?"答曰:"没有"。树倒了,确实会产生声波,但除非有人感知到了,否则,就是没有声响。沟通只在有接受者时才会发生。

与他人说话时必须依据对方的经验。如果一个经理人和一个半文盲员工交谈,他必须用对方熟悉的语言,否则结果可想而知。谈话时试图向对方解释自己常用的专门用语并无益处,因为这些用语已超出了他们的感知能力。接受者的认知取决于他的教育背景、过去的经历以及他的情绪。如果沟通者没有意识到这些问题的话,他的沟通将会是无效的。

晦涩的语句就意味着杂乱的思路,所以,需要修正的不是语句,而是语句背后想要表达的看法。有效的沟通取决于接受者如何去理解。例如经理告诉他的助手:"请尽快处理这件事,好吗?"助手会根据老板的语气、表达方式和身体语言来判断,这究竟是命令还是请求。德鲁克说:"人无法只靠一句话来沟通,总是得靠整个人来沟通。"

所以,无论使用什么样的渠道,沟通的第一个问题必须是:"这一信息是否在接受者的接收范围之内?他能否收得到?他如何理解?"

第三编 组织分工与协作的狼道
团队精神的终极哲学

法则二：沟通是一种期望。

对管理者来说，在进行沟通之前，了解接受者的期待是什么显得尤为重要。只有这样，我们才可以知道是否能利用他的期望来进行沟通，或者是否需要用"孤独感的震撼"与"唤醒"来突破接受者的期望，并迫使他领悟到意料之外的事已经发生。因为我们所察觉到的，都是我们期望察觉到的东西；我们的心智模式会使我们强烈抗拒任何不符合其"期望"的企图，出乎意料之外的事通常是不会被接收的。

一位经理安排一名主管去管理一个生产车间，但是这位主管认为，管理该车间这样混乱的部门是件费力不讨好的事。经理于是开始了解主管的期望，如果这位主管是一位积极进取的年轻人，经理就应该告诉他，管理生产车间更能锻炼和反映他的能力，今后还可能会得到进一步的提升；相反，如果这位主管只是得过且过，经理就应该告诉他，由于公司精简人员，他必须去车间，否则只有离开公司。

法则三：沟通产生要求。

一个人一般不会做不必要的沟通。沟通永远都是一种"宣传"，都是为了达到某种目的，例如发号施令、指导、斥责或款待。沟通总是会产生要求，它总是要求接受者要成为某人、完成某事、相信某种理念，它也经常诉诸激励。换言之，如果沟通能够符合接受者的渴望、价值与目的的话，它就具有说服力，这时沟通会改变一个人的性格、价值、信仰与渴望。假如沟通违背了接受者的渴望、价值与动机，可能一点也不会被接受，甚至会受到抗拒。

宣传的危险在于无人相信，这使得每次沟通的动机都变得可疑。最后，沟通的信息无法为人接受。全心宣传的结果，不是造就出狂热者，而是讥讽者，这时沟通起到了适得其反的效果。

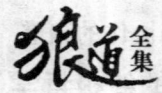

成就个人、团队、企业的铁血定律

一家公司员工因为工作压力大，待遇低而产生了不满情绪，纷纷怠工或准备另谋高就。这时，公司管理层反而提出口号"今天工作不努力，明天努力找工作"，更加招致员工反感。

法则四：信息不是沟通。

公司年度报表中的数字是信息，但在每年一度的股东大会上董事会主席的讲话则是沟通。当然这一沟通是建立在年度报表中的数字之上的。沟通以信息为基础，但和信息不是一回事。

信息与人无涉，不是人际间的关系。它越不涉及诸如情感、价值、期望与认知等人的成分，它就越有效力且越值得依赖。信息可以按逻辑关系排列，技术上也可以储存和复制。信息过多或不相关都会使沟通达不到预期效果。而沟通是在人与人之间进行的。信息是中性的，而沟通的背后却隐藏着目的。沟通由于沟通者和接受者的认知和意图不同显得多姿多彩。

尽管信息对于沟通来说必不可少，但信息过多也会阻碍沟通。"越战"期间，美国国防部陷入到了铺天盖地的数据中。信息就像照明灯一样，当灯光过于刺眼时，人眼会瞎。信息过多也会让人无所适从。

法则五：用目标管理有效沟通。

除了以上四个法则，德鲁克还以为，目标管理提供了有效沟通的一种解决办法。在目标管理中，老板和下属讨论目标、计划、对象、问题和解决方案。由于双方都着眼于完成目标，这就有了一个共同的基础，彼此能够更好地了解对方。即便老板不能接受下属的建议，他也能理解其观点。下属对上司的要求也会有进一步的了解。沟通的结果自然得以改善。如果绩效评估也采用类似办法的话，同样也能改善沟通。

德鲁克提出的四个"简单"问题，可以用来自我检测，看看你是否能在沟通时去运用上述法则和方法：个人必须知道说什

 第三编 组织分工与协作的狼道
团队精神的终极哲学

么,个人必须知道什么时候说,个人必须知道对谁说,个人必须知道怎么说。

6. 有效沟通能减少团队内部冲突

狼群以特有的集群狩猎的生存方式,在弱肉强食的自然环境中,获得了可贵的繁衍和生存空间。当然,在这个大家族里,它们之间偶尔也会发生争执,只是更多的时候,为了避免自相残杀,往往会适可而止,在年长狼的干预下进行必要的交流。

狼群的沟通,使得它们能有效地减少彼此的冲突。如果人类能像狼一样认识这一点,我们能减少多少矛盾和误解啊?的确,有效的沟通是一种艺术。正因为我们常面临着沟通的问题,所以我们要朝这方面去发展,并学习各种技巧。

对于公司来说,有效的沟通能把内部的矛盾化解为零,把上下、左右的关系调整到最佳状态。沟通不仅是管理者最应具备的技巧,也是公司最需具备的基本办法。只有无阻力的沟通,才有公司无阻力的未来。

任何一个公司都有制度,但有人认为,只要制度健全就不会在公司管理中出现任何问题。其实不然,因为制度永远是强制性的,沟通才是人们本性的体现和需求,任何组织乃至任何一个公司都不可能改变和忽视人们企求沟通的基本需要,这样不仅能提高管理绩效,同时也防止了冲突的发生。

有员工说:"沟通就是我说的便是我所想的,怎么想便怎么说,如果公司同事不喜欢,也没办法!"从目的上讲,沟通是磋商互通的意思,即队员们必须交换和适应相互的思维模式,直到每个人都能对所讨论的意见有一个共同的认识。只要了解清楚自己,了解清楚对方,许多问题的沟通总会有办法的。

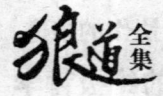

说简单点,就是让他人懂得自己的本意,自己明白他人的意思。只有达成了共识才可以认为是有效的沟通。团队中的成员越多样化,就越会有差异,也就越需要队员进行有效的沟通。

谈到沟通,从根本意义上说,公司内部顺畅的协调沟通是一个公司能够顺利发展壮大的必要条件。沟通方式的畅通、沟通内容的综合利用,都能为公司管理创造更和谐的环境,转化为推进公司管理的资源。

通过和加盟商的沟通,我们可以获得最为准确的市场反馈,可以把握住最准确的市场动态。当一条畅顺的沟通渠道建立之时,准确的市场信息反馈也就不难获得了,同时也减少了很多潜在矛盾的萌芽。

7. 用沟通达成共识,统一行动

对狼来说,交流的艺术在于各种各样的交流方式,尤其是身体语言。它们的观察力被磨砺得如此敏锐,以至于它们甚至可以注意到同伴行为中最微妙的变化。

用丰富语言沟通的人类,要比狼群的沟通方式多得多,然而正因为语言如此丰富,人与人之间反而无法像狼群般诚挚相待。其实要想与别人诚挚地沟通,就必须先给别人留下一个好印象。

为了说明这一点,你可以试试,设想一个使你感到特别不舒服的人,这个人看来真是不理解你或跟你谈不到一起,你肯定会感到难以与这个人合拍。

上帝给了我们两只耳朵一张嘴,就是要我们多听少说。交流中最大的问题,就是错误地认为交流已经完成了。绝大多数的公司管理人员都说,与员工经常沟通能改善员工对工作的满意度并增加效益。

第三编 组织分工与协作的狼道
团队精神的终极哲学

然而,这些人当中只有不到四分之一的人说自己的确进行了这样的沟通。你也是这样言行不一致吗?其实,行之有效的交流是一门艺术,我们每个人都能培养和改善交流。你是鼓励人们就你的交流技巧向你做坦诚的反馈呢,还是想当然地认为自己的交流技巧很不错?

在我们人类的沟通中,更多的时候还要注意自己和他人的身体语言,捕捉对方身体语言中的信息,注意自身身体语言与口头表达的一致。如果二者矛盾,就会产生尴尬的局面。

在沟通过程中,真诚聆听是准确接受和理解信息发送者意图的关键步骤。每个人的表达方式和沟通内容,受其文化背景、知识结构、能力、经验等因素影响,尤其当双方来自不同文化背景、采用的语言又不是统一的时候,更容易出现误解。所以,只有清楚地掌握对方的真实意图,方能采取有效的和积极的反应,否则将不可避免地出现错误。

现代公司都非常注重沟通,既重视外部的沟通,更重视与内部员工的沟通。有了沟通才有凝聚力。在团队沟通中,言谈是最直接、最重要和最常见的一种途径,有效的言谈沟通很大程度上取决于倾听。作为团体,成员的倾听能力是保持团队有效沟通和旺盛生命力的必要条件;作为个体,要想在团队中获得成功,倾听是基本要求。

公司与员工的立场难免有不共通之处,只有善于用沟通的力量,及时调整双方利益,才能够使双方更好地发展,互相推动。有许多公司,沟通只是单向的,即只是上级向下级传达命令,员工只是象征性地反馈意见,这样的沟通不仅无助于决策层的监督与管理,时间一长,必然挫伤员工的积极性及归属感。所以,单向的沟通必须变为双向的沟通。

高质量的沟通应建立在平等的根基之上,如果沟通者之间无

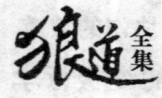

法做到等距离,尤其是主管层对下属员工不保持一视同仁的态度,所进行的沟通一定会产生相当多的副作用:获得上司宠爱者自是心花怒放,怨言渐少;与此同时,其他的员工便会产生对抗、猜疑和放弃沟通的消极情绪。这样的沟通不仅毫无成效,而且会给工作带来更大的抵抗力。

保持同等的工作距离,对事不对人,将是沟通平等化、公开化的重要所在。作为公司管理者要善于沟通,平等地沟通,而且沟通要从心开始。

8. 借助沟通技巧建立共识

在管理企业的过程中,需要借助沟通的技巧,化解不同的见解与意见,建立共识。当共识产生后,事业的魅力自然才会展现。良好的沟通能力与人际关系的培养,并非全是与生俱来的。以下提供几个有效沟通的技巧:

第一,自信的态度。一般来说,一个成功的人士,他们不随波逐流或唯唯诺诺,有自己的想法与作风,但却很少对别人吼叫、谩骂,甚至连争辩都极为罕见。他们对自己了解得相当清楚,并且肯定自己,他们的共同点是自信,日子过得很开心,有自信的人常常是最会沟通的人。

第一,体谅他人的行为。这其中包含"体谅对方"与"表达自我"两方面。所谓体谅是指设身处地为别人着想,并且体会对方的感受与需要。在经营"人"的事业过程中,当我们想对他人表示体谅与关心时,惟有我们自己设身处地为对方着想。由于我们的了解与尊重,对方也相应体谅你的立场与好意,因而做出积极而合适的回应。适当地提示对方,产生矛盾与误会的原因,如果出自于对方的健忘,我们的提示恰好使对方信守承诺;反之若

第三编 组织分工与协作的狼道
团队精神的终极哲学

是对方有意食言,提示就代表我们并未忘记事情,并且希望对方信守诺言。

第三,有效地直接告诉对方。一位知名的谈判专家分享他成功的谈判经验时说道:"我在各个商谈场合中,时常会以'我觉得'(说出自己的感受)、'我希望'(说出自己的要求或期望)为开端,结果常会令人极为满意。"其实,这种行为就是直言不讳地告诉对方我们的要求与感受,若能有效地直接告诉你所想要表达的内容,将会有效帮助我们建立良好的人际网络。但要切记"三不谈":时间不恰当不谈;气氛不恰当不谈;对象不恰当不谈。

第四,善于询问与倾听。询问与倾听的行为,是用来控制自己,让自己不要为了维护权力而侵犯他人。尤其是在对方行为退缩,默不作声或欲言又止的时候,可以询问方式引出对方真正的想法,了解对方的立场以及对方的需求、愿望、意见与感受,并且运用积极倾听的方式,来诱导对方发表意见,进而对自己产生好感。一位优秀的沟通好手,善于询问以及积极倾听他人的意见与感受。

倾听是一门艺术。做一名听众,也许是最简单有效地赢得信任的手段了,聆听越多,你就会越聪明,也就会赢得越多的人的喜欢和友谊。但是成为一个出色的听众,并不只是有两只耳朵那么简单。那么我们该怎样来聆听呢?

用自己的眼睛。在聆听的时候,你应该让对方知道,他就是这里的全部。用你的眼睛注视对方,让对方明白你是在仔细倾听。

"靠近对方"。让自己与谈话方尽可能靠近一些,当然要注重合适的度,尤其是异性。距离的缩小会让对方感觉你不想漏掉他说的任何一个字。

不要沉默。做听众不要推崇"沉默是金"。面对一言不发的听众，没有任何一个演说者会满腔热情。善于聆听的人，是善于让说话者感觉到他在认真地听。在听的同时提出一些问题，让对方更有兴趣说下去。

不要打断。不管是什么原因，如果你不想让对方永远地闭上嘴巴，不要在中途打断他的说话，让他沿着自己的话题说下去，直到他自己停下来。

忘我。你始终要明白，你是个倾听者，不要使用诸如"我"、"我的"等等字眼。如果你这样说了，就意味着你放弃了聆听的机会，注意力已经从谈话那里转移到你这里。

一个人的成功，20%靠专业知识，40%靠人际关系，另外40%需要观察力的帮助。因此为了提升我们个人的竞争力，获得成功，就必须不断地运用有效的沟通方式和技巧，随时有效地与"人"接触沟通，只有这样，才有可能使我们的事业成功。

9. 沟通陌生者，寻找意外收获

我们盼望结交新朋友，友善地与陌生人谈话。我们同某人说话，或聆听他们说话时，都要看着他们。我们既宽容又仔细地聆听，即使我们可能并不同意他们所说的话。

我们平等地对待他人，我们聆听既沉闷又无知的谈话，因为，他们的内容也自有一套道理。我们不会咄咄逼人地追根究底。我们试着在陌生人身上寻找特别的美丽，然后真诚地称赞他们。我们让陌生人谈到自己，以便了解他们。

我们容易了解，而且容易相处。我们并不期望其他人会对我们所说的话产生反应。我们也不想尝试着去探讨他（她）脑中究竟在想些什么。

 第三编 组织分工与协作的狼道
团队精神的终极哲学

我们在面对陌生人时,充满自信,因为我们想了解,不管其他人表面多镇定,但几乎每一个人都急于会晤新的人,以争取友谊或个人的发展。我们也知道,几乎每个人的内心都存在着少许害怕被别人拒绝的恐惧感。

当你面对一个可能成为朋友的陌生人,一个将来可能和你合作的人,或是自己的家人时,你的态度应是热诚的,而不是自私的:我们关心的是其他人,不是我们自己。当我们在内心对其他人——而不是对我们自己——产生兴趣时,他们将会感觉出来。他们也许无法以语言说出他们为何有这些能力,但他们确实有这种能力。相反的,当人们和那些只在脑中想到自己利益的人交谈时,他们就会产生不舒服的感觉。这就是所谓的非语言沟通:"你虽然说得如此大声,但我却听不懂你在说些什么。"

成功的沟通者都知道,我们所看到的和所得到的皆不相同。由于我们付出什么给对方,就会获得对方同样的回报。如果我们希望受到别人的喜爱,就必须以积极、"可爱"的语言进行沟通。

下面,具体介绍一下与人沟通的奇招。

与人沟通永远不嫌迟。不要因为害怕对方可能有拒绝的反应,以至于迟迟不敢沟通。记住著名的帕金森定律:"因为未能沟通而造成的真空,将很快充满谣言、误解、废话与毒药。"

在沟通的过程中,知识不一定代表智慧,敏锐的直觉也不一定是正确,同情也并不代表了解。所谓体谅他人,就是在沟通中,不要有任何先入为主的观念。

负起沟通的全部责任。作为聆听者,你要负起全部责任。听听其他人要说些什么,绝对不能用一半的心思来对待与你有关系的人,一定要百分之百的诚心。

从其他人的立场来看看你自己。把自己幻想成你的父母,幻想成你的配偶,幻想你就是你的孩子或是你的属下员工。当你进

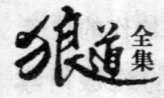

入一间房间或办公室时,你要想想,别人会对你产生什么印象?又为什么?

听取真理,说出真理。不要让那些不正确的闲言碎语使你成为受害者。当你收到或听到某件令你印象深刻的事情之后,要立即查证这个消息来源的可靠性,不要光是听你喜欢的事情,要多听听事实。

对于你所听到的每一件事情,都要以开放的心情及态度加以查证。要有开阔的心胸,不存偏见,要有充分的分析能力,对其真相进行研究。

对每一个问题,都要考虑到它的积极面与消极面,追求积极的一面。检讨一下你自己,看看是否能够轻易并且正确地改变你的"角色":从严肃的生意人变成彬彬有礼的父母、朋友,变成知己、情人或者老师。

暂时退出你的生活圈子,考虑一下,究竟是哪种人吸引你的注意力,以及吸引什么样的人注意你,他们是不是属于同一类型?你是否吸引胜利者?你所吸引的人是否比你更为成功?为什么?

只要用心去掌握这些沟通奇招,相信你很快就会成为一个沟通高手。

第三编 组织分工与协作的狼道
团队精神的终极哲学

第四章 狼性忠诚

忠诚，对于狼族来说，也许无法用语言表述出来，但却可以以行动表现出来。它们不可能懂得诚信这个词，但却知道怎样做到诚信。如果让狼在欺骗与忠诚之间作一个抉择，它们绝对会毫不犹豫地选择忠诚。尽管狼是茹毛饮血的生灵杀手，但却从来没有听说过狼群自相残杀。

1. 忠诚能形成巨大的凝聚力

狼族的可贵品质就是它们的忠诚——对家庭的忠诚。正是这种忠诚，使狼族个体之间相互信任，从而形成了一股巨大的凝聚力，使之无往而不胜。

忠诚同样是人类难能可贵的一种美德。公司老板们希望自己的员工有很多优秀的品质，但最重要的是：对公司忠诚，肯为公司奉献。许多老板们都翘首以盼地等待着这样的员工出现。

在这样一个竞争的时代，谋求个人利益、自我实现是天经地义的。但遗憾的是，很多人没有意识到个性解放、自我实现与忠诚和敬业并不是对立的，而是相辅相成、缺一不可的。许多年轻人以玩世不恭的姿态对待工作，他们频繁跳槽，觉得自己工作是在出卖劳动力；他们蔑视敬业精神，嘲讽忠诚，将其视为老板盘剥、愚弄下属的手段。他们认为自己之所以工作，不过是迫于生计的需要。

我曾为了三餐而替人工作，也曾当过老板，我知道这两方面的种种甘苦。

贫穷是不好的，贫苦是不值得推介的，但并非所有的老板都是贪婪者、专横者。

对于老板而言，公司的生存和发展需要职员的敬业和服从；对于员工来说，需要的是丰厚的物质报酬和精神上的成就感。从表面上，彼此之间存在着对立性，但是，在更高的层面，两者又是和谐统一的——公司需要忠诚和有能力的员工，业务才能进行；员工必须依赖公司的业务平台才能发挥自己的聪明才智。

为了自己的利益，每个老板只保留那些最佳的职员。同样，也是为了自己的利益，每个员工都应该意识到自己与公司的利益是一致的，并且全力以赴努力去工作；只有这样才能获得老板的信任，才能在自己独立创业时，保持敬业的精神。

许多公司在招聘员工时，除了能力以外，个人品行是最重要的评估标准。没有品行的人不能用，也不值得培养。因此，我告诫大家：如果你为一个人工作，真诚地、负责地为他干；如果他付给你薪水，让你得以温饱，为他工作——称赞他，感激他，支持他的立场，和他所代表的机构站在一起。

也许你的老板是一个心胸狭隘的人，不能理解你的真诚，不珍惜你的忠心，那么也不要因此产生抵触情绪，将自己与公司和老板对立起来。不要太在意老板对你的评价，他们也是有缺陷的普通人，也可能因为太主观而无法对你做出客观的判断。这个时候你应该学会自我肯定。只要你竭尽所能，做到问心无愧，你的

第三编 组织分工与协作的狼道
团队精神的终极哲学

能力一定会提高，你的经验一定会丰富起来，你的心胸一定会变得更加开阔。

"老板是靠不住的！"这种说法也许并非没有道理。但是，这并不意味着老板和员工从本质上就是对立的。情感需要依靠理智才能保持稳定。老板和员工的关系也只有建立在一种制度上才能和谐和统一。在一个管理制度健全的企业中，所有升迁都是凭借个人努力得来的。想摧毁一个组织的士气，最好的方式就是制造"只有玩手段才能获得晋升"的工作气氛。管理、完善公司的升迁渠道通畅，有实力的人都有公平竞争的机会。只有这样，员工才会觉得自己是公司的主人，才会觉得自己与公司完全是一体的。

因此，员工和老板是否对立，既取决于员工的心态，也取决于老板的做法。聪明的老板会给员工公平的待遇，而员工也会以自己的忠诚来予以回报。

现在许多人抱怨公司给员工的薪水太低，但他们没有注意到：有些人并没有太超群的工作能力，但他们却可以拿很高的薪水，而且他们会经常受到其他公司的邀请，其他公司为他们开出更高的薪水。为什么他们这么受欢迎？因为他们忠诚——对老板忠诚，对公司忠诚，对团队忠诚。即使他们受到其他公司的邀请，那里有优厚的待遇，有宽松的工作条件，但他们的老板却丝毫不担心，因为老板相信他们的忠诚，相信他们不会为了多拿一点点薪水就放弃现在的事业。所有的这些都是对他们忠诚的回报和奖赏。

忠诚需要感情和行动的付出。这些付出在一些普通的人眼里可能是很愚蠢的行为，但最终他们会发现"如果你是忠诚的，你就会成功"这句话千真万确。忠诚的付出就是奉献，奉献不仅仅是对工作应有的付出，而且是要从心底里热爱自己的工作，并心

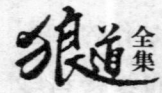
成就个人、团队、企业的铁血定律

甘情愿地为它付出。忠诚与奉献并不是用嘴说的，它需要你付诸行动。在公司和团队发展顺利时，踏踏实实地工作就是忠诚；在公司和团队的事业遭受挫折和失败时，无怨无悔就是奉献。

牧师法兰克。格兰曾经说过："如果你忠实于他人，有可能会受到欺骗，但如果你忠实不足，就会活得十分痛苦。"任何人都是有感情的，包括你的上司和老板。你对公司和团队所做的一切，他们都会看在眼里，记在心里。他们并不糊涂，他们明白自己的团队中最需要什么样的员工。对于那些虽然很有才华，但并不可靠的人，他们是绝对不敢重用的，因为那样他们就会有很大的风险。老板们更愿意重用那些忠实可靠的人。

2. 忠诚能成就卓越的团队

一个团队能取得什么样的成就取决于它拥有什么样的员工。没有忠诚的员工，就不可能做出出色的成绩。相反，当一个团队已经形成一个良好的氛围和文化，那么就会对团队成员在无形中产生一种督促作用，使团队成员做得比原来更出色，同时也使后来者有了一个更高的起点和平台。

在一个团队中，所有的活动都要围绕一个共同的目标展开。但团队的各个部分甚至每一个人都是相对独立的，它们都有自己的目标和任务，都要独当一面。足球队的状况和企业团队的状况很相似。在足球场上，每个人都有自己的位置，都有自己明确的任务，或进攻或防守。后卫不能随便挤占前锋的位置，后腰不能跑到左边锋的活动区域，尤其是守门员更是不能擅离职守。每个位置的队员都要严格遵守主教练的战术安排，协同作战，互相配合，并给予同伴充分的信任。当球被攻到本方禁区时，将球踢到远离自己球门的位置是守门员和后卫的职责，而其他的队员也有

第三编 组织分工与协作的狼道
团队精神的终极哲学

义务去帮助后卫和守门员将球踢出危险地带。将球踢到对方的门里就是前锋和其他进攻队员的职责，而后卫们也可以适当插上进攻，但前提是不能让对方的前锋趁这个机会偷袭得手。

在一个球队中，最重要的就是队员之间的团结、信任、忠诚。虽然有的球队中大牌球星云集，但他们往往不能取得好的成绩，而往往是那些没有什么大牌球星，队员实力并不突出的球队却能让人们眼前一亮。大牌球星有的自视甚高，认为凭一己之力就可以战胜对方，所以他们不重视团队配合，不遵守主教练的战术安排，而这样的球队就会被团结的球队所打败。

企业就是团队，公司就是团队。我们所谈论的团队虽然与足球队形式不一样，但它们的确都是团队，都需要团结，都需要团队成员之间相互配合、忠诚和奉献。一个团队有完整而长远的战略规划和发展方向，而团队的各个部分、各个成员都要围绕这个整体的战略和发展方向，互相配合，并在需要时做出某些个人利益上的牺牲。每个成员都要对团队忠诚，为团队做出贡献，这样的团队的力量是强大的，是不可战胜的。

试想一个团队中所有成员都离心离德，都想着自己的利益，怎么能够形成合力呢？这样的团队还会有战斗力吗？这样的团队中，团队成员不但不能形成合力，反而会起到破坏力。所以一个具有战斗力的团队，成员之间，成员与团队之间，彼此信任、忠诚是至关重要的。

3. 诚实守信是处世的金法则

狼群之间不存在任何欺骗。因为对于一个狼族来说，欺骗就是一剂毒药，它不但损害狼族个体之间的相互信任，而且影响狼族的巨大凝聚力，甚至会导致整个狼族的毁灭。

诚信同样也是我们人类处世的金法则。一个人立身处事需要诚信。人一旦失去了诚信，就等于失去了尊严，失去了做人的资格。没有诚信的人生，只能是一个残破的、失败的人生。

诚实守信是一种人格的体现，是人类社会平稳存在、人与人和平共处的基础，也是人性中最珍贵的部分。它与伪君子无缘，与空谈家远离。给人以信用，就是给人以承诺，那就是不变的永恒。

信用，是一项彼此的约定，也是一种具有约束力的心灵契约。有时它无体无形，但却比任何法律条文具有更强的行为规范。在竞争激烈的当今时代，信用则更加成为赢得人们信任的重要法宝。

一个人如果希望闻名世界、流芳百世，他首先要获得人家对他的信任。一个人如果学会了如何获得他人信任的方法，真要比拥有千万财富更足以自豪。

但是，真正懂得获得他人信任的人真是少之又少。大多数人都无意中在自己前进的康庄大道上设置了一些障碍，比如有的态度不好，有的缺乏机智，有的不善待人接物，常常使一些有意和他深交的人感到失望。

不要以为无财、无名就可以无信。把人的信用建立在金钱基础上，这种想法极不正确。与百万财富比起来，高尚的品格、精明的才干、吃苦耐劳的精神更显得弥足珍贵。

任何人都应该努力培植自己良好的名誉，使人们都愿意与你深交，都愿意竭力来帮助你。一个明智的商人一定要把自己训练得十分出色，不仅要有经商的本领，为人也要做到十分的诚实和坦率，在决策方面要培养起坚定而迅速的决断力。

有很多银行家非常有眼光，他们对那些资本雄厚，但品行不好、不值得他人信任的人，决不会放贷一分钱；而对那些资本不

 第三编 组织分工与协作的狼道
团队精神的终极哲学

多,但肯吃苦、能耐劳、小心谨慎、时时注意商机的人,他们则愿意慷慨相助。

所以,任何人都应该懂得:人格是一生最重要的资本。要知道,糟蹋自己的信用无异于在拿自己的人格作典当。

罗赛尔·赛奇说:"坚守信用是成功的最大关键。"一个人要想赢得大家的信任,一定要下极大的决心,花费大量的时间,不断努力才能做到。

天下没有一种广告能比诚实的美誉更能取得他人的青睐。为人处事惟有诚实方可长久。诚实是做人正直的最坦率也是最谦逊的证明方式。

诚实赋予一个人公平处世的品格。一个诚实的人,因为有正义公理作为后盾,所以能够无畏地面对世界,得到大多数人的信赖,取得长久不衰的发展。而一个虚假欺骗者,只能骗人一时,而后被人们唾弃冷落而衰落终至失败。

有这样两个例子:

塞姆·福特抱怨一个小饭馆给他的啤酒不够数。他把店主叫来,对他说:"先生,请问,你一个月能卖几桶啤酒?"

"10桶,先生。"店主回答说。

"那么你希望能卖11桶吗?"

"当然,先生。"

"那我就告诉你怎么办,"福特说,"把分量给足!"

韦奇伍德是个具有真正的诚实精神的人。虽然他出身低下,但他在尽全力做好工作之前,从不自满。他尤其看重其工作的质量,看是否满足别人的需要或受别人欣赏。这是他的力量和成功的源泉。他对低劣的活计无法忍受,如果做出的东西不符合他的设想,他就会挥起棍子把器皿打碎并扔掉,嘴里还说:"这不是乔治·韦奇伍德做的!"

在当今社会中，许多人都认为不说假话办不成大事，不说谎话得不到大利；为了得到利益，欺骗的手段有时是很值得使用的。于是，许多声誉好的商店，也往往要掩饰自己商品的缺点、坏处，而登载各种欺人的广告。

有些人甚至以为，在商业场中，欺骗的手段与资本一样必需。他们相信，在言行诚实的同时想要在经营上得到大成功，实在是很难的。

现在新闻界中有一种很不幸的现象，就是刊物常有离开事实、颠倒事实等倾向。

其实，刊物的名誉如同一个人的名誉。如果一家刊物常常有意地刊登不真实而骗人的信息，那么它必定会蒙上"造谣说谎者"的恶名。那些不肯离开事实、忠实于事实的刊物在社会中所占的地位，要比那些虽销路很广但却不忠实的刊物高得多。

不为利动，没有私心，在任何情形下都有诚实的美誉，其价值比从欺骗中得来的利益大过千倍。

不坚持诚实，没有绝对正直品格的人是很危险的。有些人还是很愿意站在正直的一方面的，但是一旦关系到自己的利益时，他们就要离开正直，就不说正直话，不做正直事了。他们也许并不正面说谎、欺骗，但他们往往会留有一些应该说而不说话，特别是作为一个诚实的人所必须说的话。他们不明白，在他们多得到一分金钱的同时却损失了诚实的品格。他们的钱袋中固然是有所增加了，但他们的人格却降低了！

所以，世间不知有多少人会在日后觉悟到，欺骗的行为是不可靠的，是要失败的！

所以从实现愿望这一点考虑，诚实也是一种最好的策略。

没有谁会否认别人的信任对自己的重要。社会是公众的社会，人是社会中的一员，人的根本属性就是社会性。处在社会中

第三编 组织分工与协作的狼道
团队精神的终极哲学

的人,别人对自己的信任度的高低,往往会决定其一生的命运。

恐怕人人都知道"狼来了"的故事。尽管这只是一个虚构的故事,但它说明了信任有多么重要。现实中常有人自觉不自觉地损害别人的信任并很不以为然,结果是可想而知的。

人类已进入崭新的21世纪,人与人之间的亲和力和信任度已成为生存的武器、成功的关键。提高别人对自己的信任度越来越成为掌握自己命运的要素。你去银行借款,银行首先要审核你的还贷能力和信用。

2001年6月,浙江、广东等省开始对一些大学毕业生建立信用档案,这是一个信号,信用在人们的生活中将越来越重要。美国等发达国家把人们个人信用视同生命,这已是他们生活至关重要的一部分,每个人都在银行或其他机构里有信用记录,信用渗透到生活的深层领域。我国也有句话"言而无信不知其可",讲的是诚信的重要。

在平常的生活中,提高别人对自己的信任度主要是从小节上积累起来。要提高别人对自己的信任度,可以采取的做法有:

第一,不知道的事,就坦白承认。有一位加州大学知名教授在授课中,讲到一次使用老鼠作为实验对象的实验。突然有一位学生站起来发问:"若改用其他动物,实验结果会一样吗?"人们期待教授会有精彩的回答,不料,这位知名的教授坦白地回答:"我也不知道!"

一般的大学教授,恐怕都不会坦率地回答"我不知道"吧!而多以"我想是这种结果吧"等话,轻描淡写地将问题带过。

第二,犯错后,用行动强调自己的歉意。某公司开会时,在分发给出席者的复印资料中,漏印了某一部分。复印的工作由一位新来的女职员负责,虽然她所犯的过错,并没有对会议产生严重妨碍,但事后这位女职员却受到了上司的注意。

这位女职员毫不为自己辩解，诚恳地道歉后，提出要求：请将资料还给我重新复印，然后将完整的资料送给所有的出席者。

她的上司听到这件事后，不禁对这位女职员刮目相看。因为，弥补过错的态度，远比单纯的道歉更能使人感受到你强烈的责任感和诚意。结果当然在上司的心目中留下了好印象。

第三，谢罪的程度应超乎对方的期待。一家以"良心"为名的出版社，出版了一套名作家的作品，其中的一册被读者指出有一个错误。这家出版社立即向这位购买全套书籍的读者致歉，并将仅有一个错误的书籍收回，重新校正排版，这种作风大大提高了该出版社的声誉。

提高自己信任度的办法还有许多，但都离不开"诚信"二字，在生活中、工作中我们要身体力行，不断增强自己的实力，提高别人对自己的信任度。因为，在人的一生中，没有什么比诚信更宝贵、更重要了。

4．"忠诚"投入，回报无价

在中国古代，上至贤明君主，下至平民百姓，留下许多诚实守信的故事，曾子就以信教子的故事被传为美谈。商鞅是战国时期著名的变法家，为了树立威信，商鞅在变法前下令在秦国都城南门外立一根3丈长的木杆，当众许下诺言并兑现，商鞅新法也因此很快在秦国推广了。当然，也有不讲诚信而自食恶果的惨痛教训。古人云："诚者天之道也，诚者人之道也，诚者商之道也。"又云："诚招天下客，誉从信中来。"而今人云："诚信是市场经济的黄金规则。"又云："诚信是现代文明的基础与标志。"从中可知，从古到今，诚信乃立身处世，从政经商之通理。没有诚信的社会，终究会止步不前，没有诚信的企业，可能逞一时之

第三编 组织分工与协作的狼道
团队精神的终极哲学

快,却不能长久,犹如没有土壤滋养的鲜花迟早会凋零一样。因此,诚信是企业文化建设的重中之重。

从企业文化的内涵中可以看出,企业文化决定经营管理的价值观念和行为方式。"企业文化就是经营者要办成一个什么样的公司的宣言,对外是公司的一面旗帜,对内是一种向心力……"从中可以看出,企业文化这面"旗帜"直接影响着企业形象。所以在企业对外行为这一层面来说,推进企业文化建设就是推进企业形象、企业道德的建设。据社会调查资料显示,在顾客心目中,企业的诚信度已成为评价一个企业形象和企业道德好坏的标准。换言之,诚信直接关系到一个企业的形象和顾客的占有率,企业形象和顾客的占有率又与企业的经营业绩和效益直接挂钩。而企业形象和企业道德又属于企业文化建设范畴,所以说企业诚信不仅是企业文化建设中的一部分,而且是企业文化中的重中之重。

企业有了诚信,就有可能有市场、有客户,就有可能有员工对企业的忠诚、企业对用户忠诚,也才可能有对"投入忠诚"的回报。

凡是出现诚信危机的地方,几乎都是不注重精神文明建设和文化建设的地方。文化上缺乏诚信氛围,信用上缺乏文化底蕴,最后的结果只能是行为上的"不讲信用"。诚信危机带来的经济危机和生存危机绝非危言耸听。美国安然公司的夭折就是一个很好的例证。该公司当初只用4年的时间就使其股票市值增加了500亿美元。然而,随之只花了半年多的时间却将其毁于一旦,这不正是安然的诚信危机和狂妄文化使之自掘坟墓的结果吗?可见塑造"诚信为先"的企业文化,讲求"诚信",对企业来说至关重要。

企业面对的市场竞争必然是激烈的、残酷的,而要迎接入世后的挑战,尽快融入世界经济大潮之中,就必须遵循市场规则,培育规则意识,塑造"诚信为先"的企业文化。

首先要在全体员工中树立观念上的"诚信"、思想上的"诚信"、精神上的"诚信"。在塑造"诚信为先"的企业文化任务中,领导要担当起重要责任,要在员工中开展各种教育活动,积极引导他们转变"观念",逐步树立"诚信经营"的文化理念,要在公司上下形成"诚信为本、操守为重"的良好的行业风尚。

其次,塑造"诚信为先"的企业文化,要从企业的各个环节抓起,要在规划设计、工程招投标、施工管理、商品房销售、物业管理等方面,实行诚信经营制度,遵守诚信经营公约,并建立起"打铁还要自身硬"的监管机制。通过"诚信经营、公平竞争"的文化理念和文化建设,促进公司的事业向规范化、健康化的道路发展,进一步维护市场秩序和广大消费者的合法权益,不断赢得市场和消费者。

企业文化建设是一项既十分重要而又十分艰巨的任务,需要长期而不懈的努力。"千里之行始于足下",只有一点一滴地注重企业文化的建设和积累,才能把企业文化的基础夯实,只有建立"以人为本,诚信为先"的企业文化,才能增强企业凝聚力,树立企业品牌,赢得市场,使企业蓬勃发展。

5. 诚实本身就是一场搏斗

人无信不立。良好的信誉会给自己的行动带来意想不到的便利;诚实、守信也是形成强大的亲和力的基础;诚实守信的人会使人产生与你交往的愿望,在某种程度上,会消除不利因素带来的障碍,使困境变为坦途。

三国时期,诸葛亮四出祁山时,所率兵马只有10多万人,而

第三编 组织分工与协作的狼道
团队精神的终极哲学

司马懿却有精兵30万。蜀、魏在祁山对阵。正在这紧急时刻，蜀军有1万人因服役期满，需退役回乡。而离去1万人，会大大影响蜀军的战斗力。服役期满的士兵也忧心忡忡：大战在即，回乡的愿望恐怕要化为泡影。这时，将士们共同向诸葛亮建议：延期服役一个月，待大战结束后再让老兵们还乡。

诸葛亮断然说："治国－治军必须以信为本。老兵们归心似箭，家中父母妻儿望眼欲穿，我怎能因一时需要而失信于民呢？"说完，诸葛亮下令各部，让服役期满的老兵速速返乡。诸葛亮的命令一下，老兵们几乎不敢相信自己的耳朵，随后一个个热泪盈眶，激动不已，纷纷决定不走了。"丞相待我们恩重如山，如今正是用人之际，我们要奋勇杀敌，报答丞相！"老兵们的激情对在役的士兵则是莫大的鼓励。蜀军上下群情激愤，士气高昂，在形势不利的情况下击败了魏军，诸葛亮以信带兵取得了以少胜多的战绩。

在现代商业运营中，有人说："无商不奸"。其实，"奸商"的行径是遭人唾弃的，只有诚实守信才能取得真正意义上的成功。发生在日本的一件小事就是最好的证明。

一位美国游客在日本东京的一家百货商店买了一台索尼唱机，晚上他拿出来准备欣赏音乐时，发现这台唱机竟然没装内件。这位游客十分恼火，准备第二天去找该公司算账。

第二天，他吃早餐时，忽然接到电话，原来是那家百货公司打来的，顾客还没来得及发脾气，对方就在电话里再三道歉，并请顾客在住处稍候，公司马上派人送新唱机过去。50分钟后，公司的一位副经理携一名职员登门郑重道歉，并送来了新唱机。为了补偿给顾客带来的麻烦，公司加送唱片一张，蛋糕一盒，毛巾一条。顾客见了这一切，一腔怒火早已烟消云散。

原来公司当天晚上发现了漏下的内件后，全公司人员立刻搬

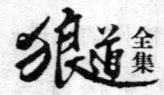成就个人、团队、企业的铁血定律

出售货发票,根据发票上的地址向购买索尼唱机的人一一查询,忙了整整一个晚上,终于找到他这里。美国游客大为感动,以后很长时间,他逢人就讲这件事,无形中为这家百货公司的诚信服务作了最好的宣传。

以诚相待是现代社会人际交往中最重要的砝码,大多数矛盾都能用诚信的办法得到解决。只要真诚待人,就可能赢得良好的声誉,获得他人信任,将可能发生的矛盾化解在无形中。

不诚实的代价是昂贵的,它将使人处于相互戒备、互不信任的关系之中,导致整个社会的无序和混乱。人们惟有以诚信为本,以诚信换取信任,整个社会才能充满和谐和欢乐。

诚实本身就是一场搏斗。曾有人说:"我每天都在虚伪和诚实之间搏斗。"其实,每个人每天都在与是非、善恶、美丑战斗,这就是我们的人生。但我们时常生活在不诚实里,玩世不恭被一小部分人推崇,而且他们以"大家都这么做"为由拒绝诚实待人。这就跟阿Q"和尚摸得,我就摸不得?"一样了。也许不诚实在短期会给你带来一定利益,但最终遭受失败的却仍是你。和不诚实做斗争是需要勇气的,一方面自己内心要和道德的"惰性"作一番斗争,战胜虚假的心理;另一方面在外界我们还不得不和不诚实的人、事战斗,这也许会损伤许多朋友的感情和友谊。但不诚实终究是站不住脚的,不诚实是冬天的雪,诚实的阳光一出来就是它分崩离析的时候。

有失信誉之后,会使人很恼火,并且不知道你什么时候才是有信誉。如果你失去信誉之后,能及时采取补救措施,还是会获得宽容和谅解的。

有一家连锁店,生意兴隆,经常有排着长龙的队伍在采购,信誉颇佳。有一次一个顾客反映:他从这家店里买了变质的熟食。

 第三编 组织分工与协作的狼道
团队精神的终极哲学

当顾客将变质的熟食拿回来,怒气冲冲地质问他们为什么出售变质的食品?服务员真诚地道歉,并耐心地解释:他们的确不知道,但可以马上退货、退款……

且不说那变质食品是否真为该店所售,就其态度而言,这样特地赔礼道歉,赔偿损失,在一定程度上也能挽回信誉,赢得理解。

"解铃还须系铃人"。失去信誉之后,你的周围会有怀疑的目光、埋怨的话语,你的真诚也未必让人理解,那么,你用加倍或多倍的努力才能重新树立在别人心目中的形象。

当你有失信誉之后,遭人冷落、拒绝、刁难,你应该平静地接受。因为,你做错了才导致别人产生这样的反应。同时,我们只能用信任去赢得信任,我们要相信身边怀疑的人总会为真诚所动。

6. 知恩图报是成功的助推剂

狼虽然对食物很珍惜,总希望能独享食物,但它也知道,如果没有秃鹫的引领,自己是绝对不会轻松地找到食物的。因此,对秃鹫满怀感激地与它共享可口的美食。狼的这种感恩图报的精神,是值得我们人类学习的。

许多成功人士在谈到自己成功的经历时,往往过分强调个人努力因素。事实上,每个登峰造极的人,都获得过别人的许多帮助。一旦你订出成功目标并且付诸行动之后,你就会发现自己获得许多意料之外的支持。你应该时刻感谢那些帮助你的人,感谢上天的眷顾。

生而为人,要感谢父母的恩惠。感谢国家的恩惠,感谢师长的恩惠,感谢大众的恩惠;没有父母养育,没有师长教诲,没有

国家爱护，没有大众助益，我们何能存于天地之间？所以，感恩不但是美德，更是感恩是一个人之所以为人的基本条件！

今日年轻人，自从来到尘世间，都是受父母的呵护，受师长的指导。他们对世界未有一丝贡献，却牢骚满怀，抱怨不已，看这不对，看那不好，视恩义如草芥，只知仰承天地的甘露之恩，不知道回馈，足见其内心的贫乏。

现代中年人，虽有国家的栽培，老板的提携，自己尚未能发挥所长，贡献于社会，却不满现实，有诸多委屈，好像别人都对他不起，愤愤不平。因此，在家庭里，难以成为善良的家长；在社会上，难以成为称职的员工。

羔羊跪乳，乌鸦反哺，说明动物尚且感恩，何况我们作为万物之灵的人类呢？我们从家庭到学校，从学校到社会，重要的是要有感恩之心。我们教导子弟，从小就要他知道所谓"一粥一饭，当思来之不易；一丝一缕，应知物力维艰"，目的就是要他懂得感恩。

感恩已经成为一种普遍的社会道德。然而，人们可以为一个陌路人点滴帮助而感激不尽，却无视朝夕相处的老板的种种恩惠。将一切视之为理所当然，视之为纯粹的商业交换关系，这是许多公司老板和员工之间矛盾紧张的原因之一。的确，雇佣和被雇佣是一种契约关系，但是在这种契约关系背后，难道就没有一点同情和感恩的成分吗？老板和员工之间并非是对立的，从商业的角度，也许是一种合作共赢的关系；从情感的角度，也许有一份亲情和友谊。

你是否曾经想过，写一张字条给上司，告诉他，你是多么热爱自己的工作，多么感谢他赐给你工作的机会？这种深具创意的感谢方式，一定会让他注意到你——甚至可能提拔你。感恩是会传染的，老板也同样会以具体的方式来表达他的谢意，感谢你所

 **第三编 组织分工与协作的狼道**
团队精神的终极哲学

提供的服务。

不要忘了感谢你周遭的人——你的老板和同事。因为他们了解你、支持你。大声说出你的感谢，让他们知道你感激他们的信任和帮助。请注意，一定要说出来，并且要经常说！这样可以增强公司的凝聚力。

永远都需要感谢。推销员遭到拒绝时，应该感谢顾客耐心听完自己的解说，这样才有下一次惠顾的机会！老板批评你时，应该感谢他给予的种种教诲。感恩不花一分钱，却是一项重大的投资，对于未来极有助益！

真正的感恩应该是真诚的，发自内心的感激，而不是为了某种目的，迎合他人而表现出的虚情假意。与溜须拍马不同，感恩是自然的情感流露，是不求回报的。一些人从内心深处感激自己的老板，但是由于惧怕流言蜚语，而将感激之情隐藏在心中，甚至刻意地疏离老板，以表自己的清白。这种想法是何等幼稚啊！如果我们能从内心深处意识到，正是因为老板费尽心机的工作，公司才有今天的发展，正是因为老板的谆谆教诲，我们才有所进步，又何必去担心他人的流言蜚语呢？

感恩并不仅仅有利于公司和老板。对于个人来说，感恩是富裕的人生。它是一种深刻的感受，能够增强个人的魅力，开启神奇的力量之门，发掘出无穷的智能。感恩也像其他受人欢迎的特质一样，是一种习惯和态度。

感恩和慈悲是近亲。时常怀有感恩的心情，你会变得更谦和、可敬且高尚。每天都用几分钟时间，为自己能有幸成为公司的一员而感恩，为自己能遇到这样一位老板而感恩。所有的事情都是相对的，不论你遭遇到多么恶劣的情况。

"谢谢你"，"我很感激你"，这些话应该经常挂在嘴边。以特别的方式表达你的感谢之意，付出你的时间和心力，为公司、为老板更加勤奋地工作，比物质的礼物更可贵。

当你的努力和感恩并没有得到相应的回报，当你准备辞职调换一份工作时，同样也要心怀感激之情。每一份工作、每一个老板都不是尽善尽美的。在辞职前仔细想一想，自己曾经从事过的每一份工作，多少都存在着许多宝贵的经验与资源。失败的沮丧、自我成长的喜悦、严厉的老板、温馨的工作伙伴、值得感谢的客户……这些都是人生中值得学习的经验。如果你每天能带着一颗感恩的心去工作，相信工作时的心情自然是愉快而积极的。

7. 欺骗别人等于欺骗自己

为人不可不诚实，靠骗术行事只会让自己遭到惨败，因为诚实是做人的基本品性。欺骗者最后一个欺骗的对象是自己。

日本山一证券公司的创始人小池田子说过："做生意成大事者第一要诀就是诚实，诚实像是树木的根，如果没有根，树木就别想有生命了。"这确是小池的经验之谈，他正是因诚实而起家的。

小池田子20多岁时开小池商店，同时替一家机器制造公司当推销员。有一个时期，他推销机器很顺利，半个月内便跟33位顾客签订了契约，并收了定金。之后，他发觉所卖的机器比别的公司出产的同样性能的机器贵，感到很不安，立即带订约书和定金，整整花了3天的时间逐家逐户去找订户，老老实实说明他所卖的机器价钱比别人卖的机器贵，请他们废弃契约。这使订户深受感动，结果33人中没有一个废约，反而对小池田子极其信赖和敬佩。消息传开，人们知道小池田子经商诚实，纷纷来他的商店购买货物或是向他订购机器。诚实使小池田子财源广进，终于成了大企业家。

第三编 组织分工与协作的狼道
团队精神的终极哲学

在许多人心里，认为"老实人吃亏"，"老实就是无用的代名词"，这种偏见是非常有害的。当年大庆油田奉行的企业精神就有"三老四严"之说，"三老"就是"做老实人，说老实话，办老实事"。无数事实证明，诚实的人并不吃亏。

播种诚实，可以收获信誉；播种欺骗，只能收获失败。

有这样一则寓言：

> 从前有一位贤明而受人爱戴的国王，把国家治理得井井有条。
>
> 国王年纪逐渐大了，但膝下并无子女。最后他决定，在全国范围内挑选一个孩子收为义子，培养成未来的国王。
>
> 国王选子的标准很独特，给孩子们每人发一些花种，宣布谁如果用这些种子培育出最美丽的花朵，那么谁就成为他的义子。
>
> 孩子们领回种子后，开始精心培育，从早到晚，浇水、施肥、松土，谁都希望自己能够成为幸运者。
>
> 有个叫雄日的男孩，也整天精心培育花种。但是，10天过去了，半个月过去了，花盆里的种子连芽都没冒出来，更别说开花了。
>
> 国王决定观花的日子到了。无数个穿着漂亮的孩子涌上街头，他们各自捧着开满鲜花的花盆，用期盼的目光看着缓缓巡视的国王。国王环视着争奇斗艳的花朵与漂亮的孩子们，并没有像大家想像中的那样高兴。
>
> 忽然，国王看见了端着空花盆的雄日。他无精打采地站在那里，国王把他叫到跟前，问他："你为什么端着空花盆呢？"

雄日懊丧地把自己如何精心侍弄,但花种怎么也不发芽的经过说了一遍。没想到国王的脸上却露出了最开心的笑容,他把雄日抱了起来,高声说:"孩子,我找的就是你!"

"为什么是这样?"大家不解地问国王。

国王说:"我发下的花种全部是煮过的,根本就不可能发芽开花。"

捧着鲜花的孩子们都低下了头,他们全部另播下了种子。

世界上假的东西很多,它们在一个时期内也确实蒙蔽了不少人,但假的终究是假的,经不起考验。我们要达到成大事的目的,靠欺骗手段可能会一时奏效,但远不如诚实更有用。

8. 宁愿失败,不愿失信

诚实守信是一个人取得成功的最重要的资本。

1986年,日本商人藤田接受美国油料公司定制300万套餐具刀叉的合同,规定同年9月1日在芝加哥交货。他马上委托岐阜县关市的业者制造。为不耽误交货日期,藤田要求制造商在8月1日由横滨出货,但制造商却一直延迟到8月27日才出货。这样一来,除非空运,否则无法如期交货。

藤田知道,芝加哥——东京间的空运费用约3万美元,用以运300万套刀叉很不合算。但是,他想:"订约的对方是由犹太人所支配的'美国油料公司',犹太

第三编 组织分工与协作的狼道
团队精神的终极哲学

人是非常讲信誉的。不论怎样必须如期交货，一旦失约，对方绝对不再信任我们。"于是，藤田不惜花3万美元空运费租下波音707飞机，于8月31日装好货，10时飞往芝加哥，如期于9月1日交了货。

对方对藤田此举大为赞赏，第二年又向他订购的西餐用具，订制的数量比前次多了一倍，600万套。但是，制造者又误了出货日期，他又只好租用飞机空运如期交货。两次租机以如期交货，虽亏损很大，却换来了犹太人对他的高度信任。

藤田两次不怕亏损租用飞机如期交货的消息不胫而走，传遍了整个世界，他也因此获得了"银座犹太人"的美誉，它的含意是"日本惟一遵守契约的商人"。从此，犹太人的订货单也就源源而来，使藤田大赚其钱。

其实，所有的人都应该重视信用的作用，我们立足于人世间，对别人讲信用是使自己根深蒂固——发展的最好办法，根深蒂固可使自己一帆风顺，即使遇到困难也可以在他人的帮助下挺过去。但不守信用、抛弃信用的人则不同，人们不仅不会与他合作，甚至会把他看得一钱不值，因不守信用而成为孤家寡人，自然不会有好的结果。

严己守信可以为自己赢来良好的信誉。它不仅表现在人前的行为控制，而且体现在人后的自我约束。因此，这是一个人应该但很不容易养成的高尚品格。人生的成功会告诉我们：守信做到严以律己，是人生中无穷的力量，是事业中成功的保障。

"巧诈不如拙诚。""巧诈"是指欺骗而表面掩饰的做法。"巧诈"乍看好像是机灵的策略，但是时间一久，周围的人怀疑甚至远离的可能性会提高。"拙诚"是指诚心地做事，行为或许比较

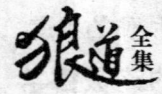

愚直，但是会赢得大多数人的心。所以，人生中与其运用巧妙的方法来欺瞒他人，不如诚心诚意地来对待别人。

认识一个人很容易，算算一年365天，与我们擦肩而过的人太多了。可是从擦肩开始，要与一个人交往下去，无论是维持以书信或见面做客的形式，都可以敞开心扉相与细论者，可就少之又少了。"千金易得，知己难求。""人生得一知己足矣，斯世当以同怀视之。"鲁迅自与瞿秋白相交后，曾书此联以赠。

的确，朋友能变成莫逆之交，在成为知己以后，关心你，爱护你，在你困难的时候宽慰你，成功的时候祝福你，忘形的时候提醒你，灰心的时候鼓励你。这是非常非常难得的。可以说，没有一个人会是不愿倾己一生一世交这么一个朋友的。好的朋友，可以点缀你的生命，使你体味情感的丰富层次，生活的斑斓色彩，更加生气蓬勃，珍惜生命的价值。

要在茫茫的人海中觅到朋友，觅到知己，除了那不可解的缘分外，最重要的还是要靠自己的修养和努力，就像吃果子得先栽果树一样。朋友不会自己无缘无故地来找你，也不会无缘无故地与你成为知己。要得朋友，必须首先使自己成为一个比较容易为人欣赏的人，这种欣赏当然包括容貌、风度。但更重要的是一个人所表现出来的品质和修养，例如诚实守信、宽广的胸怀等等。

现在许多人好像喜欢运用巧诈。其实，人际关系的基本原则，古今无多大差别。喜欢诈术的人，虽然能一时欺瞒别人，也能获得利益，但是，久而久之，就一定会露马脚，失去别人对你的信赖。最终不但获利不多，反而损失更大。

交了朋友后，始终能保持一种积极的心态，也是非常重要的。假如有一个朋友很欣赏你，在各种场合、各种情况下非常关心和爱护你，而你只是很舒服、很感温暖地享受这份友情，却不懂得也应该以同样的真诚去回报他，那么这一段本来发展得枝繁

 第三编 组织分工与协作的狼道
团队精神的终极哲学

叶茂的友谊,也许就会中途夭折。付出以心相许的情愿,才能得到终身不渝的友谊。故古人云:"百心不可得一人,一心可得百人心。"

第四编

企业生存与竞争的狼道
发展壮大的至高战略

市场竞争法则是优胜劣汰。竞争激烈的现代企业需要的就是狼的精神,孤胆英雄拯救企业命运的时候已经彻底结束。企业需要的不是一个英雄,而是一群英雄。

现代企业不仅要具有狼的团结精神,也不仅是个人要像一只狼一样的顽强,而是企业的每一个员工都能够像一只狼样有强烈的生存意识,懂得在竞争中取胜。这种狼的精神应贯穿在整个企业的文化中,并且让每一个员工都领悟。

第四编 企业生存与竞争的狼道
发展壮大的至高战略

第一章 打造狼性企业

狼者，群动之族。攻击目标既定，群狼起而攻之。头狼号令之前，群狼各就其位，欲动而先静，欲行而先止，且各施其职，嚎声起伏而互为呼应，默契配合，有序而不乱。头狼昂首一呼，则主攻者奋勇向前，佯攻者避实就虚，助攻者蠢蠢欲动，后备者厉声而嚎以壮其威……

在日益激烈的企业竞争中，狼的这种现象正被越来越多的人所关注。在企业界，人们正在被一种称之为"狼性文化"的企业管理和运作模式所吸引。

1. 野性拼搏精神的狼性企业文化

狼性文化，顾名思义，便知是企业文化中一枝独秀的创举，是一种带有野性的拼搏精神。狼其性：野、残、贪、暴。自古以来它总是与几千年的孔孟中庸之道格格不入。格格不入的原因便是中庸之道的主导精神：循规蹈矩、忍辱负重。数千年来，以至直到现在，这种中庸之道的封建糟粕害得我国民性保守，惰性十足，固步自封，闭关自守。总以为自己是最好的，不善于进取拼

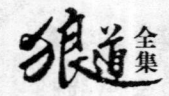

搏，不善于向别人学习，至使我们落后其他先进国家几十年，某些方面甚至落后上百年。

企业推崇提倡的狼性文化，即是指这种推进企业发展，为社会和人类创造效益的非凡的潜能，更重要的是这种潜能释放出来的拼搏精神。

狼性的四大特点——贪、残、野、暴，都应在团队文化中得以再现，"贪"就是对工作、对事业要有贪性，无止境地去拼搏、探索；狼性的"残"用在工作中，便是指对待工作中的困难要一个个地、毫不留情地把它们克服掉、消灭掉；狼性文化的"野"，便指这种在工作中、事业开拓中不要命的拼搏精神；狼性文化中的"暴"，则是指在工作的逆境中，要粗暴地对待一个又一个难关，不能对难关仁慈。

一个企业要发展，没有这种贪、残、野、暴的精神是不行的。如今的时代，是一个竞争的时代，只有在竞争中才能推动社会经济的发展。那么，没有这种贪、残、野、暴，在残酷的竞争中，企业就会被撞得头破血流，败下阵来。因此团队崇尚的狼性文化，就是要在浪尖上求生存，浪谷中图发展。也只有这种狼性团队文化，才能在竞争中生存、发展，立于不败之地。狼，狠狠地盯住一个目标，锲而不舍，用心专一，不达目的决不罢休。狼性如此，成功之势定矣。

一个企业的发展，势必要设定一个目标，然后紧紧盯住这一目标千方百计去实现，这才是成功之道。

狼习群居，群而发之，群而进之。目标出现，群而攻之。狼对于目标之攻击，常在群首号令之前，有序而不乱，各自心领神会、配合默契，各司其职，有条不紊。主攻者勇往直前，佯攻者避实就虚，助攻者蠢蠢欲动，后备者嚎叫助威……组织之严密人所难及，协作之精神更让人赞佩不已。若把这种精神力量、组织

第四编 企业生存与竞争的狼道
发展壮大的至高战略

力量用于企业、用之于事业，充分融入我们企业文化之中，何愁企业不胜？何愁事业不成功！

中国的很多企业家就是拥有了狼的这种毫不留情的残忍精神才创造出了一个又一个的奇迹。中国企业家有5种狼的品质，即有眼光、有能力、有魄力、有激情和有自信。

最善于发现市场机会的企业家大概是那一类满眼看到的都是白花花的银子，随时随地都能找到发财机会的人。韩国的企业家金宇中所在的公司曾濒于失败，公司为报答他过去的成就，送他到英国去读书，结果船到越南的时候，他下船参观，发现了巨大的市场机会，于是抓了大把订单，打道回府，并在日后创业，终于成为一代财阀。

南京福中信息产业集团有限公司董事长杨宗义给人们印象最深的就是他将公司的企业文化诉求概括为狼文化。什么是狼文化呢？杨说，做企业与狼文化至少有三点相同的地方：一是狼具有敏锐的感觉，善于发现猎物，企业家也需要有敏锐的感觉，善于发现市场中稍纵即逝的机会；二是狼一旦发现目标即狠狠扑上去，绝不轻易放过，企业家也需要有决断能力和冒险能力，发现商机绝不错过；三是狼是群体动物，具有群体作战的特性，而企业家要成功，也不能孤家寡人，而要组织大家一起拼杀，一起成功。

杨宗义的创业故事颇有为狼文化作注脚的地方。在此略举一二。

当年，杨宗义初杀入南京珠江路电脑市场的时候，是名副其实的无名小辈，无人知晓。然而，仅仅数月时间，他即改变了这条著名的电脑街乃至整个行业的游戏规则。何以如此？是因为他一登台亮相，便推出了一种

成就个人、团队、企业的铁血定律

叫3

3 的全新的电脑销售模式,即对所销售的个人电脑实行前 3 年免费包换、后 3 年保修、24 小时技术支持并终身维护的服务。

杨宗义自己都始料未及,他的销售模式在服务尚有欠缺的电脑界立即引起了轰动性的市场地震。在用户想来,反正一般的电脑公司的服务保证也就半年,因此虽不知福中公司能否存活 6 年;但死马当活马医是不会有错的。结果,许多订单尤其是学校的规模采购订单很快都让成立才几个月的福中拿走了。创业当年,福中即创造出珠江路电脑销售的奇迹,销售收入达 4000 多万元,由此成为一匹黑马,并且像成名的大侠一样要给业内制定规则、划出道道来。

杨宗义的服务是满大街送金饼吗?不是的。杨的成功其实是胆大心细。

大部分商家都认为,过多的电脑维修服务会增加企业的经营风险,让企业赔老本。但杨宗义却精心计算了相关的成本与风险。他发现,电脑的使用寿命通常都在 7 年以上,在 6 年之内一般不会有太大问题,而电脑的 CPU、硬盘、主板等主要部件保质期为 3—5 年,更换部件的大部分费用实际上早已由配件厂商承担,因此做得好,其实只需拿出很小一部分利润用于其他零部件更换,即可达到 3 年包换、3 年保修的承诺。以小利而搏天下,何乐而不为!

福中就这样迈出了搏击的第一步。但就是这极小的一步,打破了消费者微妙的心理平衡,引发市场雪崩式的反应,给福中的大发展制造了一个最宝贵的机会。

第四编 企业生存与竞争的狼道
发展壮大的至高战略

狼是稳、准、狠的,企业家也是。

关于狼文化,其中有一点是:紧紧咬住目标以及群体作战。

2003年4月22日,福中吃下了珠江路的一个商场,准备改建大卖场。考虑到5月1日黄金周的销售,杨宗义下达死命令,要求在短短一个星期内完成装修、摆货等任务,赶在五一节那天开业,并且率先推出广告。当时,所有的人都认为这根本是不可能的事情,竞争对手更是准备到时候坐看笑话。

但是,对于相信只有偏执狂才能生存的杨宗义来说,他的词典中没有"不可能"三个字。杨宗义以极大的激情激励员工,同时亲自披挂上阵,号令南京全公司300多号人在4月30日尽数赶来做泥水匠、装修工等等,甚至动员自己的太太、母亲都来帮忙。结果不可能做到的事情被他做到了,卖场如期开业,当天即实现销售额300多万元。

像杨宗义这样具备"苍狼品质"的中国企业家实际上不在少数,并且在转轨时期尤为典型。中国改革开放后第一、二代企业家与国外规范化市场环境下的企业家相比,更显得狼性十足、野性十足、豪气十足。加入WTO,我们也曾将跨国公司比作狼,随后中国的企业家将自己称作土狼。狼,注定是创业型企业家的形象代言人,尤其是转轨时代的最佳代言人。至于狼之后,可能是老虎,是狮子,是大象,霸气中逐渐多了王气与稳重气,那就是成熟的企业家了。

2. "狼群杀阵"般整体配合与分工协作

一群善于分工配合的野狼,可以战胜自然界一切庞然大物,哪怕是最凶猛的美洲豹也得退避三舍,这就是赫赫有名的"狼群杀阵"。在孤胆英雄遭受失败的市场废墟上,富有效率的合作团队方能够取胜。

在辽阔的北美草原上，美洲野牛是北美大陆上最为彪悍的动物，平均体重达一吨，头顶长有锋利的双角，即使面对狮、虎这样最富攻击性的捕食动物，也毫不退缩。可是现在，野牛遇到了真正的对手，一群摆好阵型、准备猎杀它们的狼。

群狼在牛群四周游荡，并非漫无目的，而是目光紧紧盯住猎物，耐心等待，寻找最佳时机。北美野牛早已经觉察到危险，并且增强了戒备。虽然一只狼的体重平均仅有40公斤，和小绵羊的体重差不多，但是这些彪悍、强壮的北美野牛为什么还要担忧呢？那是因为群狼依靠自己独特的杀阵，无论猎取什么样的动物，每战必胜。

为获取成功，狼必须解决三个问题——选择合适的猎物、等待恰当的时机和协作狩猎。如果在选择目标时发生失误，最终会葬送自己的生命。所以，狼必须寻找相对较弱、老幼病残的猎物。

整个牛群休憩时，体弱的成员混杂在强壮的野牛里难以分辨，狼只得仔细观察、耐心等候。此时，狼如果贸然行动、继续靠近牛群的话，将遭到野牛的攻击。因此狼群的第一件事就是必须把体弱的野牛隔离出来。

渐渐地，群狼包围了野牛，空气异常紧张。强壮的野牛并不担心，它们没有受到威胁，但体弱的野牛无法抗衡。终于，一头野牛在奔跑中，进入狼群杀阵，被群狼捕获。

科学研究证实，事实上狼很少捕猎大型猛兽，只有在食物非常稀缺时才发动进攻。狼群善于捕猎比自己虚弱的动物，而很少攻击强壮的猎物。独自狩猎时，狼会遭到大型猎物的反击。这就是狼群采取全方位阵型进攻猛兽的原因。这个原则也适用于公司管理，即便是弱小的公司，只要内部员工团结起来，就能够在竞

第四编 企业生存与竞争的狼道
发展壮大的至高战略

争激烈的市场上获得地位，击败那些看似庞大的跨国公司。

狼虽然非常凶狠，但它却是自然界最具有团队精神和竞争意识的动物。事实上，一个狼群通常来说不过七八只狼，但是战斗力非常强。面对狼群，最为凶猛的狮、虎也不敢招惹，会主动退避三舍，这就是狼群杀阵的威力。

狼是最善于协作互助、默契配合的动物。市场竞争的法则是优胜劣汰，只有讲究团队作战，才能获胜。组织成员必须要像狼一样，相互合作、具备勇气、毅力和智能，才能不断击败竞争对手，赢得先机。同时，团队中每个人也要有独狼意识，能够在某一个领域独挡一面。应该说，"狼群杀阵"和"独狼意识"是现代公司管理的一个重要的部分，如果将狼群的生存法则运用到企业中去，必将大大提高企业的整体竞争能力。

现代企业不仅要具有狼的团结精神，也不仅只是个人像一只狼一般顽强，而是每一个员工都能够像一只狼——有强烈的生存意识，懂得在竞争中取胜。这种狼的精神能够贯穿整个企业的文化，并且让每一个员工领悟。

套用到企业文化上面，就是每个人都有独特的一面，在某一方面能够独挡一面；同时又是一个整体，每个人以自己独特的能力为团队贡献力量，行动迅速，理念一致，这样才能取得成功。

一个缺乏团队精神的企业很难在竞争激烈的市场中取得胜利，残酷的现实使得个人的力量进一步在社会中弱化。个人英雄主义的时代已经终结，一个公司只有依靠所有员工的努力，才能够做大、做强。

竞争激烈的现代企业最需要狼族的团队精神，孤胆英雄拯救这个公司命运的时代已经彻底结束。我们现在需要的不是一个英雄，而是一群英雄。"狼群杀阵"已经是公司取胜的重要法宝，它正在取代流行了上百年的管理哲学。

公司在某种意义上是团队的代名词，但这并不意味着它已是一个有效的整体。只有具备群狼精神的团队才真正具有杀伤力，否则只是一群乌合之众，并不具有战斗力。相反，他们反而使得团队更没有凝聚力，不如个体来得有力量。

"狼群杀阵"是一个团队真正意义上的整体配合、分工、协作，共同面对目标，发动一致的行动。这是许多企业培训时梦寐以求的结果，而这在狼的身上却充分体现了。我们可以通过管理仿生学，从狼群中直接学过来。

3. 用聚集效应和协同优势让羊群变狼阵

有这样一个幽默：

一位石油大亨到天堂去参加会议，一进会议室，发现座无虚席，自己没有地方落座。于是，他灵机一动，喊了一声："地狱里发现石油了！"这一喊不要紧，天堂里的石油大亨们纷纷向地狱跑去。眨眼间，天堂里就只剩下那位后来的石油大亨了。

这时，大亨心想，大家都跑了过去，莫非地狱里真的发现石油了？

于是他也急匆匆地向地狱跑去。

还有另外一个故事：

有一个人白天在大街上跑，另外一个人看到了，也跟着跑。结果整条街的人都跟着自己前面的人跑，场面相当壮观，不清楚的人还以为发生什么大事了。

除了第一个人，大家并不知晓自己跑的真正理由，仅仅因为第一个人的奔跑带动了其他人的跟进。这样满大街的人都成了别人眼里的疯子。

这两个故事说明，人们都有一种从众心理，由于从众心理而

第四编 企业生存与竞争的狼道
发展壮大的至高战略

产生的盲从现象就是"羊群效应"。

羊群是一种很散乱的组织。平时,大家在一起盲目地左冲右撞。然后,一只头羊发现了一片肥沃的绿草地,并在那里吃到了新鲜的青草,后来的羊就一哄而上,你争我夺,全然不顾旁边虎视眈眈的狼,或者看不到远处还有更好的青草。

于是,人们就用羊群来比喻没有自己的判断力、经常盲从的普通大众。

羊群行为产生的主要原因就是信息不完全,由于未来状况的不确定,导致了人们的判断力出了问题,因而才有了从众的盲动性。

正确全面的信息是决策的基础。在这个时代,信息的重要性是不言而喻的,不重视信息收集的企业和个人无异于自取灭亡。

要找到正确的方向,敏锐的判断力也是必不可少的。

很少有人天生就拥有明智和审慎的判断力。实际上,判断力是一种培养出来的思维习惯。因此,每个人都可以通过学习或多或少地掌握这种思维习惯,只要下功夫去认真观察、仔细推理就可以培养出来。

收集信息并敏锐地加以判断,是让人们减少盲从行为,更多地运用自己理性的最好方法。羊群变狼群,理性地利用和引导羊群行为,可以很快地创建区域品牌,并形成规模效应,从而获得利大于弊的较佳效果。

如果一个地区的经济处于刚刚起步阶段,绝大多数企业都只能是中、小规模的企业,对外竞争力肯定不强。

但是,经过明确的分工和社会化协作,密切相关的产业可以形成配套体系,聚集成完整的产业链,实现"聚集效应"。大量的企业聚集群加之合理的分工协作,以及对晶牌、技术专长等无形资产的共享,又会产生诸多协同优势:

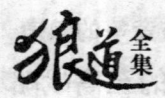

成就个人、团队、企业的铁血定律

成本优势的协同效应。企业在聚集过程中，提高了企业之间的交易效率，形成了产业关联较强的企业；而且由于地理位置接近，节省了相互物质和信息的转移费用，因此降低了交易成本；中小企业通过共同使用公共设施，减少分散布局所增加的额外投资，这一有形共享又减少了不少的成本。

创新能力的协同效应。系统论表明，系统中各要素的协同作用能产生新的特质。大量中小企业的聚集促进了企业之间、人员之间的非正式沟通，地缘及亲情使企业具有天然的亲和性。实现各企业的协调互补，可以使一项新的科学技术、管理经验在相关或相似的企业不断推广，组合派生出更多的创新。它不仅推动了区域内的规模经济，而且实现了外部范围的规模效益。

动态柔性的协同效应。许多企业的相互作用，协调互补，在长期的交流与协作中逐渐地形成了复杂、灵活多变的竞争优势。这种无形的协同竞争优势是动态的、发展的、微妙的，能创造难以估量的效益。

在聚集效应和协同优势的作用下，一些羊群企业纷纷脱颖而出，蜕变为狼群企业。

4. 靠集体智慧和力量打造超级团队

狼靠集体的智慧与力量应对各种变化。狼团队实际上就是一个超级团队。现在，团队建设成为最受企业欢迎的培训课程。企业在饱受长期内耗之苦以后，希望通过提倡一种团队精神来改变现状，于是四处找寻团队培训，不惜重金到户外进行 tegn—working 或 team—buildins 的培训。当时感觉不错，可回来后就不灵了。

原因很简单，我们工作的环境及内容与户外活动有很大的不同，离开了特有的环境、特有的内容和氛围，培训的那套方法自

 第四编 企业生存与竞争的狼道
发展壮大的至高战略

然不灵了，毕竟工作与游戏有本质的不同。

那么如何打造一支超级团队呢？

追求团队精神固然是最重要的因素之一，但团队精神的产生必须经过有效的团队经历。因此，团队建设方法和团队精神一样都不能放弃。

为了说明这一点，首先应明确团队的概念：团队是由具有互补技能组成的、为达成共同目标、愿意在认同的程序下工作的团体。

不难看出，在团队的运作中，程序（方法）是灵魂。在好的程序与方法下，团队成员会共同思考，统一行动，这样坚持下来便会形成一种行为习惯，这种习惯会不断提升团队精神。

反之，没有好的、为成员认同的程序和方法，光有团队精神也难于协调运作，团队精神也不过是口号而已。

举一个足球队的例子。一个球队是一个典型的团队，由前锋、中场、后卫、守门员构成，球队的目的就是要赢球。

可为什么同样的球员，不同的教练，成绩会有很大的差别？

原因就在于，教练换了，球队所遵循的训练方法和程序也就变了，从而影响整个球队的风格和士气。

一个团队的共同目标就是要"赢"，所有成员都要认同这一共同目标，并遵循为达成目标所设定的一套程序，让所有的成员都知道要做什么，以及如何协调彼此的工作，这就是方法。

这种方法应能够衔接团队内以及其个别机构间的差异；能够让团队共同使用，以执行任务；同时，也不会阻碍个别成员的贡献。

身为团队的领导就是要找到可遵循的方法，并让团队成员也认同和使用这些方法。成员培训的重点，应放在学会处理管理事项的共同方法方面。这里举一个成功打造出超级团队的例子。

一个主管升任总裁之后，为在组织内推行团队精神，把各级主管分批派去参加培训，大家都学到了处理和解决管理问题的共同方法。为了将培训的成果巩固下来，他有意制造了一种氛围，并身体力行。

果然，这个组织的气氛几乎在一夜之间改变了，他们学会了公开讨论，并愿意把自己的构想和别人交流，通过将学到的共同方法运用，使他们能够解决更多的问题，做出更好的决策。

这位总裁通过引进一种工具和观念，使团队成员的"努力"得到"协调"和"整合"，互助合作及团队精神也就水到渠成。他并没有立意要建立团队精神，而团队精神却通过团队成员在共同的准则及程序下，共同的工作中产生。

想要打造一支超级团队，需要持久的、坚持不懈的努力，这个过程的关键就是要找到适合团队的程序和方法。

在这里我们提供一个每个成员都愿意为之奋斗的模式——超级团队模式。

——渴望成功。超级团队非常有活力，每个成员都能担负起责任，大家在渴望成功的基础上，寻求最好的合作发展。

——不断改进。成员对自己和他人有很高的期望，并不断寻求进步。

——离经不叛道。成员遵循一定的规则和方针，但又不拘泥于规则，他们能够坚持和他人沟通，无论是独自工作还是群体工作，都能取得很高的效率。

——主动进取。成员反应迅速、态度积极乐观，行动能力强。

——重视领导。成员敬重识大体、有活力的领导人，并且希望在他们的领导下共同争取外部资源与支持。

——以人为本、强调协作。成员尊重知识、竞争和贡献胜过

第四编 企业生存与竞争的狼道
发展壮大的至高战略

身份和地位，他们注重合作及解决问题。超级团队在履行任务的过程中，始终以使命和目标为导向。他们持之以恒，但又不失灵活。

——理性、顽强并勇于创造。成员能够分清事情的轻重缓急、敢于面对问题。能够选择合适的方法清除障碍，方法可以是灵活的、创造性的或者规范化的。

——富有创新。成员能适度冒险以获取卓越成绩。

——容易接近。成员不断和外界接触，让外界了解自己，积极寻求外部的反馈与帮助。

——勤奋敬业。成员理解组织的战略和经营哲学，并希望实现组织的目标。他们在一个开放的文化中发展，他们所在的系统授予他们权力，也希望他们承担责任，以便完成双方共同商定的目标。

——与所在的组织互相影响、共同发展。团队成员和团队创始人一样拥有权力，因为个人的影响力取决于信誉而非权威。

我们经常看到积极的、强劲的团队中的成员相互庆祝："我们真棒！"当这种感觉能够激发人们追求更大、更好的目标时，这就是最好的结果。

与此同时，超级团队也必须认识到危险所在。杜拉克说："超级团队有时候会骄傲自满——这将导致他们的衰败。"

团队成员自我感觉太好，过分亲近也可能导致过度利己、效率下降以及傲慢自大的后果。

我们可以从以上各点中了解到超级团队的准确形象，但要真正实现这样的目标，还需要所有成员的理解和努力。

成就个人、团队、企业的铁血定律

第二章　当好领头狼

一般人都以为狼群中的头狼都是身强力壮、体格庞大的狼，事实上不尽其然。有时候头狼并不是依靠自己强壮的体魄，而靠的是自己的智慧，是狼在生存过程中慢慢积累起来的智慧。正是由于头狼有非同一般的智慧，才引领着自己的狼团队不断地与天斗、与人斗，在复杂的环境中求生存。

一个企业要发展壮大，没有好的"领头狼"是不行的。一个优秀的"领头狼"可以引导企业走向辉煌，一个平庸的"领头狼"会把企业引向深渊。

1. 人培养良好特质，树立成功形象

在过去的几十年里，有大量的有关管理方法、手段和技巧的著述，教导读者如何通过操纵他人来达到自己的目的。然而，很少有关于领导特质方面的论述，这才是领导才能的真正基础。一个人要想恰当地实施领导和发布命令，就必须拥有某种特定的性格特点和品德。

将者，智、信、仁、勇、严也……兵家者流用智为先，盖智

第四编 企业生存与竞争的狼道
发展壮大的至高战略

者能机权识变通也；信者使人不惑于刑赏也；仁者爱人悯物知勤劳也；勇者决胜乘势不逡巡也；严者以威刑肃三军也。

在企业经营中有很多未知因素。因此，智慧是很重要的，它能使一个领导者清楚地明辩出制订战略所必需的公司的优势、劣势以及机会。勇气也是很重要的，因为如果缺乏勇气，领导者就无法在时机需要时，将智慧和大胆的行动结合起来获取优势。诚实和仁慈也同样重要，因为在本质上，领导一个团队、部门、分支机构或者公司都意味着通过其他人来达到成功。纪律也是必须的，因为没有纪律就无法确保战略能成功地执行。所有这些特质都是一种强有力的、积极的、充分发展的性格的表现。

正像诚实和仁慈非常重要一样，领导者还必须表现出对局面的控制，表现出自信和胜券在握。这种自信的表现不能是表面上装出来的假象，必须是建立在睿智、诚实、仁慈和勇气基础之上的真正的自信。如果领导者以特质为基础的领导能力在动荡时代的有效领导有一点彷徨，那么他的跟随者就会有很多彷徨。

美国陆军对培养具有特质的领导者有着浓厚的兴趣。"战场手册"中的"军事领导才能"，就是为告诉军官们什么是领导以及如何成为一名领导者所特别撰写的。军队如此，企业更是如此。

又有哪个企业不希望它的经营人员和管理人员拥有所有这些特质呢？

具有这些能力和敏锐的商业洞察力的领导者所领导的公司势必会极其成功，对社会也是一种恩惠。它的产品和服务会很成功，与客户的关系必然非常良好，它的符合伦理的行为必然会成为其他公司和组织的榜样。

一名优秀的领导者不仅要具有上述的特质，而且还要具有与个人价值观相一致的自我约束能力，他的行为也必须同这些价值

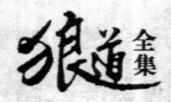

观相一致。同样重要的是，优秀的领导者不会表现出对组织造成伤害的性格缺陷，如犹豫不决、欺骗、胆怯、自私等等。

不幸的是，尽管各个时期都不乏优秀的企业领导人的范例，但缺乏良好特质的企业所有者、经营者和管理者的数量却远远超过了优秀领导人的数量。之所以这样说是因为，自罗马时代就有"一经售出，概不退换"的说法。其间经过了资本主义早期阶段对雇员的恶劣对待，直至20世纪早期的劳资斗争。现在的企业问题，例如印度博帕尔事件和埃克森瓦尔德兹油轮事件，以及公司裁员的处理不当，还在不断发生。为了取得成功并改善形象、增加对社会的贡献，企业有责任使其经营者、管理者和雇员具有良好的特质，并投入资源来帮助他们培养这种特质。

2. 有效执行企业的战略意图

要使你的员工明白你的意图并执行战略，他们必须了解总体战略以及他们在其中的任务。

为使他们的工作能有效进行，员工们必须首先明白他们的努力应该如何配合整个的蓝图。类似地，公司内部的事业部和每个事业部的职能部门必须了解他们的任务以及如何相互配合。

不幸的是，管理人员在给组织和个人分派任务时，经常会模糊不清或者界限不明。两个产品事业部为同样的市场生产相似的产品，因为在最高层没有人决定哪个事业部最适合服务于该市场。同一事业部的两个职能部门在做同样的工作，因为他们的领导不能很好地共同工作或彼此之间存在不信任。一位管理者分派给两名员工同样的任务，认为把任务交给了两个人，那么至少会有一个人能完成。所有这些都会导致浪费、混乱和士气低落。

如果企业的目标是利润最大化，什么样的公司能够负担得起

第四编 企业生存与竞争的狼道
发展壮大的至高战略

让两个部门为同一市场生产类似的产品呢？在一个事业部中，如果一个职能部门的员工想到另一个职能部门的人正在侵入他们的工作范围的话，这两个职能部门又如何能恰当地共同工作呢？如果没有一个清晰的任务，职能部门怎么能组织和表现良好呢？当员工发现在他负责的领域还有其他人被安排了同样的工作时，他们怎么能以迅捷、热情和高效率来进行工作呢？

从20世纪80年代到90年代早期，通用汽车公司在事业部的任务划分方面非常不明确。当阿尔福雷德·斯隆于20世纪20年代在通用汽车公司创立事业部结构时，他的设想是每一事业部为特定市场生产一种特定的产品。雪佛莱是专为那些刚刚参加工作的或普通的人制造的，但是对那些在工作上已做出成绩并有一定地位的人来说，新的庞迪亚克可能是他们所期待的产品，然后是奥兹莫比尔，接下来的是别克，或者甚至是凯迪拉克。

然而，随着时间的推移，分配给事业部的任务没有被遵守，界限变得模糊不清，每个事业部都开始建立更广泛的汽车生产线。不同事业部所生产的汽车之间的差异已经消失，以前有含义的名字（如别克和凯迪拉克）如今也没什么意义了。公司总部失去了明确的方向和对事业部的控制。每一事业部都试图为所有顾客提供所有产品，结果就是资源的浪费、差异的减少、顾客的混淆和市场份额的丧失。

为了避免这种情况，公司必须首先确定它的整体战略，然后给事业部设定清晰的任务和市场，以减少产品的重叠和混淆。之后，对这些界限要进行严格的控制，以使目的的清晰性和重点能够得以保持。

相似的情况也会发生在职能部门之间。事业部的领导们在没有搞清楚各职能之间如何协调之前，就对职能部门进行重组并创造一些新职能。他们相信，在重组之后，各职能部门中的人员就能够共同决定使任务得以完成的工作流程。这是一种导致灾难的方法。在这些职能部门中的人们会把时间浪费在相互争斗上,因为他们要尽力保护自己的地盘和工作。正像一个公司必须首先确定战略,然后才能安排任务一样;在进行重组时,领导者必须首先设计流程然后才能设立组织。

一旦你已经确定了战略并分配了任务,就必须确保这一信息没有"停止于"你的办公桌,而是每个人都知道了这个高水准的行动计划以及他们在其中的位置。这需要制订一个沟通计划。

3. 以行动而非语言进行领导

证明你的领导水平、显示你的特质的最好途径是用行动树立起榜样,而不是用言语来表明你的特质。以榜样的力量进行领导,意味着你主要不是通过言语而是通过行动来进行领导。远见卓识、使命感和日常的交流固然非常重要,但必须有与之相符合的行动使之得到遵从和支持才有意义。没有什么能比你的行动更能向雇员传递你的更真实、更清晰的信息。

"言语是廉价的",这句古老的谚语非常正确。令许多员工感到烦恼的是,他们对老板兜售给他们新的计划深信不疑,结果很快就发现只要更新的计划一推出,原先的计划就马上烟消云散了。他们经常看到公司领导人员说一套做一套的情况,所以他们对上层发布的任何言论都持以偏见和讽刺的态度。员工们因而学会了观察其领导人言行之间的差异,并从领导人的行动中获得自己行动的线索。如果你作为一名领导者宣称战略非常重要,但却把所有的时间花费在战术行动上,你的员工也就会关注于这些战术性的工作。如果你声称倾听顾客的意见非常重要,但却从未花时间去会见顾客,你的员工们对顾客也会忽视。因此,把你的时

第四编 企业生存与竞争的狼道
发展壮大的至高战略

间花费在真正重要的事情上,你就很容易保证你的员工也会这样做。为了赢得员工的信任,你必须言行一致。

西南航空公司的首席执行官赫伯特·D·凯勒赫,就是一个言行一致的优秀例子。西南航空公司之所以成功的一个重要因素,就是它能够使自己的成本比其他航空公司的更低。在西南航空公司的第一个全国性的电视广告中,凯勒赫公开宣称:"西南航空公司不会输掉价格战。我们的运营成本很低,所以我们能在正常的基础上向你提供低价位的机票。这不是在赚噱头,也不是我们的自我推销,这是我们相信存在于我们性格中的东西,这一点存在于我们的每一个座位、每一个航班和航班飞到的任何地方。"

凯勒赫通过仔细关注哪怕最小的成本支出来落实自己的公开声明。他亲自审批每一项超过1000美元的开销。他说,这么做"并不是因为我不信任我们的员工,而是因为我知道,如果他们知道我在关注,他们就会更加仔细"。

赫伯特·D·凯勒赫还宣称他的员工是他最为重要的资产。然而,与那些说过同样的话之后就把几千名员工置之脑后不再考虑的首席执行官不同,凯勒赫确实是这样认为的。"西南航空公司拥有自己的客户,那就是乘客;我也有自己的客户,那就是公司的员工。如果乘客们不满意,他们就不会再乘坐我们的飞机;如果员工们不满意,他们就不会提供乘客所需要的产品。处在领导地位的人是为工作团队提供支持的,而不是相反。"

这种想法反映在西南航空公司同它的员工和顾客之间的关系上:当公司需要招聘员工时,西南航空公司寻找的是能从为顾客提供服务中得到快乐的雇员。凯勒赫说过:"我们所寻找的雇员,首要和最关键的是要有幽默感。其次我们要寻找的是那些擅长于使他们自己满意和在同事关系中能有好的工作表现的人。我们并不太在意学历和经验，因为我们可以教他们做他们必须做的事情。我们雇用的是态度。"

这种哲学在对顾客的服务上得到了回报。顾客喜欢西南航空公司员工的诙谐，例如飞机乘务员藏在头顶的储物箱里、把一架飞机涂画得像是大白鲨，或者能看到凯勒赫本人在万圣节前夕打扮得像圣诞老人一样迎接顾客。德伯拉·福兰克林——一位在西南航空公司工作了23年的乘务员——说道："在西南航空公司，每个人都可以保持自己的本色。他们不会试图把你塞进一个模子里。"客户的满意程度通过每月3500封赞扬信以及在电话客户服务评价中名列迪斯尼、土星公司和诺德斯特姆（Nordstrom）公司之前而位居第二名得到了反映。为了了解顾客的需求有哪些变化，凯勒赫亲自阅读每一封来信，不管是表扬的还是批评的。

这种"雇员重要"的哲学所得到的回报还反映在成本的降低上，成本的降低使得西南航空公司创造了成本优势。尽管西南航空公司80%的雇员都是工会会员，他们得到的报酬也是该行业中最高的，但是，他们工作的高效率还是降低了西南航空公司的成本。这种高效率使得公司与工会之间保持积极的关系成为可能，这种关系又因真诚地处理问题和不解雇员工的政策而得到促进，这使得西南航空公司能够采取更灵活的工作规则，鼓舞员工高昂的士气并避免罢工的产生。

凯勒赫确实是依靠榜样的力量来进行领导的企业领导人。西南航空公司的员工们看到他们的首席执行官宣称什么是重要的，并能够看到他的确身体力行。他们从其领导人身上理解了西南航空公司是如何赢利的，以及自己是如何为公司业绩做出贡献的。这使他们以一种支持西南航空公司战略的方式做事，当凯勒赫告诉他们应该做什么事情时，他们信任他。

要赢得你的员工的信任和尊重，并使他们以行动支持你的战

第四编 企业生存与竞争的狼道
发展壮大的至高战略

略,你就永远不能一方面说某件事很重要而另一方面又将精力集中于其他的事情。如果你知道如何做得更好或者如何从中得到更多乐趣,你就很容易关注于"其他的事情"。然而,如果在你所宣称的重要事情与你实际做的事情之间存在差距的话,就会发生两件事情:你的员工会关注那些不太重要的事情,因为他们看到你就是这么做的;当他们对比了你所说的和你所做的事情之后,就会败坏你在雇员心目中的可信度。

因此,你必须确保你花费大部分时间所做的事情是对企业真正重要的事情——确定哪项任务是至关重要的并专注于此。之后,你就可以放心地确保你的员工会把时间花费在重要的事情之上,你的可信度就会完好无损。

4. 把精力放在关键问题上

1897年,意大利经济学者帕累托在研究中偶然注意到一件奇怪的事情:19世纪英国人的财富分配呈现一种不平衡的模式,大部分的社会财富,都流向了少数人手里。

在当时社会,这件事本身并没有什么值得大惊小怪的,但令帕累托真正感到兴奋的是,这种不平衡模式会反复出现,在不同时期或不同国度都能见到——不管是早期的英国,还是与他同时代的其他国家,或是更早期的资料——而且这种不平衡的模式有统计学上的准确性。

帕累托从研究中归纳出这样一个结论:如果20%的人口拥有80%的财富,那么就可以预测,10%的人将拥有约65%的财富,而50%的财富是由5%的人所拥有。

在这里,重点不仅是百分比,而在于一项事实:财富分配的模式是不平衡的,而且这种不平衡是可以预测的。

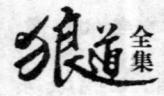

成就个人、团队、企业的铁血定律

因此，80/20成了这种不平衡关系的简称，不管结果是否恰好是80/20，因为严格来说，精确的80/20关系不太可能出现。

后人对他的这项发现有不同的命名，如帕累托法则、帕累托定律、80/20法则、80/20定律、-/k法则、最省力法则、不平衡原则等。

80/20法则无时无刻不在影响着我们的生活，然而人们对它知之甚少。约瑟夫·福特说过："上帝和整个宇宙玩骰子，但是这些骰子是被动了手脚的。我们的主要目的，是要了解它是怎样被动的手脚，我们又应如何使用这些手法，以达到自己的目的。"

80/20法则对于管理者而言意味着什么？

我们已经明白，用20%的付出，就能获取80%的回报。下面的问题是，那20%的努力和工作是什么？管理者应该怎样去做？

在公司管理中，要运用80/20法则来调整管理的策略，首先就要看清楚公司在哪些方面是赢利的，哪些方面是亏损的。只有对局势有了全面的了解，才能对症下药，制定出有利于公司发展的策略。如果不了解公司在什么地方赚钱，在什么地方亏损，脑袋里是一笔"糊涂帐"，也就无从谈起80/20法则的运用，而那些琐碎、无用的事情将继续占据你的时间和精力。

所以，一个经营者的首要任务是，对公司做一次全面的分析，细心审视公司里的每个细微环节，理出那些能够带来利润的部分，从而制定出一套有利于公司成长的策略。

你要找出公司里什么部门业绩平平，什么部门创造了较高利润，又有哪些部门带来了严重的赤字。通过这些分析比较，你就会发现有哪些因素在公司中起到举足轻重的作用，而其他却微不足道。

在企业经营中，少数的人创造了大多数的价值；获利80%的项目只占企业全部项目的20%。因此，你应该学会时刻关注那些

第四编 企业生存与竞争的狼道
发展壮大的至高战略

关键的少数,时刻提醒自己是否把主要的时间和精力放在关键的少数上,而不是用在获利较少的多数上。

然而,在现实的商业活动中,许多企业家还没有认识到80/20法则的作用,他们依然用陈腐的观念进行经营管理,认为企业内所有的一切都应该倾注全部的精力。他们在许多事情上总是一概而论、不分主次,结果耗费了80%的资源和精力,却只产生20%的价值。

对于管理者而言,认识80/20法则,不只是要你树立几个重要的观念,更重要的是要把这些重要观念转化成习惯,进而用80/20法则来思考,用80/20法则来指导自己的行为。

有所为,有所不为。简而言之,在经营管理上,80/20法则所提倡的指导思想就是"有所为,有所不为"。

将80/20作为确定比值,本身就说明企业在管理工作中不应该事无巨细,而要抓住管理中的重点,包括关键的人、关键的环节、关键的岗位、关键的项目等等。

那些胸怀大志的企业家,就应该把企业管理的注意力集中到20%的重点经营项目上来,采取倾斜性措施,确保重点突破,进而以重点带全面,取得企业整体经营的进步。

这一企业管理法则之所以得到国际企业界的普遍认可,就在于它向企业家们揭示了这样一个真理:要想创建优良的管理模式,为企业带来效益,就要使自己的经营管理突出重点,就必须弄清楚企业中20%的经营骨干力量、20%的重点产品、20%的重点客户、20%的重点信息以及20%的重点项目到底是哪些,然后将自己经营管理的注意力集中到这20%上来,采取有效的措施。

美国、日本的一些国际知名企业,经营管理层都很注重运用80/20法则指导企业经营管理运作,随时调整和确定企业阶段性20%的重点经营要务,力求采用最高效的方法,使下属企业的经营重点也能间接地抓上手、抓到位、抓出成效。这也就是为什么美国和日本的企业虽然很大,但管理得有条不紊、效益优良。

80/20管理法则的精髓就在于使那些重点经营要务得到突出管理,并有效带动企业的全面发展。

从美、日知名企业成功运用80/20法则的经营实践中,我们得到两点收益:

其一,明确自己企业中20%的经营要务是哪些。

其二,明确应该采取什么样的措施,以确保20%的重点经营要务取得重大突破。坚持这些原则,你的企业一定会改头换面,焕发新的活力。

5. 发现关键点的人力资本

实践表明,一个组织的生产效率和未来发展,往往取决于少数(比如20%)关键性的人才,这些人可以帮助企业获取大部分的利润。

我们传统的观念是,多数人才为企业的发展做出了主要贡献。实际上,这些人看起来也很忙碌,但并没有为公司创造什么价值。为企业或公司做出主要贡献的其实是少部分人,是这20%的人创造了大部分利润。

按照80/20法则进行人力资源开发,首先就是要找到这20%的关键人物。为了找出他们,企业需要做一次全面的80/20分析,其中包括:

产品或产品群分析;

顾客和顾客群分析;

部门及员工分析;

地区或分销渠道分析;

第四编 企业生存与竞争的狼道
发展壮大的至高战略

财务及员工收入分析；

与企业员工相关的资料分析；

通过种种分析，我们会发现哪些人是重要的，而哪些人是微乎其微的。

运用80/20法则管理人力资本，有可能使人力资本的使用效率提升1倍。如果管理者无权或无力构建新制度，那么在现行制度下局部使用了80/20法则，也会有助于组织目标的实现。

发现"关键少数"成员，实际上就是要发现对公司贡献最大的人。人力资本不像管理成本和营销成本，是看不见、摸不着的，这就需要管理者有"伯乐"般的眼睛，找出那些真正能为公司出谋献策的人。

找到"关键少数"成员是必要的，但建立有效的收益分配机制，防止人员流失更为重要。

对组织中的"关键少数"成员和由"关键少数"成员构成的团队，要实行动态管理，即实行优胜劣汰制度，勇于启用优秀人才，淘汰不合格员工，建立具有魄力的管理制度。这是维持组织活力，保持组织核心竞争力的必要条件。

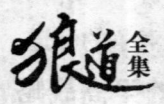

成就个人、团队、企业的铁血定律

第三章 企业狼阵策略

狼知道自己的全部优点和弱点,更知道猎物的每一个特征和习惯。在不同的时间和地点,面对不同的对手,狼群都会采取不同的策略。

如果你能看到一次完整的狼群围猎,你一定会被"狼阵"所震撼。它们各就各位,各司其职,用它们的智慧、力量、勇气与对手搏弈。

企业如果拥有了这样的"狼阵",定能战胜各种艰难险阻,从行业中脱颖而出。

1. 通过竞争主动发展的进攻型战略

狼性的残暴可以转化为我们企业的进攻性战略。它对我们企业的发展是非常重要的。

进攻型战略,从词义上看,有攻击、突破、领先、挤占、排斥等等含义。归纳起来,可以说这种战略的行为特征就是通过竞争主动地向前发展。进攻型战略的这一特征可体现在各个方面,但基本上可分为产品进攻型战略、成本进攻型战略和市场进攻型战略。

一般来说，进攻型战略的实施要求企业有更充分的可分配资源的支持，这又相应地增加了战略实施过程的风险性。因此，一个企业要想通过进攻型战略获得真正的向前发展，应当始终把握的一个原则，就是要集中重点，选择明确的战略方向，力求在尽可能短的时间内取得战略性突破，形成比竞争对手领先一步的竞争优势。

在2000年至2002年三年中，发展速度已经将奥克斯空调推向了一个十分关键的关节点。奥克斯空调毫不犹豫地选择了进攻，而且选择了中国空调市场最难以把握的广东市场——以广东市场为代表的华南市场一贯以其成熟市场固有的稳定性在中国空调市场中占有很高的位置。2002年华南市场的销售总额占全国市场销售总额的20.56%，而广东市场又是华南市场中绝对的核心，2002年广东市场销售权重占华南市场的73.65%。攻下广东市场就能够在华南其他市场迅速扩展。

奥克斯常年以来一直擅长以事件营销作为主要传播手段，从而造成其发动价格战的同时依然能够较好地进行品牌知名度与美誉度的提升，使得其能够在价格战与品牌战两条战线上轻松应对。

2. 采取"简单至上"，让企业持续成长

优秀公司最重要的特色莫过于能及时灵活地采取行动。许多公司虽然组织很庞大，但它们并未因过分复杂而停滞难行。它们

从不屈服,也从不创设任何永久的组织。它们从不沉溺于长篇大论的公文报告,也不设立僵化的组织结构。

它们深信人一次只可能处理少量信息,并且一旦意识到自己是独立自主的,他们就会大受鼓舞,其工作积极性也大大提高。

一般公司内常有的抱怨是其组织过分复杂,然而,令人耳目一新的优秀公司却没有这样的问题。

Digtal、德州仪器、惠普、3M、IBM、达纳、麦当劳、埃默森、比克特尔、波音、德尔塔航空等公司的高级领导并未被一大堆公司组织图或工作说明所"淹没",他们准备妥当,集中火力,瞄准目标,在尝试中学习。

在我们看来,优秀公司的结构形式只有一种关键的特性:简单。只要具有简单的组织形式,很少的员工就可以完成工作。

事实也是这样,大部分优秀公司的管理层员工相对较少,员工更多的是在实际工作中解决问题,而不是在办公室里审阅报告。

在基层,实际操作者更多,管理者很少。因此,我们粗略地得出了"百人规则",即大型公司的核心领导层没有必要超过100人。

在拥有10亿美元资产的英特尔公司,事实上没有固定的行政人员,所有部门间的行政人员分配都是临时性的。有价值20亿美元资产的沃尔玛公司,创建者萨姆·沃尔顿相信公司总部空无一人的规则:"关键在于走进商店仔细倾听。"

同样的规则也适用于一些经营状况良好的小公司。

如ROLM公司,它由15名员工组成公司总部管理着价值2亿美元业务。

当查尔斯接管价值4亿美元的克利夫兰公司时,他被行政人员的数目吓坏了。在几个月的时间里,他把公司总部人员从120

第四编 企业生存与竞争的狼道
发展壮大的至高战略

人减到了50人。

在这些例子中,绝对数目令人印象深刻,但如何划分员工工种也是非常重要的。

首先,母公司应该保留哪些职能?许多优秀公司的答案为无。在强生、3M、惠普和其他一些公司,产品开发虽然常常是整个公司或集团的活动,但都完全下放到了各个分部。达纳公司将诸如采购、财务和人事这样的职能都下放到工厂,成效卓著。

战略企划人员当然是母公司层次的职能员工,但弗卢尔工程只用三名企划人员来操作价值60亿美元的业务。而3M、惠普和强生在母公司层次根本就没有企划人员。事实上,优秀公司将每项职能都彻底下放,至少是下放到分部这一层。

联合航空公司前任主席爱德华·卡尔森曾提出过一个水漏理论。在大多数公司中,中层管理人员除了一些"整理工作"以外——如阻止一些观点向上传和阻止一些观点向下传——几乎真的没有什么作用。

卡尔森认为,中层管理人员是一块海绵,如果中层的人员少一些,亲身实践管理就能更好地发挥作用。

因此,要想使你的组织更有效率、更有活力,就必须先给你的组织减减肥。

人们在生活和实践中,常常会陷入复杂的陷阱,妨碍了自由的思考,就是因为欠缺简单。

从1980年起的后10年当中,毕亚特丽丝食品公司(BeatriceFoods)以前所未有的速度成长,它一家接一家地购入其他企业,最后终于成长为年销售额高达百亿美元的联合大企业。毕亚特丽丝公司的产品相当多,从橘子汁到皮包无所不包,被包含在联合大企业内的公司虽不及百家,但恐怕已接近经营的极限了。

但是不久,当高利率和经济衰退接踵而来时,毕亚特丽丝公司同其他的联合大企业一样,被迫放弃了旗下的许多公司,精兵简政,才得以渡过难关。

当韦尔奇上任通用电气公司总裁时,产品线既长且乱,许多产品都是亏损的,韦尔奇经过认真的考虑和分析,提出"非一即二"的原则:必须把本产品做成本行业数一数二的产品,否则一律卖掉。经过多年来的发展,通用电气成为世界上最有竞争力的综合性公司之一。

仔细考察和分析,当今世界最富实力的公司,几乎都遵循"简单至上"的原则。如微软多年来一直做 Windows 系列办公软件,英特尔公司认真做芯片,戴尔做好自己的电脑直销,美国有线电视致力于滚动新闻的制作和发布。

因此,简单原则是企业发展壮大的最基本而又最有实效的原则。

可是许多企业并没有领悟这条"基本原则",一味追求多元化,盲目贪大求全,一会儿开发房地产,一会儿做手机,最后什么都做不大,也永远做不大。

简单原则是企业发展最基本的原则,同时也是最有威力、最富实效的原则。"简单是一种美","简单至上"是企业持续成长的法宝,它们应该始终贯穿于企业的经营活动中。

3. "与狼共舞必先为狼"

"与狼共舞必先为狼",这是海尔开发市场的座右铭。

野狼的精神,就是胜利者的精神。而狼的终极处世哲学——纪律严明、团结一致、态度冷峻、坚毅果敢、决不妥协、策略为上、求同存异、生死相随、沟通交流、不断学习,在公司管理界更是风行一时。

第四编 企业生存与竞争的狼道
发展壮大的至高战略

所以，在适者生存的世界里，对公司员工进行狼的哲学的教育，是十分有必要的。当然，在进行狼的教育时，要注意狼的一些特点，我们的学习是有目的性的。狼能够经过历史的选择生存下来，能够被大自然相中而留下来，这里自有狼的道理。许多公司在市场的淘汰中无情地消失了，我们是否能够从狼的身上学到一些东西呢？

公司是一个团队的集体名字，每一个员工能否像狼一样富有组织性呢？每一个管理者能否像狼一样具有坚韧性呢？一个具备"狼性"的公司必将在激烈的市场竞争中立于不败之地。狼不仅可以拯救员工的心灵，更能拯救公司的精神。

公司中的每一个员工事实上与自然界的狼一样，如果你试图只依靠自己的力量，而不借助他人的帮助，你是很难成功的，特别是在充满竞争的环境中。当每一个员工真正具备"狼性"，那么这个公司也必定像极具杀伤性的狼群一样所向无敌。

狼的微笑实际上是强者的微笑，大自然总是通过自己的法则让最有生命力的物种获胜。如果一个公司具备"狼性"，它也必将在商业竞争中生存下来，这是一个伟大的自然法则，也是一个现实的经济原则。

中国人世之后，有人把外国企业比喻成狼，说"狼来了"，而把国内企业比喻成羊。这是把自己放在了弱者位置上，这是一个心态问题，而不是实力问题。为什么这样说呢？因为即或是狼进入一个地方也很陌生，也需要合作。不要把自己当成羊，而要把自己当成一只并不强壮的"狼"，狼与狼之间于是就有了合作，合作基础就是中国广阔的市场，实际上就是与狼共舞。

如果你把自己定位成羊，那么你一定会被狼吃掉。如果把自己定位成一只狼，狼就会把你看成一只狼，最起码一开始它不会马上吃掉你。

不仅要把自己定位成狼,还要打开家门引狼入室,只有与狼共舞,才能真正掌握狼的本领。

4. 以变制变,连续出招

企业为什么要不停的变化?因为现代意义上的"市场竞争"已经不再是一个静态的竞争模式。竞争是动态的,因为你的对手在变,所以你的竞争优势也因为市场变化也在变化。

世界上惟一不变的东西是变。对付变化只有一个办法:以变制变。

由于现代竞争越来越呈现高强度、高速度的动态,美国的战略管理教材近年来也开始怀疑"战略规划"这一概念还有没有存在价值。现代战略管理倡导的理念是:没有一成不变的竞争战略,竞争优势和先发优势都是暂时的;你的优势劣势随时可能因对手的变化发生变化,和对手的战略互动必须加快,竞争互动成为制定竞争战略的决定因素。对企业的CEO的重要要求是:要有预测竞争对手的反应,及时更新竞争规则或策略的能力。

企业的竞争战略一要注重"有效性",而不应忙于建立没有根基的远景。"有效性"要求企业在制定战略时要培养出一种适应变化的变化能力。这种能力体现在两个方面:一是以速度抢占战略实施的制高点,在时间上赢得对手;二是企业要培养自己的预测力和判断力,要变在人前,切忌刻舟求剑。

寻求变化的企业才能在竞争中立于不败之地。与对手的竞争,就是不断地出奇招,让对手始终感到竞争压力而疲于应付。要懂得出招,同时就坚决出招。在擂台上,一个人不断出招、对招、错招,有用的招、没用的招,未必招招能杀人,但这一过程已构成了一股进攻的力量。"连续出招"就是在连续的变化当中,

第四编 企业生存与竞争的狼道
发展壮大的至高战略

不断地进攻对手，同时不断地寻求对手的弱点，找到可以一招制敌的机会。"连续出招"同时也让对手找不到你的主攻方向，避免与对手在一个静止的状态下做非输即赢的决斗。

如果所有狼都去抢一块骨头，肯定有狼要被饿死。聪明的狼在去抢骨头的时候，很懂得观察，为什么只有一块骨头，另外的骨头在哪里？最终形成自己找到骨头的方法。

只有找到了新方法，狼才能活下来，而那些都去抢惟一一根骨头的狼，一定会饿死。

找到自己的方法，其实是一个战略问题，而为什么一定要找到自己的方法，是一个哲学问题。

企业不断寻求变化实际上是自身变革的一种需要，很多变化聚集在一起，就形成了企业变革的力量。企业不会变就只有死，变革同创新一样对于企业同等重要。一个企业要做好，要有一个好的企业家。

但一个企业要持续发展，却依赖于它的技术、制度和文化的创新和变革。如果你想活生生地度过死亡地带的各种危机，你就必须创立新的生长逻辑。

变化是永恒的，变革也是永恒的。任何企业，只有通过对组织、结构、文化、流程、人力资源等进行变革，真正建立起高效运行的机制，才能突破前进途中遇到的障碍，不断向前发展。

我国中、小企业的平均寿命只有3－5岁；集团公司的平均寿命7－8岁；世界上，30年前跻身于财富100强的企业今天有三分之一被淘汰出局。

为什么有的企业能够长盛不衰，有的企业却举步维艰？

企业出现问题是必然的，因为，"在当今世界上，惟一不变的就是变化"，而"变化"必然引发新的问题。特别是在当今科技发展日新月异、竞争日益激烈的环境中，企业惟有保持高度弹

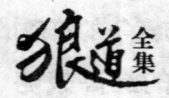

性、充满创新与活力,才能在市场上继续生存。

企业最大的问题不在于外部环境发生变化,而在于企业自身能否根据这种变化采取相应的变革行动,也就是所谓的"以制度变制度"。

一些企业管理者却认为,企业有了问题才需要进行变革,更多的人则把变革当成是一剂扭亏为盈的药方。事实上,变革的最终目的,并不仅限于扭亏为盈等短期行为,更重要的是通过变革,使企业对变化万千的外部环境做出快速的反应,以确保企业能在激烈的竞争中保持优势。

因此,任何企业,不论其效益显著,或者在行业中成绩斐然,都需要持续性地做出变革的行动。

这正是许多著名企业成功的关键因素。通用电气公司因为敢于变革、善于变革,一直保持高速增长的势头,成为全球最有价值的公司。联想、海尔、长虹、春兰、万科、远大、华为等国内的知名企业,无不主动地进行变革而保证了企业的持续稳定的发展。

变革不能等出了问题才实施,而应在企业处于安乐时主动地进行。

客观地说,不少企业是敢于进行变革的,但在变革实践中的盲目性,使他们付出了沉重的代价。大量实践表明,变革是一把双刃剑:一方面,成功的变革会使企业上一个台阶;另一方面,失败的变革则完全有可能葬送企业的前程。

对企业而言,仅仅知道要变革还不够,更重要的是知道怎样变。

第四编 企业生存与竞争的狼道
发展壮大的至高战略

5. 速度致胜，一跃争先

由于科学技术的社会化，企业与企业之间在信息、咨讯、技术上的差别越来越小，因此，企业生存就取决于其速度。一个企业要在激烈的市场竞争中，站稳脚跟，没有速度是不行。现代社会讲究的是高效率，没有高效率，企业就可能错过大好良机。机会总是寻找那些有准备、有效率的企业。谁慢谁就会被吃掉。比如：搏击以快打慢，军事先下手为强，商战已从"大鱼吃小鱼"变为"快鱼吃慢鱼"。大而慢等于弱，小而快可变强，大而快王中王！快就是机会，快就是效率，快就是瞬间的"大"，无数的瞬间构成长久的"强"。竞争的实质，就是在最快的时间内做最好的东西。

1998年，海尔集团成为被正式写入哈佛案例的第一个中国企业，张瑞敏也成为登上哈佛讲坛的第一位中国企业家，海尔案例震动了世界一流的工商管理学府。

海尔进入哈佛MBA课堂的案例名为"海尔文化激活休克鱼"，讲的是1995年7月海尔兼并原青岛红星电器厂的成功实践。张瑞敏说：

"红星电器原来是生产洗衣机的工厂，被我们兼并的时候净资产只有一个亿，但亏损是2.5亿元。兼并后我们只派了3个人去。人还是原来的人，设备还是原来的设备，兼并第一个月当月亏损700万元，第二个月减亏，第三个月减亏，到第四个月盈利100万元。为什么呢？靠的是我们利用企业文化贯彻组织创新的结果！"

海尔为什么用这种方式兼并企业，张瑞敏解释说：

成就个人、团队、企业的铁血定律

"从国际上讲兼并分成三个阶段:当企业资本存量占主导地位、技术含量并不占先的时候,是大鱼吃小鱼,大企业兼并小企业。当技术含量的地位已经超过资本的作用时,是快鱼吃慢鱼。微软起家并不早,但它始终保持技术领先,所以能很快地超过一些老牌电脑公司。到20世纪90年代则是一种强强联合,所谓鲨鱼吃鲨鱼,美国波音兼并麦道就是这种情况。"

一旦形成一套行之有效的管理制度,把握住市场,很快就能重新站起来。海尔擅长的恰恰就是管理和开拓市场,这就找到了结合点。

这是因为,即使是作为"休克鱼"类型的企业,在激烈的市场竞争中,已经基本不复存在了,他们要么被淘汰,要么被激活,正在成为一条鲨鱼。

现在的游戏规则更清楚地表明,企业之间的竞争不再局限于谁吃掉谁的问题,而是比谁的速度快。速度快的鱼能抢先抢到最好的资源,获得最好的回报。而那些动作慢的鱼则会慢慢饿死。

竞争已进入全新的时代,企业过去赢得竞争优势的方式,如成本、质量、技术等等,很难再取得绝对优势,代之而起的是一种不断变化的赢得和维持竞争优势的全新方式——充分利用速度这一战略武器,在竞争中对市场做出快速反应。

今天美国新技术产业竞争的法宝也是速度。不仅小企业有天然的速度优势,大企业也拼命追求速度,没有速度,规模就是障碍,有了速度,规模就是更大的力量。美国通用电器公司前首席执行官韦尔奇对业务部门讲,"第一重要的是做第一",他要求快速地跑出去,加快起跑的速度。

当杰克·韦尔奇在1981年成为通用电气公司的首席执行官

第四编 企业生存与竞争的狼道
发展壮大的至高战略

时,他采用的公司战略主要是利用"速度"概念——数一数二法则,重构公司的多元化业务组合。他向通用电气公司各业务单元的经理们提出了一个挑战:成为他们各自行业中的第一或第二,如果做不到,这个业务单元就必须找到一种确定的技术优势,并且能将之转化为竞争优势,否则就将面临被剥离的命运。

在20世纪90年代,将多数衰弱的业务剥离掉并将现存业务建设成领先:的竞争者以后,韦尔奇采取措施大大促进了生产率的提高,减少了通用电气:的官员数量。韦尔奇认为通用电气要想继续在全球市场获得成功,公司必须:致力于每个业务单元的持续的成本削减,通过减少各种官僚主义的程序,缩短对变化的市场条件的反应时间,通过缩短时间使企业加快速度获得发展,从而大大提高各业务单元的利润率。1997年,通用电气公司在世界上的公司中拥有最高的市场资本总额。

企业追求速度,在战术层面上意味着要用信息技术改造价值链,用速度实现成本的有效性;在战略规划的层面上意味着企业要在执行过程中制定战略,而不是先订战略后执行;而在对质量的理解上,以速度为中心的质量观强调要从静态质量走向动态质量,认为对质量的持续改善比质量本身更重要。满足顾客需要已经远远不够,现在要的是更快地满足顾客需要。

速度战略的关键在于压缩过程所需要的时间——制造过程、批发过程和销售过程等。表现在制造业,首先且关键是要压缩开发、制造、销售或服务的时间,尤其是推出新产品的时间。这体现在具体事情上是:从接受订单到制造产品和发货、回答客户提问,以及努力使开发周期压缩。据有关研究,从生产到将产品送到消费者手中,有效过程用去的时间不到实际花费时间的5%,其余95%的时间都没有增值。这些无效时间正好为时间战略的实施提供了挖潜的广阔空间,因而其实施的基本思路是:增加增值的时间，缩短不增值的时间。实际上，压缩时间就意味着加速资产流转、提高产量、增强机动性和满足消费者需要的能力。

作为战略武器，速度与资金、生产率、质量、甚至创新同等重要。速度战略是赢得竞争优势的下一个源泉，不仅能降低成本，而且有助于拓宽产品系列，覆盖更大范围的市场，从而闪电般包抄动作迟缓的竞争对手。速度已成为竞争中占据领先地位的关键。资源竞争已被发展速度的竞争所代替。因此，了解全球市场和技术突破的不断变化并为企业所用，不断提高自身对市场和技术的反应速度，就变得非常重要。

速度制胜的含义是，企业的决策要快，这就要求企业建立一种扁平化的、层级较少的管理体系；企业的创新速度要快，这就要求企业建立一套灵敏的市场快速反应系统；企业的制造速度要快，这要求企业规模制造的水平要高；企业的销售速度要快，这要求企业建立一套快速的市场营销网络。

速度跟上了，假设原来1小时的效益是1元，现在变成了2元、4元，规模效益就体现出来了；而且快速的企业流程运转会使企业及员工的注意力更集中、潜能也更容易发挥。

实施速度战略，不是仅仅为了追求"快"，相反，必须始终牢记两个重要原则：一是实施速度制胜的消费者导向；二是"快速反应"必须符合行业规律以及企业自身的具体情况。

所谓消费者导向，是指在强调对市场快速反应的同时，切记"仅仅快是不够的"，要避免将速度当作惟一重要的任务。在追求速度的同时还需要消费者导向，如果没有人买你的产品，再快也无济于事。实际上，速度战略要求"要快，还要好，以满足消费者为中心"。如果快捷就是手忙脚乱，肯定不会有好结果。所以，必须做到既快又方向准确、方式对头，在快速的同时始终坚持质量意识，满足消费者的需要。

第四编 企业生存与竞争的狼道
发展壮大的至高战略

不同的行业和企业有不同的速度要求,企业对市场反应的快速程度要适应行业特有的特征和发展规律以及自身的适应性,即在快速的同时还要谨记"量体裁衣"的道理,不要盲目追求无规则的快速。三株、巨人、秦池等企业就是因为过去速度太快而导致企业崩溃的。